U0829091

高等学校应用型"十三五"规划教材·管理类

现代公共关系学理论与实务

主　编　李亚子　乔雅洁

副主编　李　丹　杨柏欢　汪慧蓉　马嫚娜

参　编　张青丽　苏小庆　王利晓

西安电子科技大学出版社

内 容 简 介

本书兼顾专业教育与通识教育两者的要求，适合作为应用型人才培养的教材。全书内容分为公共关系史、公共关系理论和公共关系应用三篇。第一篇探究公共关系学的起源与发展，公共关系的含义及学科体系。第二篇以“组织—公众—传播”三要素为重点来阐述公共关系的性质、职能、作用、类型等方面的问题。第三篇以“信息—传播—效果”的方法论为立足点，对涉及言语、文字、实像、网络等媒介的“公关”实务作以详证，讲述公共关系四步工作法、专题活动、公关礼仪、危机公关。在使用上为便于教学和自学的实际需要，在每章设置了本章提要、学习目标，还设置了众多模块：案例导读、案例分析、思考与练习、知识链接、思维拓展、公关格言、公关故事等。

本书力求理论联系实际，为大学生塑造良好形象指点迷津，为学生成功走上社会给予有效的指导与帮助。

图书在版编目(CIP)数据

现代公共关系学理论与实务/李亚子，乔雅洁主编. —西安：西安电子科技大学出版社，2014.7(2016.11 重印)
高等学校应用型“十三五”规划教材.管理类
ISBN 978-7-5606-3409-8

Ⅰ. ① 现…　Ⅱ. ① 李…　② 乔…　Ⅲ. ① 公共关系学—高等学校—教材　Ⅳ. ① C912.3

中国版本图书馆 CIP 数据核字(2014)第 126302 号

策　　划　李惠萍
责任编辑　秦志峰　李滢昕　璩莹莹
出版发行　西安电子科技大学出版社(西安市太白南路 2 号)
电　　话　(029)88242885　88201467　　邮　　编　710071
网　　址　www.xduph.com　　电子邮箱　xdupfxb001@163.com
经　　销　新华书店
印刷单位　陕西天意印务有限责任公司
版　　次　2014 年 7 月第 1 版　　2016 年 11 月第 2 次印刷
开　　本　787 毫米 × 960 毫米　1/16　　印　张　17.5
字　　数　350 千字
印　　数　3001～6000 册
定　　价　29.00 元
ISBN 978-7-5606-3409-8/C

XDUP 3701001-2

前言

随着我国市场经济体制的建立和完善，民主进程的不断推进，企事业、政府等各类社会组织对公共关系重要性的认识越来越深刻，对组织形象传播及与公众沟通工作越来越重视，对公共关系的依赖越来越强烈。为此，我国高等院校在相关专业专门开设了公共关系专业必修课或选修课，使公共关系的学科知识得到了快速普及和健康发展。

公共关系学是一门应用性很强的学科。学习运用好公共关系，对于树立国家形象、政府形象以及企业形象具有重要的影响；对于塑造良好的个人形象也是非常有帮助的。可以说，公共关系既是一种管理方法也是一门管理艺术。

本书努力兼顾专业教育与通识教育两者的要求，试图成为在各级各类高等教育中适用面较广的通用教材。本书特色主要表现在以下几个方面：第一，体系完整，逻辑结构清晰简明，语言表达通俗易懂。全书共十一章，分为公共关系史、公共关系理论和公共关系应用三篇。第一篇探究公共关系学的起源与发展，公共关系的含义及学科体系。第二篇以“组织—公众—传播”三要素为重点来阐述公共关系的性质、职能、作用、类型等方面的问题。第三篇以“信息—传播—效果”的方法论为立足点，对涉及言语、文字、实像、网络等媒介的“公关”实务加以详证，讲述公共关系四步工作法、专题活动、公关礼仪、危机公关。第二，符合教学和自学的实际需要。在每章设置了本章提要、学习目标，还增设了众多模块：案例导读、案例分析、思考与练习、知识链接、思维拓展、公关格言、公关故事等，充分调动学生学习的自主性，提高学生的学习兴趣，增强学生对公共关系学的感性认识。

本书的编写目标是培养学生的公共关系职业素质和实践能力，提高学生形象管理能力、公共关系策划能力、礼仪修养、人际交往能力和沟通能力。公共关系课程不仅可为管理类专业的人才培养服务，更是现代大学生非常重要的素质教育课程，因此很多高校将其列为公共选修课程，希望本书可以服务更多的人。

本书由多位作者合作编写。具体编写分工为：第一章、第九章、第十章、第十一章由李亚子编写；第二章、第三章由李丹编写；第四章、第五章由汪慧蓉编写；第六章、第七章、第八章由乔雅洁（安康学院）编写。本书由李亚子和乔雅洁担任主编，李丹、汪慧蓉、杨柏欢、马嫚娜担任副主编，全书由李亚子编写提纲、统稿、修改，张青丽、苏小庆、王利晓分别参与了不同章节的编写。

本书的出版得到了西安培华学院和西安电子科技大学出版社的大力支持与帮助。此外，本书在写作过程中还参考、吸收、借鉴了大量专家、学者的相关研究成果，引用了部分相关案例。在此特向有关学者、作者致以深深的谢意。

由于我们水平有限，本书中难免会存在错误和不足之处，恳请读者和同行专家批评指正，以便再版修订时集思广益，使教材内容不断完善，整体水平不断提高。在此谨致谢意。

李 亚 子
2014 年 6 月

目　录

上篇　公共关系史

中篇　公共关系理论

下篇　公共关系应用

上篇　公共关系史

上篇公共关系发展史主要分两部分：公共关系概述，公共关系的起源与发展。

第一章　公共关系概述

本章提要

随着我国社会主义市场经济的发展和国际交往的日益增加，社会公众对与其工作、生活密切相关的各类社会组织的信用、品牌等形象要求越来越高。为此，公共关系作为社会组织树立良好形象的一种管理方式体现形式，越来越受到更多行业、事业和企业组织的重视。

本章通过对公共关系整体的概括，来认识公共关系的含义、特征和公共关系的学科体系。

学习目标

(1) 掌握公共关系的含义和特征。

(2) 理解公共关系的学科体系。

案例导读

35 次紧急电话

一位名叫基泰丝的美国记者，来到日本东京的奥达克余百货公司，买了一台“索尼”牌唱片机，准备作为见面礼，送给住在东京的婆婆家。售货员彬彬有礼，特地为她挑了一台未启封包装的机子。

回到住所，基泰丝开机试用时，却发现该机没有装内件，因而根本无法使用。她不由得火冒三丈，准备第二天一早就去奥达克余公司交涉，并迅速写好了一篇新闻稿，题目是《笑脸背后的真面目》。

第二天一早，基泰丝在动身之前，忽然收到奥达克余公司打来的道歉电话。50分钟以后，一辆汽车赶到她的住处。从车上走下奥达克余公司的副经理和提着大皮箱的职员。两人一进客厅便俯首鞠躬，表示特来请罪。除了送来一台新的合格的唱片机外，又加送蛋糕一盒、毛巾一套和著名唱片一张。接着，副经理又打开记事簿，宣读了一份备忘录。上面记载着公司通宵达旦地纠正这一失误的全部经过。

原来，昨天下午4点30分清点商品时，售货员发现错将一个空心货样卖给了顾客。她立即报告公司警卫并迅速寻找，但为时已晚。此事非同小可。经理接到报告后，马上召集有关人员商议。当时只有两条线索可寻，即顾客的名字和她留下的一张美国快递公司的名片。据此，奥达克余公司连夜开始了一连串无异于大海捞针的行动：打了32次紧急电话，向东京各大宾馆查询，没有结果。再打电话问纽约美国快递公司总部，深夜接到回电，得知顾客在美国的父母的电话号码。接着又打电话去美国，得知顾客在东京婆婆家的电话号码。终于弄清了这位顾客在东京期间的住址和电话，这期间的紧急电话，合计35次！

这一切使基泰丝深受感动。她立即重写了新闻稿，题目叫做《35次紧急电话》。

思考题

1. 试为奥达克余公司的副经理拟定一份与顾客基泰丝见面的工作计划。
2. 通过阅读这个案例，你得到什么启示？

(资料来源：张岩松，王艳洁，郭兆平. 公共关系案例精选精析[M]. 北京：经济管理出版社，2003)

第一节　公共关系的含义与特征

公共关系学是一门应用性很强的学科。学习运用好公共关系学，对于树立国家形象、政府形象以及企业形象具有重要的影响。下面我们先来学习公共关系的含义及概念。

一、公共关系的概念

1. 公共关系的含义

公共关系，简称“公关”，译自英文 Public Relation(缩写为 PR)，也可翻译为“公众关系”。由于公共关系现象的复杂性，人们可以从不同学科、不同角度去研究它，并由此产生了对公共关系涵义的不同理解，其中较常见的几种涵义可以从社会学、传播学和管理学的视角来阐释。

从社会学角度研究“公关”，是把公共关系视为一种特定的社会关系来研究，把公共关系理解为社会组织与相关对象在交往中形成的具有公共性和利益性的互动关系。例如，美国学者希尔滋认为：“公共关系是我们所从事的各种活动所发生的关系的统称，这些关系都是公众性的，并且都具有其社会意义”；并指出，公共关系作为一种活动“是为了公众的利益，协调和修正我们个人和企业那些具有社会意义的行为”，“公关是协助组织与公众相互适应”。这一定义强调了由于公共关系具有互益性质，公共关系活动就要促使组织与公众互惠互利、相互适应。但上述定义把个人和组织的社会关系都看成是公共关系，这就是混淆了人际关系与公共关系的区别。

而传播学视角下的公关，则把公共关系看做是一种组织传播行为，认为公共关系是组织同公众进行双向沟通的活动，这种活动是组织正常运行的基本机制。例如，英国学者弗兰克·杰夫金斯(Frank.Jefkins)认为：“公共关系就是一个组织为了达到与它的公众相互了解的确定目的，而有计划地采取一切向内和向外的传播沟通的总和”；“公共关系就是通过了解而争取公众理解的交流形式”。

从管理学角度研究公关，则把公共关系视为组织管理的重要职能，认为公共关系是社会组织与其公众之间相互协调的行为规范和活动。这一方面具有代表性的是美国权威的公共关系教科书《有效公共关系》的作者斯科特卡特李普所下的定义：“公共关系是这样一种管理功能，它确定、建立和维持一个组织与决定其成败的各类公众之间的互益关系。”定义中“确定、建立和维持……关系”说明，从管理学角度看，公关的独特功能就是调整或协调组织内外的社会关系。

从不同的学科视角研究和定义公共关系，都有其合理性。在这里，我们侧重从管理学的领域来研究公共关系。由此可以这样界定公共关系的涵义：

公共关系是一个社会组织为了塑造形象而运用传播手段与相关的公众双向沟通，使自己与公众获得相互协调的行为规范和管理活动。

该定义包含以下几层意思：

(1) 公共关系是一种以塑造形象为目的的行为规范和管理活动。

(2) 公共关系的活动方式是运用传播手段使组织与公众保持双向沟通。

(3) 公共关系活动实质上是要通过调节组织与公众双方的行为使得彼此保持一种和谐的关系状态。

知识链接

众学者对公共关系含义的理解

美国贝逊企业管理学院公共关系学系主任坎菲尔德(R.Canfield)是公共关系学的理论奠基人之一，他认为“公共关系是一种管理哲学，在所有决策及行动上都以公众利益为本，这一原则应贯穿在政策中，并向大众阐明，以期获得他们的谅解和信任。”

英国公共关系专家杰夫金斯(Frank.Jefkins)给公共关系下的定义是：“精神准备，按照计划并持续不断地努力建立和保持某个组织和它所面向的公众之间的相互理解。”

台湾的公共关系专家祝振华提出：“公共关系学，是以促进了解为基础，内求团结、外求发展的管理科学。”

复旦大学的传播学专家居延安提出：“公共关系是一个社会组织为取得与其特定公众的双向沟通和精诚合作而进行的遵循一定行为规范和准则的传播活动。”

除了这些较严格的定义，在公共关系实践中还产生了一些通俗易懂的表达：

(1) 公共关系是内求团结、外求发展、树立形象、推销自己的艺术。

(2) PR(公共关系) = P(自己行动) + R(被人认识)。

综上所述，我们可以这样来理解：所谓公共关系，是社会组织通过一系列有计划的传播活动，以谋求相关的公众对它的理解、信任、支持、好感和合作。

(资料来源：　赵洪立，张华，李晓玲. 现代公共关系学[M]. 南京：南京大学出版社，2010)

2. 区别几个概念

1) 公共关系和人际关系

公共关系和人际关系二者联系紧密，公共关系以人际关系为基础，良好的人际关系有助于组织内部环境和外部环境的和谐与改善。但二者是不同的事物和概念。

首先，二者的目的不同。公共关系的目的是在社会公众中树立组织的良好形象，建立组织与公众之间的良好合作关系；人际关系的目的是个人与个人结良缘，交朋友，为了实现个人心理需要，建立个人与个人之间的和谐的人际环境。

其次，两者的结构不同。公共关系是整体性的，人际关系是个体性的。

再次，两者的沟通方法不同。公共关系运用大众传播和群体传播的技术和方法，人际关系以个人的行为举止为媒介。

2) 公共关系和广告

广告是为了推销产品、服务或观念，借助特定媒介而开展的公开宣传活动。在公共关系活动中，也会采用广告这种宣传形式，这就容易使人引起误解，认为公共关系就是做广告。其实，两者是有明显区别的：

首先，两者目标不同。广告的目标是要推销某种产品、某项服务或某个观念(如公益广告)；公共关系的目标是要树立形象、协调社会关系。

其次，两者在组织经营管理中所处的地位不同，涉及的领域不同。广告仅涉及市场营销领域以及与之相关的特定的销售业务；公共关系则贯穿整个经营管理全过程。一个社会组织，尤其是非营利性组织，可以不刊登广告，但却不能不进行社会关系的协调工作。

再次，两者传播方式不同。广告传播多属于“单向传播”，它以广告的方式向外界输出组织的产品或服务等信息；公共关系传播则属于“双向沟通”，在公共关系的传播中，不但会向外输出信息，而且会对外界信息进行收集与反馈。

3) 公共关系和市场营销

公共关系与市场营销的联系表现在如下几个方面：

(1) 公共关系学与市场营销学的产生有共同的前提条件：商品生产的高度发展。

(2) 公共关系与市场营销有共同的对象：顾客、消费者。

(3) 公共关系与市场营销有着共同的指导思想：顾客第一、社会效益第二。

(4) 公共关系与市场营销有着相似的传播媒介：大众传播媒介。

(5) 市场营销学把公共关系学作为组成部分。

公共关系与市场营销的区别主要表现在如下几个方面：

(1) 目标不同。市场营销学直接的目的是为了销售产品，从而进一步扩大盈利，产生企业效益，公共关系是为了树立组织形象，产生良好的公众信誉，从而使组织获得长足的发展。

(2) 目标公众不同。市场营销的目标公众主要是客户、消费者。而公共关系的目标公众更广泛，有内部公众(包括员工公众和股东公众)和外部公众(包括顾客公众、媒体公众、政府公众、社区公众、竞争者公众等)。

(3) 传播形式不同。市场营销为达到直接促销，它注重的是4P的成功，即产品的设计(包装、装潢)、商标、商品的价格、促销的方法(可借助于广告的展示、营业推广、人员直接推销、公共关系的策划)以及分销的渠道。公共关系则立足于长远，它以美誉为目标，以互惠为原则，以真诚为信条，以沟通为手段，主要借助于调研活动、举办或参加专题活动、媒介事件策划、赞助和支持公共事业，以便及时跟踪公众需求趋势，尽力满足公众需求，保持在社会组织与公众之间良好的沟通关系。

(4) 效果评估不同。公共关系的成功与否主要是看企业在社会上的知名度、美誉度。

市场营销成功与否主要是看企业的利润、销售额是多少。

(5) 学科所涉及的范围不同。市场营销学仅限于企业生产流通领域，最多不过是经济领域内，但是公共关系学所涉及的是社会任何一种组织与公众的关系。除了企业之外，还可以是政府、学校、医院、教会、研究所、报社等，这些远远超出了经济领域。在这一点上，公共关系学比起市场营销学有更广泛的社会性，学科应用范围也更为广阔。

4) 公共关系和宣传

公共关系同宣传也有着密切的联系。在公共关系活动中，宣传是开展活动的手段之一，鼓动、游说、散发宣传材料和新闻宣传等都是宣传手段所采用的方式，这就往往容易混淆两者的界限。其实，两者也是有明显区别的：

首先，两者性质不同。我国传统的宣传工作，属于党的思想政治工作范畴，是思想政治工作的手段和工具；公共关系工作则属管理范畴，是组织经营管理和行政管理的职能和重要组成部分。

其次两者的工作内容不同。我国传统的宣传工作，是为政治服务的，其主要任务是宣传马列主义和党的路线、方针、政策以及社会主义的伦理和法律规范等；公共关系则是适应经济工作和业务工作的综合协调需要而产生的。因此，公共关系中的宣传，主要内容是集中对组织及其产品、服务的宗旨、信誉、形象进行宣传。可见，侧重于政治性还是业务性，是两者在工作内容上的主要区别。

再次，两者传播方式不同。与广告一样，宣传的方式基本上属于“单向沟通”，而公共关系的方式则属于“双向沟通”。

5) 公共关系和庸俗关系

“庸俗关系”是一种不正当的人际关系，表现在为了达到某种不正当的目的而进行的拉关系、走关系、走后门的活动。所谓“不正当”，是指违反法律、纪律和现行道德规范。公共关系和“庸俗关系”有着原则性区别：

(1) 两者出发点和效果不同。“庸俗关系”的出发点是为了个人或某一小集团的利益，通过某种可以相互利用的关系，损人利己、损公肥私；公共关系则是追求组织、公众和整个社会相一致的利益，并始终坚持社会整体利益优先的原则，结果是社会、公众和组织三者受惠。

(2) 两者工作方式不同。“庸俗关系”必然为社会的法律、纪律和现行道德规范所不容，所以只能采取“私下”、“秘密”的交往，拉关系、走后门，以利换利，属于不正之风；公共关系活动则是一种光明正大的行为，是公开接受社会公众监督的。可见，公共关系和“庸俗关系”两者水火不容，不能混淆。在实践中，更不允许“庸俗关系”借公共关系的名义进行活动，败坏公共关系的名声。

思维拓展

公关状态、公关活动和公关意识

1. 公共关系状态

公共关系状态是指组织与其公众之间客观上形成和存在的社会关系状况。公共关系状态的根本特征是客观性，它是组织在长期的经营管理实践中通过自发(自然而然)和自觉(有意识去改变和完善)的方式而形成的，这种状态衡量标准可以用“知名度”、“美誉度”(组织形象状况的衡量标准)和“和谐度”(组织与公众关系状态的衡量标准)去判断；任何组织都处于一定的公共关系状态之中，这种关系状态制约着组织的生存和发展，是不以人的意志为转移的。因此，公共关系状态既是组织公共关系活动的基础，也是组织公共关系活动的结果。

2. 公共关系活动

公共关系活动，又称为“公共关系实务”、“公共关系工作”，是指组织有目的运用公共关系手段去改善自身的公共关系状态的行为。这类活动根据层次的不同，可分为两种：日常性公共关系活动和专门性公共关系活动。

3. 公共关系意识

公共关系意识，又被称为“公关观念”、“公关伦理规范”，是公共关系活动和工作的指导思想和基本原则。这些思想和原则对于组织的经营管理有着重大的指导意义，被视为“经营管理哲学”。例如，诚信意识、整体效益意识、双向沟通意识、全员公关意识。

(资料来源：黄禧祯，刘树谦. 公共关系学通用教程[M]. 北京：北京理工大学出版社，2009)

二、公共关系的特征

公共关系是一种应用传播手段在社会组织与公众之间建立起来的相互协调的关系。它有以下几个基本特征。

1. 良好信誉、美好形象

任何公共关系活动都是以追求良好的公共关系状态为目标的。良好的公共关系状态具体表现在一个社会组织在公众中享有良好的信誉和形象。良好的信誉和形象是组织的一种无形的财富，是实现组织发展目标的重要因素，它们与组织的有形资产相比，具有更重要的作用。公共关系是一种为组织赢得信誉，建立美好形象的艺术，它要实现的是成功的人际关系，和谐的人事环境，最佳的社会舆论，以赢得社会公众的理解、支持与合作。

2. 平等互利、共同发展

公共关系都是以一定的利益关系为基础建立起来的。任何良好的关系想要得到维持和发展，就必须对关系双方均有利，公共关系强调本组织利益与公众利益的平衡协调，信守“和自己的公众对象一起发展”的原则。

3. 着眼长远、着手平时

公共关系活动的基本方针是着眼于长远，着手于平时。组织良好的公共关系状态，不是偶然行为，不是一朝一夕之功，它需要组织进行长期的、不懈的努力。为此，组织不仅要有长远的战略性的公共关系目标，而且还必须把公共关系目标落实到各项具体的工作中去。这就要求组织有计划、有步骤地开展公共关系活动。

4. 双向沟通、内外结合

公共关系活动的本质就是一定的组织与其相关公众之间的一种大范围、全方位的信息沟通。这种沟通是双向的：一方面，组织应快速、准确地得到公众的想法和要求，以调整改善自身的行动；另一方面，还应及时、准确、有效地将组织本身的信息传给有关公众，使公众认识、了解和喜欢自己。这种沟通不仅有组织内部公众的沟通，还有组织外部公众的沟通。只有这样，组织才能与内部公众、外部公众都有相互的了解、信任和支持，才能预测未来，防患未然。

公关故事

富兰克林·罗斯福推动新公关时代

1933 年，富兰克林·罗斯福上台，作为美国历史上唯一连任四届(第四届未任满)的总统，他在 20 世纪的经济大萧条和第二次世界大战中扮演了重要的角色，被美国学者评为美国最伟大的三位总统之一。在他刚上台的 1933 年，经济大萧条的风暴席卷美国，失业、破产、倒闭等比比皆是，作为总统，他处在了风口浪尖之上。

为应对危机，罗斯福采用了多种方法来表达自己的决心和轻松愉快的乐观态度，积极推行以救济、改革和复兴为主要内容的“罗斯福新政”。还特别推出了一个独具特色的炉边谈话方式，直接和全国人民交流，做上下一体、点对点的危机公关。

第一次炉边谈话也是一种无奈之举。罗斯福刚上任就面临了举国上下的银行危机和挤兑风潮，如果银行大规模倒闭，美国就将面临灾难，而普通的宣传和动员都不足以应对这个危局。情急之下，他开始利用当时最为时髦的广播。1933 年 3 月 12 日晚，罗斯福在白宫楼下的外宾接待室，接受了美国广播公司、哥伦比亚广播公司和共同广播公司的采访。他坐在壁炉旁边，面前放着扩音器，整个场面有些像家常谈话。

但讲话之前，讲稿却不见了，于是他随手拿起一份给记者准备的油印稿，向全国人民说："我想花几分钟时间同合众国人民谈谈银行的情况。"接着他向美国民众就银行业的运作进行了浅显易懂的解释，动员大家"把钱放在经过整顿、重新开业的银行里，要比放在褥子下面更安全"。全国6000万民众听完这次谈话后信心大增。经过这次危机公关，美国银行竟然躲过了挤兑危机，避免了倒闭的命运。

当时在场的一位媒体人哈里·布彻，给这次谈话起了"炉边谈话"的名字，从此"炉边谈话"就成为罗斯福发表广播演说的正式名称，一直沿用下来。此后，每当美国面临重大问题时，罗斯福都要用他所钟情的这种方式与美国人民沟通，而这种方式也受到美国人的欢迎。"炉边谈话"产生的巨大影响，成为了广播史上的一个传奇，也成为政府公关的特别范例之一。

罗斯福的成功不仅仅是自己的成功，也是那个时代公关的成功。在他所在的时代，美国的公关业不仅得到了发展，而且其理念也传播到了世界各地。在他执政后期，也就是第二次世界大战期间，美国成立的战时新闻局，培育了7.5万名公关人员，在各地美军及盟军中发挥了重要影响。

(资料来源：艾唐. 美国总统的公关术[J]. 国际公关，2012(43))

第二节　公共关系学的学科体系

公共关系实践的发展，客观上要求在理论上确立和完善公共关系学，以探讨公共关系的本质和规律，更好地指导实践。以下对公共关系学的有关理论问题进行初步探索。

一、公共关系学的研究对象

作为一门相对独立的学科，必须有自己特定的研究对象。而一门学科研究对象，就是该研究领域内的"特殊矛盾"。因此，对于某一现象的领域所特有的某一种矛盾的研究，就构成某一门学科的对象。"

那么，公共关系学研究的"特殊矛盾"是什么呢？这就是社会组织在其经营管理和行政管理中所产生的组织与社会公众的矛盾。

组织与公众的矛盾之所以成为公共关系学的研究对象，是因为这一矛盾具有"特殊性”，即综合性和全局性。事实上，从组织管理行为来看，各种类型的管理都会不同程度涉及这对矛盾，如：人事管理涉及组织与内部职工的矛盾，后勤管理涉及组织与职工在工作和生活中的矛盾，办公室管理涉及组织与各职能部门的矛盾。但相比较而言，这些管理涉及的公众对象都带有局部性，即特定的部门、职工等，而从组织管理的范围看，一般又侧重对内，难以涉及外部所有公众。可见，只有公共关系学研究的组织与公众的矛盾，才具综合性和全局性，它不仅关系到组织的生存和发展，而且贯穿于组织的任何管理中并制约着组织的管理。

组织和公众矛盾的综合性和全局性，决定了公共关系学作为一门相对独立学科出现的必要性。从实践上讲，也许有人会说，组织中无论办公室工作、人事处、销售和宣传部等部门都重视公共关系就行了，还有必要专门开展公共关系活动，专门研究这一学问呢？回答是肯定的。因为公共关系不能简单理解为各种具体管理工作“涉外”关系的“总和”，这些工作的内容和公共关系工作是不能相互置换的，就组织而言，其公关工作关系到组织对内对外的协调公众关系的总策略，涉及影响组织生存和发展的无形却又至关重要的形象和信誉问题，这是任何具体的管理等工作与“外交工作”都难以替代的。

通过以上分析，我们可以概括出公共关系学的研究对象：公共关系学的研究对象是组织与其公众的社会关系现象及其内在规律。

二、公共关系学的属性和学科特征

1. 公共关系学的属性

人们对公共关系学属性的认识，目前尚未有完全统一的看法。较为一致的看法是，公共关系是一门应用性的人文社会学科。公共关系学的应用性不仅表现在公共关系的研究对象和内容上，还体现在公共关系的从业人员日常的基本工作中。

从学科属性看，目前我国公关界还存在着“独立说”(即公共关系学有条件成为一门完全独立的社会科学)和“归属说”(即认为公共关系学归属于管理学范畴、社会学范畴和传播学范畴等)两种不同观点；从理论框架看，又有“形象论”、“传播论”、“协调论”几种不同理论框架。

近年来，从“归属说”看，国内外较流行的观点有三种：一是认为公共关系具有管理的职能，公共关系属于管理科学体系范畴；二是认为公共关系是一种社会关系，本质上是一种社会组织的行为，因而，公共关系学是属于社会学或组织行为学的分支学科；三是认为公共关系是一种传播活动，它遵循传播规律，所以，公共关系学应该是传播学的一个应用领域。很显然，这三种观点各有其侧重点，分别强调了公共关系的管理职能、主体行为和传播手段。这三方面都有一定的合理性。而且，由于公共关系的管理职能、主体行为和传播手段之间有必然的联系，因此，这三种观点本身也是统一的。

就以上几种观点而言，我们认为，目前把公共关系学置于管理科学的大范畴中进行研究，更容易把握其本质属性与运作规律。把公共关系学看做是一门研究组织与公众的社会关系现象及其内在规律的综合性、交叉性和应用性的管理科学更为合理。

2．公共关系学的学科特征

通过对公共关系学的对象、属性的分析，我们可以概括出公共关系学的学科特征，其特征包括以下两点：

(1) 理论性和应用性的统一。公共关系学有一系列基本思想、原理，这就是对公共关系实践活动的理论概括，它主要回答公共关系"是什么"、"应该是什么"的问题，这可作为公共关系实践的指导思想；同时，公共关系又要从公关实践操作的角度，提炼出公共关系在实践活动中可应用的方法、技术和技巧，教会人们懂得公共关系"怎样做"和"应该怎样做"。因此，公共关系既是科学，又是在一定知识基础上形成的一种经验和技能，既是一门设计、操作的艺术，又是理论性和应用性统一的学科。

(2) 交叉性和综合性的结合。公共关系学是管理科学的分支，又同众多相关学科相互交叉、渗透，但又不是这些相关学科知识、经验、技能的"简单叠加"，公共关系学需要既吸收相关学科的研究成果，又"超越"这些相关学科有关方面的研究，体现出综合性，以一门相对独立的学科出现，系统地提出属于自己的概念、范畴、原理和理论架构以及一系列操作应用技术。因此，要求公共关系学具有交叉性和综合性相结合的学科特征。

三、公共关系学的核心理论和主体内容

公共关系学的核心理论，是这门学科的基础，决定着主体内容、研究重点和理论框架。

1．协调论是公共关系的核心理论

目前在公共关系学研究中，关于公共关系学的核心理论问题，主要有三种不同的观点：形象论、传播论和协调论。

形象论认为，公共关系的总目标是塑造形象，即运用公共关系手段去影响公众的意识和行为，使之形成对组织良好的看法和评价。因而认为"形象"概念应成为公共关系学的基石。这一说法把公共关系的侧重点放在了组织主体的宣传和推广上。

传播论认为，形象是组织传播信息的结果。公共关系的实质是组织和公众有效的信息沟通。这一过程又分为两个方面：一方面是收集公众信息以影响组织的政策和行为，另一方面传递组织的信息以影响公众的意识和行为。其目的是使组织和公众获得彼此的了解和理解，因而公共关系的中心概念应是"传播"。这一说法把公共关系的侧重点放在了其实现机制上。

“协调论”认为，“形象论”尽管抓住了公共关系的总体特征，“传播论”也涉及公共关系的实现机制，但从组织经营管理角度看，公共关系的实质是：对组织与其环境(公众)的诸种社会关系的协调。只有“协调”，才能体现公共关系的最终目的和根本手段。也就是说，从最终目的看，公共关系活动是为了促使组织同内外环境(公众)和谐一致、协同发展(内求团结，外求发展)；从根本手段看，公共关系特有的管理功能，是对组织社会环境中遇到的各种矛盾的调节、冲突的缓解和关系的理解。因此，“通过调节矛盾而达到和谐”，概括了公共关系全部丰富的内容，是公共关系活动的本质规定。

上述几种理解并无矛盾，只是观察问题的角度不同，但比较而言，我们认为“协调论”作为公共关系的核心理论，能更好地反映公共关系本质。原因在于：一方面，同“协调”相比较，“形象”和“传播”均可看做实现协调的手段，塑造形象是协调的中介，即组织对环境(公众)协调是在自我完善的基础上有效地宣传；传播是实现协调的机制，即组织对环境(公众)协调有赖于有效的信息交流。另一方面，突出“协调”这个中心，有利于更好地说明公共关系不单纯是一种工作，而且是管理中的一种职能，即特定的管理职能(情报职能、参谋职能、交往职能等)。

确定公共关系学的核心理论，固然取决于人们对公共关系学学科属性的理解，更重要的还要基于对公共关系运行中的基本矛盾和运行规律的认识。

☞公关格言：

企业应“说真话”，把有关情况尽快如实地告诉公众，以缓和紧张的公众关系，争取公众的谅解。凡是有益于公众的事务必有益于企业和组织。

——公共关系的缔造者：艾维李

2. 公共关系的基本矛盾和运行规律

如前所说，组织与社会公众的矛盾在组织的经营管理和行政管理中有其综合性和支配性，是公共关系的基本矛盾。而在管理中，围绕组织的公共关系问题，该矛盾实际上可以展开为三对矛盾。

一是组织行为与公众的认知评价的矛盾。对任何组织来说，其生存发展，都取决于公众的支持和合作，而公众的支持和合作又有赖于公众对其组织行为的认知和评价。也就是说，公众只有在观念上认同和赞赏某一组织行为，才会出现支持与合作的行为。然而，在现代社会中，组织要被公众所认识和获得好评，绝非易事，不但要通过各种方式影响公众的观念和行为，而且要尽量了解和满足公众需求以赢得公众。这两方面缺了任何一方，或者稍不重视，又或者缺乏持之以恒的努力等，加上客观上存在着的各种影响组织与公众联系沟通的干扰因素的影响，就会引致组织行为与公众认知评价的矛盾，这种矛盾表现为公众对组织的无知、冷漠，或者会出现与组织期望差别很大甚至相反的公众认知评价。

二是组织与公众在行为上冲突与协调的矛盾。任何组织在其经营管理中，组织与公众的行为在交往中必然会存在着冲突与协调的矛盾，这一矛盾的根源是多方面的，可能出自彼此的沟通中、认知上、价值判断中或情感中等，但最根本的原因还在于利益互动中。

三是组织与公众在沟通中封闭和开放的矛盾。系统论认为，一个系统要存活，必须与环境保持恒常的物质、能量与信息交流，这样的系统叫开放系统。换言之，开放性是系统存在和发展的必要条件。如前所述，在组织管理中，环境可分为一般环境和工作环境，从公共关系角度看，工作环境就是公众环境，以至在公共关系理论中，人们往往把“环境”与“公众”两个概念等同或互相置换。因此，组织一旦在经营管理中开放性不强，与公众信息双向沟通的机制不完善，或者缺乏沟通技巧等，都会激发组织与公众在沟通中封闭和开放的矛盾。

由此可见，解决上述矛盾，从公共关系角度看，就要从根本上发挥其协调功能。这就是卡特李普所说的组织与公众之间“首要的要求是对环境进行有目的性的感应，以便发现和预测对组织与公众有影响的环境变化”，并在此基础上，运用公共关系的协调功能，调解上述的三对矛盾，以优化公众环境。

上述三对矛盾的存在和解决，又形成了公共关系运行的基本规律：

一是组织主动在观念上影响公众的规律。即运用公共关系手段在完善自身的基础上去影响公众的观念，以解决组织行为与公众的认知评价的矛盾。

二是组织与公众行为调适规律。即运用公共关系手段在满足公众利益的基础上调整组织与公众行为上的冲突，解决组织与公众在行为上冲突与协调的矛盾。

三是组织与公共双向沟通规律。即运用公共关系手段使组织与公众保持相互了解和相互理解，解决组织与公众在沟通中封闭和开放的矛盾。

应用案例

三个小枕头使上海新锦江扬名中东

1990 年 5 月 10 日傍晚，阿联酋总统扎耶德及 95 名随行人员，下榻上海新锦江大酒店。可能是由于旅途辛苦，总统喝了一口茶，就准备进卧室休息了。他的侍从上前揭开床罩，总统突然眼前一亮，又惊又喜：“这里的枕头怎么和家里的一样？”眼前，三个很薄很小的枕头并排放在床头，而按高星级酒店的惯例，与床同宽的长枕头才合标准，难道新锦江酒店不懂规矩吗？不是的，原来使用小枕头是扎耶德的习惯。这一信息，在总统步入套房20分钟前，被锦江饭店捕捉到，于是20分钟后总统见到了三个小枕头，总统枕着小枕头很快进入梦乡，锦江饭店也因此名扬中东。

(资料来源：中国发明专利技术信息网. http://www.1st.com.cn/dianzicontent.asp?id=268)

3. 公共关系的主体内容

上述公共关系的三大矛盾和三大规律，决定了公共关系的三大主体内容：

(1) 塑造形象。这是围绕组织行为与公众的认知和评价之间的矛盾，按组织主动在观念上影响公众的规律展开的公共关系工作内容。这里的“形象”就是公众对组织的认知与评价，“塑造”就是组织用公共关系手段去影响公众的意识和行为，使公众形成对组织良好的看法和评价。塑造形象从管理角度看就是为了获得作为无形资产的“形象资源”或称“信誉资源”。

(2) 协调关系。这是围绕组织与公众在行为上冲突与协调的矛盾，按组织与公众行为调适的规律展开的公共关系工作内容。协调关系从管理角度看就是为了获得作为无形资产的“关系管理”。

(3) 传播管理。这是围绕组织与公众在沟通中封闭和开放的矛盾，按组织与公众双向沟通规律展开的公共关系工作内容。传播管理从管理角度看就是为了获得作为无形资产的“信息资源”。以上内容的逻辑关系如表1-1所示。

表1-1　公共关系的核心理论和主体内容

协调论(核心理论)		
公共关系矛盾	公共关系规律	公共关系主体内容
组织行为与公众认知的矛盾	组织主动在观念上影响公众的规律	塑造形象
组织与公众在行为上冲突与协调的矛盾	组织与公众行为调适规律	关系协调
组织与公众在沟通中封闭与开放的矛盾	组织与公众双向沟通规律	传播管理

四、公共关系学的体系架构

以公共关系学的协调论为核心，以塑造形象、协调关系和传播管理主体内容为基础，公共关系学可围绕协调论展开，形成“公共关系历史”—“公共关系理论”—“公共关系应用技术”的模块结构，形成一个完整的学科体系。

以上内容关系如图1-1所示。

公共关系发展史	公共关系协调论	公共关系技术
1. 实践发展史 2. 学科发展史	1. 组织论 2. 公众论(协调关系) 3. 形象论(塑造形象) 4. 传播论(传播管理)	调查研究技术 策划技术 评估技术 宣传技术 人际交往技术 专题活动技术
(历史)	(理论)	(技术)

图 1-1　公共关系学的体系框架

案例分析

北京长城饭店的公关

1983 年，中国第一家五星级宾馆，也是第一家中美合资的宾馆，北京长城饭店正式开张营业。1984 年 4 月 26 日到 5 月 1 日，美国总统里根将访问中国。北京长城饭店立即着手了解里根访华的日程安排和随行人员。当得知随行来访的有一个 500 多人的新闻代表团，其中包括美国的三大电视广播公司和各通讯社及著名的报刊之后，北京长城饭店的这位公关经理真是喜出望外，她决定把早已酝酿的计谋有步骤地付诸实施。

首先，争取把 500 多人的新闻代表团请进饭店。他们三番五次免费邀请美国驻华使馆的工作人员来长城饭店参观品尝，在宴会上由饭店的总经理征求使馆对服务质量的意见，并多次上门求教。在这之后，他们以美国投资的一流饭店，应该接待美国的一流新闻代表团为理由，提出接待随同里根的新闻代表团的要求，经双方磋商，长城饭店如愿以偿地获得接待美国新闻代表团的任务。

其次，在优惠的服务中实现潜在动机，长城饭店对代表团的所有要求都给予满足。为了使代表团各新闻机构能够及时把稿件发回国内，长城饭店主动在楼顶上架起了扇形天线，并把客房的高级套房布置成便利发稿的工作间。对美国的三大电视广播公司，更是给予特殊的照顾。将富有中国园林特色的“艺亭苑”茶园的六角亭介绍给 CBS 公司，将中西合璧的顶楼酒吧“凌霄阁”介绍给 NBC 公司，将古朴典雅的露天花园介绍给 ABC 公司，分别当成他们播放电视新闻的背景。

这样一来，长城饭店的精华部分，尽收西方各国公众的眼底。为了使收看、收听电视、广播的公众能记住长城饭店这一名字，饭店的总经理提出，如果各电视广播公司只要在播映时说上一句“我是在北京长城饭店向观众讲话”，一切费用都可以优惠。富有经济头脑的美国各电视广播公司自然愿意接受这个条件，暂当代言人、做免费的广告，把长城饭店的名字传向世界。

思考题

1．长城饭店是怎样做公关宣传的？

2．长城饭店的公关活动体现了怎样的公关意识？

(资料来源：杜筌. 文化月刊[J]. 2009(3))

本章小结

公共关系是一个社会组织为了塑造形象而运用传播手段与相关的公众双向沟通，使自己与公众获得相互协调的行为规范和管理活动。

公共关系和人际关系、市场营销、广告、传播学、管理学既有联系又有区别，与庸俗关系是有本质区别的。

公共关系具有树立良好信誉、美好形象，平等互利、共同发展，着眼长远、着手平时，双向沟通、内外结合的四大特征。

公共关系学是研究组织与其公众的社会关系形象及其内在规律的，具有综合性、交叉性和应用性的学科，把这门学科归属于管理科学是一个特定的视角；公共关系学的核心理论是“协调论”，其主体内容是围绕着组织与公众在认知上、行为上和沟通中三对矛盾展开塑造形象、协调关系和传播管理。

重点名词

公共关系　公共关系学　公共关系状态　公共关系意识

思考与练习

一、填空题

1．传播学视角下的“公关”，把公共关系看做是一种_______，认为公共关系是组织同公众进行________的活动，这种活动是组织正常运行的基本机制。

2．从管理学角度研究公关，把公共关系视为组织管理的________，认为公共关系是社会组织与其公众之间________的行为规范和活动。

3．公共关系学的研究对象是_______与其_______的社会关系现象及其内在规律。

4．公共关系学是一门研究_______的社会关系现象及其内在规律的_______、_______、

_______、的管理科学。

5．以公共关系学的协调论为核心，形成_______、_______、_______的模块结构，形成一个完整的学科体系。

二、单项选择题

1．公共关系是组织的(　　)的产物。

A．行政行为　　B．政治行为　　C．传播沟通行为　　D．经济行为

2．“组织与公众之间的传播和沟通”就是公共关系学的(　　)。

A．主要内容　　B．方法论　　C．研究对象　　D．根本目的

3．公共关系可直接称为(　　)。

A．公众关系　　B．人际关系　　C．人群关系　　D．社区关系

4．组织开展公共关系活动的基础是(　　)。

A．公共关系意识　　B．公共关系观念

C．公共关系状态　　D．公共关系策划

5．现代公关传播的本质特征是组织与公众交流的(　　)。

A．单向性　　B．逆向性　　C．双向性　　D．单一性

三、多项选择题

1．公共关系涉及的学科有(　　)。

A．伦理学　　B．管理学　　C．社会学

D．营销学　　E．传播学

2．人们普遍认为公共关系可以是(　　)。

A．公共关系状态　　B．公共关系活动　　C．公共关系观念

D．公共关系学　　E．公共关系职业

3．公共关系学是(　　)。

A．一门研究现代公共关系的现象、规律和方法的学科

B．一门新兴的综合性的应用学科

C．现代经营管理人员必修的一门学问

D．现代社会的产物

4．“公共关系就是百分之九十靠自己做得好”这句话意味着(　　)。

A．要以实际行动获取公众的了解和好评

B．公关不必使用任何宣传手段

C．行动比空谈更有力

D．在扎实的服务基础上搞好宣传，建立良好形象

5．公共关系注意社会整体效益的观点是指(　　)。

A．注重社会经济效益　　B．注重个人物质利益

C．注重社会生态效益　　D．注重社会精神文明效益

四、判断题

1．公关就是“一张笑脸，二句好话，三杯美酒，四季送礼”。　(　　)

2．良好的人际关系有助于组织内部环境和外部环境的和谐与改善，所以做公关就是搞好人际关系。　(　　)

3．公共关系的成功与否主要是看企业在社会上的知名度、美誉度。　(　　)

4．公共关系和宣传相同，其方式均属于“单向沟通”。　(　　)

5．公共关系学研究的“特殊矛盾”是社会组织在其经营管理和行政管理中所产生的组织与社会公众的矛盾。　(　　)

五、简答题

1．公共关系的基本特征是什么？

2．说明公共关系状态、公共关系活动和公共关系意识的关系。

3．公共关系的主体内容有哪些？其确立的依据是什么？

六、讨论题

你周围的人对公共关系有哪些不正确的理解和偏见？讨论其原因，怎样正确理解现代公共关系？

第二章　公共关系的起源与发展

本章提要

公共关系作为一门独立的学科出现于20世纪初的美国。但是，公共关系作为一种客观存在的社会关系和一种思想与活动方式却源远流长。早在古代文明时期，那时的人类为了协调各个利益主体之间的关系，便有了不自觉的、类似的公共关系活动。

在本章的学习中，我们将追溯公共关系的源流，了解其产生与发展的历史过程，把握国内外公共关系的现状，剖析公共关系形成和发展的诸多社会历史条件。

学习目标

(1) 理解公共关系的产生条件。

(2) 掌握公共关系产生与发展的历史过程。

案例导读

诚信的力量

美国凯皮特公司(北美机械制造公司)在它的广告里说：“凡是买了我们产品的顾客，不管在世界上哪个地方，若需更换零配件，我们保证在48小时内送到，如果耽误，我们就将产品白送给你们。”他们说到做到，有时候为了一个价值只有几十美元的零件，甚至不惜动用直升机，费用高达数千美元。正是由于卓著的经营信誉，该公司能经营50余年并日渐兴盛。

由此可见，一个不被公众相信的组织不可能在公众心目中树立良好的形象。诚信不属于技巧范畴，诚信与否反映的是组织的人格。要在公众心目中树立良好的形象，诚信是基本前提。建立在谎言基础上的所谓“形象”，一旦被揭穿，“忽喇喇似大厦倾，昏惨惨似灯将尽”，将会使组织彻底颠覆。所以，诚信与否，从某种意义上来说，决定着组织的生死存亡。北美机械制造公司坚持说到做到，宁肯付出巨大代价，也要践行“48小时内把需要的零配件送到世界任何一个地方”的诺言，在消费者心目中信誉卓著，这使它经营50年并日渐兴盛，这也正说明了诚信的力量。

思考题

1．从这个案例中可以看出维持组织形象最根本的要素是什么？

2．北美机械制造公司坚持说到做到，给我们带来什么启示？

(资料来源：Admin. 家庭科技. 1999(12))

第一节　公共关系的产生条件

公共关系作为一门实践性艺术，一种客观存在的社会关系和社会现象，早在人类文明起源地——古埃及、古希腊及古代中国就已开始萌芽。那么为什么现代公共关系不在上述国家诞生，而产生于当时非常年轻的国家美国呢？事实上，这与当时美国的社会政治、经济、文化、科技等情况是相符的。

一、公共关系在美国的兴起

公共关系产生于美国，有其客观必然性。它是美国及资本主义社会当时的基本矛盾以及文化、政治、经济、科学技术等诸多条件综合作用的结果，是社会发展到一定阶段的必然产物。

现代意义上的公共关系首先在美国问世，其原因主要有以下三点：

(1) 美国的民主政治体制有其自身特点。

美国是资本主义国家中的后起之秀，又没有过于厚重的传统包袱，所以能较好地借鉴其他国家和政体的治国管理经验。经过独立战争、南北战争(废奴运动)和以后的工业革命，美国式的三权分立民主政治体制到 20 世纪初已经在北美大陆得到了较为稳固的确立。

(2) 美国是个多民族的移民国家，国民中具有较强的平等意识和群体观念。

从 17 世纪开始，西方殖民者就开始向美洲移民。最早达到北美这块土地上的是一批在英国受迫害的清教徒，他们于 1621 年乘坐“五月花”号踏上了后来被叫做新英格兰的大西洋西岸地区。之后，欧洲其他民族中的不满现实者以及非洲、亚洲的移民也相继迁居美利坚。由于原先的平民背景或曾受宗教迫害的历史，这些人中的大多数都具有较强的平等意识，他们都期望在这块新天地建立新的家园，谁也不愿意任人宰割、奴役。此外，由于民族不同、语言不通、习俗各异，彼此之间自然地产生一种相互依靠、相互帮助的观念。

(3) 美国南北战争之后，北方的工业经济与南方的种植园经济置于同一政府有效管理之下，国内市场体系发育比较健全。

19 世纪末至 20 世纪初，美国已经由自由资本主义向垄断资本主义发展，垄断资本间的竞争，深入、广泛地影响了整个社会，不但社会的生产结构与市场体系发生重组，而且社会中的人际关系也出现了深刻变化，此时美国经济尽管仍然以生产为中心，但逐渐开始关注市场的制约功能。这种情况下，一个企业或者部门的成败不仅在于产品质量，而且需要看它能否适应市场，能否不断地开拓市场，看它能否争取到各类消费群体和整个公众社会的舆论支持和形象赞誉。消费公众对市场运行的牵引和制约，慢慢地形成了现代商品市场生命线的一个重要因素，为当时的企业管理人员所认识和关注。

美国社会正是具备了以上几个前提条件，其内部才自然地孕育了现代公共关系的胚胎。

☞**公关格言：**

公共关系是无价之宝，我愿牺牲太阳底下所有财富去获取它。

——美国石油大王：洛克菲勒

二、公共关系形成的历史条件

我们说，公共关系在美国兴起是抓住了现代公众社会这个重要基础，离开了这个社会背景也就无公共关系可言。为了能清楚地说明此问题，我们有必要考察、分析一下公众社会为公共关系提供的四个必备条件：文化心理、社会政治、经济发展、物质技术。

1．文化心理——由“理性”转向“人性”

公共关系起源于美国，而美国是一个典型的移民国家，来自不同国家、不同文化背景的移民组成了一个大杂烩式的国家。美国文化体系中有三个突出的特性：个人主义、英雄主义和理性主义。个人主义使美国人崇尚自由；英雄主义使美国人崇拜巨头伟业和竞争的精神；理性主义使他们注重严密的法规，崇尚教条、数据和实效，强调严谨的科学逻辑。美国作为一个年轻的移民国家，缺少统一的历史传统，容易接受新文化、新思潮，特别是资产阶级革命时期的“自由、平等、博爱”等思想迅速在美国传播并开花结果，这也是当时美国资产阶级革命较为彻底的一个重要原因。

20 世纪 20 年代哈佛大学教授梅耶(Mayo)在著名的“霍桑试验”中提出的“人群关系理论”、“行为科学”是人性文化抬头的有力体现。尊重人性的、尊重个人感情和尊严的、人文的、开放的文化，正是公共关系得以滋生及成长的土壤。

2．社会政治——民主政治取代专制政治

在专制独裁的奴隶社会和封建社会，统治阶级在政治上实行专制独裁、强权统治，广大民众不需要关心政治，也没法干预政治，毫无自由和民主可言，公众舆论不可能对社会产生重要影响。

从封建社会进入资本主义社会是人类社会民主化进程中的一个重要里程碑，许多资产阶级人士宣扬“民主”、“人权”观念，资产阶级革命后推行共和制、立宪制，变独裁为民主，资产阶级民主政治的观念逐步深入人心，资产阶级民主政治的制度逐步得到建立和完善。尤其是“普选制”实行了全民参与，民众的社会化程度逐步提高，社会联系日益密切，共同意识不断增强，民主意识日益强烈。社会公众越来越强烈地要求了解和参与政治生活，舆论对政治行为的影响力也越来越大，成为政治生活中不可忽视的力量。

美国作为一个移民国家，各种不同文化思想在交流中得到发展和完善。它的这一特质决定了美国政治制度更加民主，社会更加开放，政治体制的民主色彩更为浓厚。经过独立战争和南北战争，美国确定了比较稳固的三权分立的政治体制。民主政治取代专制政治，成为促进公共关系兴起的社会政治基础。1791 年，美国通过《人权法案》，强调新闻和舆论自由，为公共关系的兴起提供了政治民主保障。

大工业社会的政治生活的核心是民主政治。在民主政治的社会氛围中，政府机关、社会公共组织与其公众之间，除了服众关系之外，还有民主协商、民主对话、民主监督的关系，这些必然促进公共关系的产生。

3．经济发展——市场经济取代小农经济

在封建社会里，其经济模式是自给自足的小农经济，人们的社会联系相当狭隘。商品经济社会以社会化生产、社会化交换为其重要特征。资本主义商品经济为公共关系行业提供了必需土壤。这是公共关系发展的第二个必备条件。古代社会也有商品经济，但其水平毕竟不高，在整个社会经济中所占比重也很有限。古代社会的经济，特别是封建社会经济，都是一种以自给自足为目的的自然经济，包括我们常说得小农经济与庄园经济。自然经济的自给自足决定了自己的封闭性，以此为基础的社会人文关系也只能局限在“血缘”与“土地”的经纬之中，活动天地极为狭小。小农经济最突出的形象代表是一幅男耕女织图，他们自给自足，有吃有穿，几乎不需与外界发生联系，实可谓“鸡犬之声相闻，民至老死不相往来”。古代庄园经济亦然，一座庄园就是一个小社会、一个独立王国，往往农、林、牧、副、渔应有尽有，也不必与外界发生联系。发达的资本主义商品经济与自然经济大不相同，它建立在社会化大生产基础之上，通过市场与分工两个支点，由竞争杠杆进行调节，从而形成了支配这个关系网络只能有一个法则，那就是平等交换、互惠互利。以这个法则为内在驱动，高度发达的商品经济出于自身调节的需要，开始大声呼唤公共关系的降生。顺应现代公众社会的召唤，公共关系也找到了自己大显身手的广阔天地。

另外，从组织类型的角度来看，任何社会组织，均须得到社会广泛承认，获得社会整体的支持，方能生存和发展起来。故商品经济社会势必需要公共关系。

4．物质技术——大众传播超越个体传播

在自然经济社会中，社会公众交往的广度和深度是极其有限的。在工业时代，传播沟通技术的发展为人们大规模的交往提供了可能性，并为公共关系的产生提供了必要的技术与方法。

在生产力低下、经济不发达的奴隶社会和封建社会，信息传递手段非常原始和落后，人们几乎处在一种半封闭、与世隔绝的自然状态之中。那些时期，常用的方式有我国古代飞鸽传书、烽火台传递外敌入侵信息和古希腊人马拉松跑步传递战事信息等。当时的社会信息传播受到各种局限，国家政策的颁布和社情民意的了解，都需要花费大量时间，加之又受到当时落后的交通工具和信息传播手段的限制，因而人们也不可能发生广泛而深刻的社会交往和联系。因此，在这种条件下，是不可能产生现代意义上的公共关系的。

从烽火台到互联网，技术改变我们的生活。20世纪以来，大众传播事业得到了长足发展，为公共关系提供了必要的科学技术手段。电话、电报、广播、报纸、电视、互联网等电子媒介的发展，使信息可以迅速传送到每个人手中，使得人们之间的沟通越来越方便，公共关系从而也获得了飞速发展。组织可以运用各种传播工具与公众进行沟通，从公众中采集信息，并把组织的信息传递给公众，最终为组织树立形象。人们可以借助现代化的传播技术实现大范围、全方位的信息交流与沟通，并对公众舆论造成一定的影响。因此，大众传播技术的不断完善和发展，是现代公共关系发展的重要技术条件。

第二节　公共关系在世界的发展

公共关系作为一种职业和学科，最早产生于美国。但公共关系作为一种客观的社会现象，作为人类一种朴素的思想意识观念，作为人类一种不自觉的社会活动却早已问世了。虽然公共关系的历史可以追溯到远古时代，但作为一种全新的思想、一种系统而科学的理论，其建立远远落后于实践。具体来说，公共关系作为一种新型的、专业性很强的职业，它发端于 19 世纪末 20 世纪初的美国。此后，随着社会、政治、经济的飞速发展，公共关系也与时俱进，发生了日新月异的变化。

一、公共关系思想的萌芽

由于社会历史条件有限，人类在早期还没有严格意义上的公共关系思想，只是人们在各种社会活动中会表现出一定的公共关系的意向和想法，这种古代的公共关系只能算是一种准公共关系、类公共关系。虽然人类早期的这种公共关系并不是严格意义上的公共关系，但是其为现代公共关系思想的产生奠定了一定的基础。

考古学家发现，远在公元前 1800 年伊拉克有一种农业公告，很是有点像现代社会某些农业组织公共关系部的宣传资料。在古希腊，社会对于沟通技术非常重视，有些深谙沟通学问的第一流演说家常常被推为首领。在我国古代的政治活动、外交活动和军事活动中，亦有许多类似于公共关系活动的成功范例。例如，古代的游说活动，古代帝王对民意的重视，古代商业经济领域的诚信原则——“和”，古代军事领域“知己知彼，百战不殆”的军事战略思想等。

我们在承认这些公共关系萌芽思想的奠基作用的同时，也能清楚地看到古代中外自发的公共关系思想有一些共同的缺陷：

① 盲目性。当时人们所开展的各种沟通、协调活动带有明显的自发性和盲目性，并没有真正认识公共关系的意义，他们的活动都是出于一时之需，缺乏理论指导。

② 层次、范围都很小。人类早期的公共关系活动主要发生在政治领域，且带有强烈的政治色彩和伦理色彩。

③ 媒介局限性。古代的这些活动最常使用的媒介是各种艺术表现形式。

思维拓展

1. 古代时期：朴素自发的公共关系思想

政治领域：告知、劝服意识；民心、名望意识；联盟、危机意识；亲善、适中意识；

军事领域：军心、攻心意识；美名、环境意识；

经济领域：信义意识、招牌意识、交换意识；

文化领域：仁爱意识、人和意识、交流意识。

2. 中西方古代公关思想的异同

西方：把自身处在主动、积极、求实的位置上；注重效益与实用性；传播手段多样。

中国：关系主体处理事物的见地精华部分仍指导现代公共关系，客观上形成了以和为贵的关系处理体系；但缺乏具体操作规范和方法；偏重政治、军事、道德。

(资料来源：廖为建. 公共关系学简明教程. 广州：中山大学出版社，2008)

二、现代公共关系观念和活动的出现

1. 巴纳姆时期——现代公共关系的发端

19 世纪中叶在美国风行的报刊宣传活动，被认为是现代公共关系业的“前身”。19 世纪 30 年代开始，在美国历史上出现了风行一时的报刊代理活动。美国报界由《纽约太阳报》领头，面向大众，旨在办出廉价报纸，即只用一便士便可购买一份报纸，从而开启了美国报刊史上以大众读者为对象，大量印发通俗化报刊的“便士报”时期。在此之前，由于报纸昂贵，只有贵族阶级才能买得起，使得报业的发展速度十分缓慢。太阳报的这一举措得到了其他报纸的呼应，使许多普通民众也可以买得起报纸，因而报纸发行量大增。许多公司和组织看中了这一媒体，纷纷雇佣人员，在报纸上编造新闻、虚构故事，吸引读者的注意力，以达到宣传本组织形象的目的。

这一时期，最有代表性的人物就是受雇于纽约一家马戏团的巴纳姆。巴纳姆的信条是“凡宣传皆好事”。为了能宣传自己的马戏团，他说马戏团里有一名叫海斯的黑人女仆，已经 160 多岁了，并且曾经养育过美国第一任总统华盛顿。还说马戏团有一个矮小的将军，叫汤姆，当年曾经率领一群侏儒，赶着马车去觐见维多利亚女王等。巴纳姆在报纸上发表了这些所谓的新闻之后，还用不同的笔名假装不同的读者向各家报刊寄去许多“读者来信”，有的说人不能活 160 岁，有的说巴纳姆发现的这些人是有功劳的。对这一“新闻”的热炒，引来了人们巨大的好奇心。大家纷纷到马戏团一探究竟，结果马戏团的票房收入猛增。不巧的是，海斯不久就去世了，结果医生鉴定他最多不超过80岁，一时舆论哗然。但是巴纳姆却厚颜无耻地说："只要我巴纳姆的名字能够在报纸上经常出现，我不在乎别人怎么评价我"。

巴纳姆采取的是愚弄公众、欺骗公众的方式，根本不考虑公众的利益。整个巴纳姆时期在公关史上又被称为"公众受愚弄时期"。这个时期的公共关系称为"单向吹嘘式的公共关系"。这个时期的报刊宣传不能是真正意义上的公共关系，因为他们没有认识到公众的作用，没有以公众利益为出发点。

应用案例

强力胶水

香港一家经营强力胶水的商店，坐落在一条鲜为人知的街道上，生意很不景气。一天，这家商店的店主在门口贴了一张布告："明天上午九点，在此将用本店出售的强力胶水把一枚价值4500美元的金币贴在墙上，若有哪位先生、小姐用手把它揭下来，这枚金币就奉送给他(她)，本店绝不食言！"这个消息不胫而走。第二天，人们将这家店铺围得水泄不通，电视台的录像车也开来了。店主拿出一瓶强力胶水，高声重复广告中的承诺，接着便在那块从金饰店定做的金币背面薄薄涂上一层胶水，将它贴到墙上。人们一个接着一个地上来试运气，结果金币纹丝不动。这一切都被录像机摄入镜头。这家商店的强力胶水从此销量大增。

可以看出这个案例中的"制造新闻"和巴纳姆时期的"制造新闻"有很大不同。这家经营强力胶水的商店制造新闻旨在吸引消费者，它的前提是真诚守信；巴纳姆时期的制造新闻目的也是吸引公众，但是它的前提是用虚假信息甚至炮制神话来愚弄群众。二者对待公众的态度有很大不同。

"制造新闻"是指社会组织为吸引新闻媒介报道而专门策划的活动。我们说"制造新闻"是一种积极主动的传播方式，因为"制造新闻"是在社会组织充分认识新闻媒介的地位、作用和特点的情况下，为扩大知名度和美誉度，抓住一切可利用的契机"制造"新闻，以激起新闻媒介采访、报道的兴趣，从而达到使新闻媒介自觉或不自觉地为组织作宣传的一种积极主动的、创造性的新闻媒介公关活动。我们认为"制造新闻"是一种最为有效的传播方式，是因为新闻媒介所做的新闻报道、专题通讯等都具有客观性、公正性和可信性，它比直观的商业广告更容易被公众接受、相信和记忆，其效果要比王婆卖瓜式的商业宣传好得多。

我们说“制造新闻”是一种最经济的传播方式。这是由于“制造”出来的新闻具有报道价值，所以能被各媒介主动报道，对组织或企业来说这种宣传是免费的。这家胶水店的高明之处在于：通过“制造新闻”引起公众及媒体的注意，这种宣传与商业广告相比，新奇刺激，引人入胜，使公众在不知不觉中认同了强力胶水；而商店则借事件的影响，借助新闻媒体名扬四方，扩大了强力胶水的销量。

(资料来源：邹锦明. 中国中小企业. 1997(11))

2. 艾维·李时期——现代公共关系职业化的开始

19 世纪末，美国垄断巨头与公众的矛盾剧增，社会声誉每况愈下。1903 年到 1912 年两千多篇揭丑文章发表，同时还有社论和漫画，形成了美国近代史上著名的“扒粪运动(Muckraking)”。“说真话、讲实情”来获取公众信任的主张被提了出来，艾维·李就是这个时期的代表人物。艾维·李的主要观点是：一个组织想要获得良好的声誉和形象，不是依靠向公众封锁消息或欺骗公众来实现的，而是要把真实情况披露于世，以争取公众对组织的理解和信任。

1903 年，他开办了第一家宣传顾问事务所，成为向客户提供服务而收取费用的第一个职业公共关系人员，现代公共关系职业化由此发端。艾维·李事务所公共关系思想的核心是“公众必须被告知——向公众讲真话。”1906 年，艾维·李向新闻界发表了著名的具有里程碑性质的《原则宣言》，阐明了他的事务所的宗旨：“我们的责任，是代表企业单位及公众组织，就公众关心并与公众利益相关的问题，向新闻界和公众传播迅速而真实的消息。”艾维·李不仅首创了“公共关系”这一专门职业，而且，他提出了“说真话”、“公众必须被告知”的命题，将“公共利益与诚实”带进了公共关系领域，使公共关系这门学科从对简单问题的探讨上升为探求带有某些规律性的原则和方法，大大推动了这门学科的发展，使公共关系进入到了“单向传播式的公共关系”阶段。故艾维·李被认为是现代公共关系之父。

由于时代的局限，艾维·李的咨询指导主要还是凭经验和直觉而进行的，缺乏对公众舆论严密的、大量的科学调查。因此，有人批评艾维·李的公关咨询只有艺术性而没有科学性。但无论如何，艾维·李作为公共关系职业的先驱者的地位是无可争议的。

公关故事

艾维·李处理洛克菲勒员工罢工事件

洛克菲勒因公然下令在科罗拉多残杀罢工的工人而一度声名狼藉，被称为“强盗大王”，与公众之间的矛盾十分尖锐。

艾维·李的处理措施是：

(1) 聘请社会上权威的劳资关系专家来调查导致此次事故的具体原因，并公之于众；

(2) 邀请一位工人领袖参与解决劳资纠纷；

(3) 建议洛克菲勒向社会慈善事业捐款、救济贫困、为儿童度假提供方便；

(4) 增加工资，在处理公共关系时还向媒介发表“原则宣言”，欢迎媒介的介入。

(资料来源：廖为建. 公共关系学简明教程. 广州：中山大学出版社，2008)

三、20 世纪前期公关事业的成熟

美国学者爱德华·伯纳斯就是公共关系学科化的一名旗手。他于 1891 年出生于奥地利，次年随父母移居美国。1913 年，伯纳斯被聘为美国福特汽车公司的公共关系部经理。他为该公司策划并实施了一系列旨在发展公众的福利及社会服务的计划，大大地提高了该公司在公众及社会上的影响，为促进福特公司的发展起了重大作用。一战爆发后，伯纳斯参加了“美国公共资讯委员会”。其具体工作是向国外的新闻界提供有关美国参战情况的背景及解释材料。1923 年，伯纳斯在纽约大学讲授公共关系课程，同年出版了被称为公共关系理论发展史上的“第一个里程碑”的专著——《舆论之凝结》。标志着公共关系科学化时代的开端。在书中，伯纳斯首先详尽阐述了“公共关系咨询”这一概念，而且提出了公共关系原则、实务方法和职业道德守则等。1925 年，伯纳斯写出了《公共关系学》教科书，1928 年，完成了《舆论》一书。

伯纳斯公共关系思想的核心是“投公众所好”。他认为，以公众为中心，了解公众的喜好，掌握公众对组织的期望和态度，确定公众的价值观念应该是公共关系的基础工作。因此，有的学者把这个时期的公共关系称之为“双向沟通式的公共关系”。

伯纳斯的主要贡献在于，他把公共关系学理论从新闻传播领域中分离出来，并对公共关系的原理与方法进行较为系统的研究，使之系统化、完整化，最终成为一门独立的新兴学科，并对公共关系教育的发展做出了重要贡献，因而，他被誉为“公共关系学之父”。伯纳斯在理论上做出的贡献，对于公共关系学科的形成和进一步发展具有划时代的意义。

四、公共关系事业在“二战”后的迅速发展

第二次世界大战后，公共关系的实践和理论的发展都进入了一个全新的阶段。这一时期，以卡特李普、森特和杰夫金斯为代表的一大批公共关系专家和大师，在理论和实践上把公共关系推向一个新的历史发展阶段。1952 年，美国的卡特李普和森特出版了他们的权威性的公共关系专著《有效公共关系》，论述了“双向对称”的公共关系模式，在美国被

誉为“公共关系的圣经”。卡特李普时期的“双向对称”公共关系模式一方面要把组织的行为和信息传递给公众，另一方面又要把公众的想法和信息传递给组织，从而使组织和公众形成一种互动的和谐状态。至此，公共关系正式进入学科化阶段。

显而易见，公共关系在“二战”后的美国走上了科学化、职业化、规范化的道路。在1960年，美国公共关系的从业人员达到了10万人，职业公共关系公司有1000多家，近八成企业都设立了公共关系部；而到了1985年，美国公共关系从业人员达到15万人，公共关系公司超过2000家，85%的企业设立了公共关系部或者长期聘请公共关系顾问。可以说，在现代的美国，任何一个组织离开了公共关系都寸步难行，主要表现在两个方面：一方面，美国公共关系教育不断发展。1947年，波士顿大学开办公共关系学院，并设立公共关系学硕士和博士学位点，公共关系作为一门正式学科登上大学讲坛。1955年全美有28所高校设置了公共关系专业，66所学校开设了公共关系课程。1956年，全美公共关系协会又成立了教育咨询委员会。1977年的一项调查表明，在全美的公共关系从业人员中，54%的人具有学士学位，29%的人具有硕士学位。20世纪80年代以后，美国公共关系教育已开始按照不同的行业分门别类进行，逐步向更细、更深入的领域发展。另一方面，美国各种公共关系协会纷纷成立。1948年，美国全国公共关系协会宣告成立，同时制定了作为从业法规的《公共关系人员执业规范守则》，这是全美最大的公共关系组织，哈罗博士任第一届主席。除了全国性的综合协会外，美国还出现了不少全国性的专业协会。

随着公共关系在美国的蓬勃发展，从20世纪30年代开始，公共关系事业迅速扩展到欧洲许多国家，在中美洲、南美洲一些国家和澳大利亚、新西兰、日本、南非等国，也都活跃着“公关顾问”的身影。

现将公共关系发展阶段中主要代表人物的思想进行比较，总结如表2-1所示。

表2-1　公共关系主要代表人物的思想比较

主要代表人物的思想		
代表人物	著　　作	思　　想
艾维·李	共同原则宣言	公开、实事求是、讲真话，被誉为“公共关系之父”
伯纳斯	舆论之凝结，公共关系学	将公共关系形成学科，被誉为“公共关系学之父”
卡特李普	有效公共关系	双向平衡理论和公共关系四步工作法，被誉为“公共关系教育之父”

第三节　公共关系在中国的发展

公共关系是20世60年代传入中国香港地区和中国台湾地区的，但由于众所周知的历史原因，皆未对中国内地产生太大影响。到了20世纪80年代，随着中国对外开放，公共关系步入中国内地，随着经济的快速发展，公共关系如雨后春笋般迅速兴起。

一、公共关系在中国的兴起与发展

公共关系在内地的发展自然有一个接受、消化、扎根和发展的过程，我们分别把这四个阶段称做起步阶段、发展阶段、规范阶段、完善阶段。

1. 公共关系的起步阶段

1980到1986年为公共关系在我国的起步阶段。1980年《广东省经济特区条例》颁布，开始设立深圳、珠海、汕头三个经济特区，现代公共关系开始传入中国大陆。1981年这些特区的一些合资宾馆、酒店出于工作需要，率先依照海外现代企业模式设立了公共关系部。1984年，国企广州白云山制药厂第一个设立了“公共关系部”，投资产值的1%作为预算开支，当年就取得了巨大的收益。1985年，希尔-诺顿公司在北京设立办事处。1986年雅博公司和中国新闻发展公司签订协议。1986年，中国第一家公共关系协会——上海公共关系协会成立。

2. 公共关系的发展阶段

1987到1989年为公共关系在我国的发展阶段。1987年6月中国公共关系协会成立；1989年中央电视台播出《公共关系浅说》专题片，中央领导关于公共关系的重要讲话发表；另外还有一系列公共关系相关活动频繁活跃于中国社会的历史舞台，如公共关系专业报纸和刊物的创刊，电视连续剧《公关小姐》的播出以及各种公共关系的培训、调查和实践活动。

3. 公共关系的规范阶段

1990到1993年为公共关系在我国的规范阶段。中国公关协会分别在1990年、1991年、1992年围绕“公共关系与社会发展”、“公共关系与改革开放”和“公共关系与经济建设”三个主题进行了理论研究和探讨。1991年4月，中国国际公共关系协会成立，宣告中国公共关系研究开始与国际理论研究接轨。中国国际公共关系协会1991年成立以来，本着“让世界了解中国、让中国走向世界”的宗旨，致力于加强中国公关界与国际公关界的联系和交流，每两年一届的中国国际公共关系交流大会，均取得了巨大的成就。1993年，中央广播电视大学开始开设公共关系学课程，使公共关系真正成为一门科学的理论和有效的实践活动。到了1992年、1993年，由于中国公关市场有所发展，生机初显，一大批外资公关公司纷纷进入。像美国爱德曼、奥美、福莱、罗德、凯旋行驱、英国宣伟等，这些公关公司纷纷与中资公司建立联营关系，或在一些发达地区设立办事机构或业务点。这极大地推进了中国公关市场的行成，并对中国公关市场的专业化、职业化、国际化起到了积极的影响和促进作用。

4．公共关系的完善阶段

1994年以后，公共关系的发展进入完善阶段。1994年，教育部正式批准广东中山大学和首都经济贸易大学招收公共关系方向硕士研究生；2003年，复旦大学新闻学院设立公关硕士点，后又开始培养公关方向的博士研究生；2006年，上海外语学院、上海交大也相继培养公关方面的博士；1999年，经国家劳动和社会保障部批准，“公关员”载入《中华人民共和国职业分类大典》，公共关系职业纳入国家正式职业行列；2000年，我国推广公关员上岗资格考试；2003年，中国国际公共关系协会把12月20日定为“中国公关节”；2004年，国家职业资格工作委员会公共关系专业委员会颁布《公关员国家职业新标准》，增设公关师(国家二级)和高级公关师(高级一级)标准，进一步完善了高级公关从业人员专业资格的培训和认证工作。

☞公关大记事：

- 84.12 世界最大公关公司希尔设立办事处
- 85.05 中国第一个公关研究会成立(中山大学)
- 85.08 中国第一个公关公司成立(中国环球)
- 85.11 中国第一个公关协会成立(上海)
- 86.11 中国第一本公关著作出版(明安香)
- 87.06 中国公共关系协会成立(地点北京)
- 88.01 中国第一份公关报创刊(杭州《公共关系报》)
- 88.04 国际公关协会中国分会成立
- 89.01 中国第一份公关杂志问世(西安《公共关系》)

二、中国公共关系目前存在的问题

公共关系作为中国改革开放的产物，30多年来已经取得了较大的发展，但是仍然面临着种种问题。

大众对公共关系概念在观念上的误解，是所有问题产生的根源。公共关系作为一门新兴学科，其定义表述众说纷纭，究竟什么是公共关系成了一个在国际国内的学术界长期以来都争论不休的问题。仅从历史上各种公共关系的定义就可以总结出以下五种类型：管理职能论，传播沟通论，社会关系论，现象描述论，表征综合论。一个美国学者甚至总结出了五百多种公共关系学的定义。尽管根据其基本特征中外学者已经给出了一个大体意见一致的定义，但这还是在一定程度上给大众对公关的理解造成了一定的误区。首先是“公共”一词，由于中国的传统文化追本溯源就是一种家文化，几千年来人民大众都已经习惯了这种文化，在“公共的”和“私人的”这两个看似互相矛盾的问题上有着很大的意见分歧，因此，什么才是“公共的”在人们心目中没有形成一个确切的意识观念。其次，“关系”一词尽管已经是众人皆知，然而，人们都已经习惯于把它限制在一个较小的范围，比如一个家庭的家庭成员之间的关系，与亲戚朋友的关系等。至于把关系扩展到整个社会中，相信很多人还是没有一个确切的概念。

国内的公关公司的专业化水平、服务品质与国际公关公司还存在较大的差距。这些差距的产生既有公关公司内部原因，也有来自社会环境方面的制约。就企业内部来说首先是大批不懂公关的人从事公关工作，决定了公关活动的总体水平。由于对这个行业的陌生，在解决问题时往往会缺少认真的调查研究，没有掌握与抓牢公众的特点与需求，也没有科学周密的策划与创意。同时，公关活动中各种有效的传播手段运用不够，在一定程度上都造成了交流信息的缺失，最终影响到公关工作全局。就外部环境来说首先是在我国社会主义初级阶段的基本国情下，社会主义经济体制还有尚未完善的地方，导致公关行业内部恶性竞争加剧，从而难以实现员工和企业专业能力的健康成长。同时，由于之前对公共关系产生的很多误解，让大众迅速转变自身观念，真正从心底去接受并支持它成为了一个亟待解决的难题。这些自主性和参与意识相对薄弱的公众群体随时都可能阻碍公关工作的开展。总之，国内刚开始起步的市场经济、不尽完善的法律保障制度、亟待改革的企业经营机制等都在一定程度上阻碍了公关事业的发展。

中国的公关由于理论的不尽完善，也使得其在理论领域面临着极大的危机，很大程度上，理论建设的滞后拖了公关事业的后腿。在中国大陆地区，公共关系一词纯粹是“舶来品”，虽然引入以后在中国得到了极大的发展，但是人们对其理论方面的理解在很大程度上还有所欠缺，最主要的就是理论创新意识薄弱。不仅是外界人士对公关意识理论不熟悉，就算是在公关从业人员中也存在素质低下的现象。很多公关部门缺乏理论修养，不务实事，只是一个摆设，条件好的苟延残喘，尚有一丝存在的气息，没有条件的中途夭折的也不少。而尚且存在的一些公关部门、机构也不思创新与改革，与国外的公关事业相去甚远，差距越来越大。

高素质公关人才的严重缺乏制约了中国公关业的迅速发展。与外国公关事业相比，中国的公关人员就略逊一等。目前，低层次、知识结构单一的公关人员过剩，高层次、复合型的公关人才严重不足。尽管近年来随着社会对公关的需求，出现了一个庞大的公关队伍，却仍不可避免公关人员自身素质不高的缺憾。他们大多都是来自不同的专业不同的领域，许多人都只是经过短时间的培训便上岗工作，毫无经验可言，而那些真正的受过高等公关专业教育的寥寥无几。

尽管我国的公关事业在发展过程中出现了不少的问题，但总体来说，也具有广阔的发展前景。这都得源于我国内部宏观经济的持续增长和来自国际方面的机遇的增多。从我国公关发展的社会环境看：我国社会各项事业呈现强劲的上升态势，为公共关系发展提供了坚实的经济基础；民主化进程加快，为公共关系发展排除了在政策、制度等方面的障碍；改革开放不断深化，社会各种矛盾日益显露，需要协调关系，解决矛盾的有效管理方法和手段，为公共关系发展提供强劲的社会需求。

案例分析

"蓝田神话"是如何创造的?

蓝田股份曾经是中国证券市场上一只老牌的绩优股，1996 年发行上市以后，在财务数字上一直保持着神奇的增长速度：总资产规模从上市前的 2.66 亿元发展到 2000 年末 28.38 亿元，增长了 10 倍，历年年报的业绩都在每股 0.60 元以上，最高达到 1.15 元，即使遭遇了 1998 年特大洪灾以后，每股收益也达到了不可思议的 0.81 元，创造了中国农业企业罕见的"蓝田神话"，被称做"中国农业第一股"、"中国农业产业化旗帜"。那么，"蓝田"是如何创造这一"奇迹"的呢？据他们自己说，靠的是生态农业，可农业能有如此高的资金回报吗？蓝田奇迹引起了中央财经大学研究员刘姝威的怀疑。刘姝威从 2001 年 10 月 9 日开始对蓝田的财务报告进行分析。刘姝威在研究中发现，蓝田股份的流动比率小于 1，也就是说，它在一年内难以偿还流动债务；而蓝田的净营运资金是 -1.27 亿元，这意味着它在一年中有 1.27 亿元的短期债务无法偿还。

她最后的判断就是，蓝田已经失去了创造现金流量的能力了，它是一个空壳。所谓的蓝田奇迹，是靠制造虚假报表欺骗股东和银行实现的。2001 年 10 月 26 日，《金融内参》刊登了刘姝威的 600 字短文，此后不久，国家有关银行相继停止对蓝田股份发放新的贷款。蓝田集团不但不思悔改，反而向地方法院提起诉讼，说刘姝威的研究论文败坏了它们的名誉，断了他们的生路。同时，蓝田公司还向刘姝威发出恐吓信，说 2002 年 1 月 23 日就是她的死期。刘姝威只得求助于社会舆论，她向 100 多家媒体发出信件，说明事实的真相，立即在全国引起了轩然大波，致使蓝田股份公司的股票一落千丈，变成了垃圾股。

2002 年 1 月 12 日，因涉嫌提供虚假财务信息，原蓝田公司董事长瞿兆玉的继任者、时任董事长保田等 10 名公司管理人员被拘传。而此前改任中国蓝田总公司总裁的瞿兆玉也接受了有关部门的调查。2002 年 1 月 21 日、22 日以及 23 日上午，生态农业被强制停牌，当天下午全线跌停。

思考题

1．蓝田股份主要欺骗的是哪一类公众？

2．被揭穿后，蓝田股份的做法是否正确？如果不正确，你认为他们应该怎样做？

(资料来源：刘姝威. 应立即停止对蓝田股份发放贷款. 金融内参，2001)

本章小结

20 世纪初公共关系作为一门独立的学科出现，成为一个行业、一项职业。美国是现代意义上的公共关系发源地。艾维•李是现代公共关系的奠基人，伯纳斯对公共关系科学化、规范化做出了巨大贡献。

公共关系不仅为组织的生存和发展创造了良好的外部环境和内部条件，而且渗透到社会生活的每一个方面，对社会产生了积极影响，使公共关系从业人员观念不断更新，素质逐渐提高。

我国公共关系活动在 20 世纪 20～30 年代出现，主要是在经济比较发达的沿海大城市。20 世纪 90 年代，我国实行改革开放政策，现代公共关系开始进入我国，到 20 世纪末，我国的公共关系事业得到了长足的发展，成为一个日益规范、充满发展潜力、市场经济不可缺少的行业。越来越多的企事业单位、政府机关日益重视公共关系工作，使公共关系事业的发展空间越来越大。

重点名词

公共关系兴起　　公共关系发展

思考与练习

一、单项选择题

1．公共关系作为一种职业和学科最早产生于(　　)。

A．美国　　B．英国

C．古希腊　　D．中国

2．被称为“公共关系之父”的人是(　　)。

A．巴纳姆　　B．艾维·李

C．伯纳斯　　D．洛克菲勒

3．开创公共关系职业的先驱者是(　　)。

A．巴纳姆　　B．艾维·李

C．伯纳斯　　D．洛克菲勒

4．公共关系理论发展史“第一个里程碑”的专著是(　　)。

A．《原则宣言》　　B．《舆论之凝结》

C．《公众舆论的形成》　　D．《纽约日报》刊登的公共关系文章

5．公共关系传入中国台湾和香港的时间是(　　)。

A．20世纪40年代　　B．20世纪50年代

C．20世纪60年代　　D．20世纪70年代

6．中国公共关系协会成立于(　　)。

A．1985年　　B．1986年

C．1987年　　D．1988年

7．公共关系起源分为(　　)个时期。

A．4个时期　　B．5个时期

C．6个时期　　D．7个时期

8．从传播主体来看，公共关系是一种有目的、有计划、受控制、持久的(　　)。

A．过程　　B．状态

C．结果　　D．行为

9．1923年首次在纽约大学讲授公共关系的人是(　　)。

A．艾维·李　　B．伯纳斯

C．巴纳姆　　D．格鲁尼格

10．被称为“公共关系的圣经”的专著是(　　)。

A．《公众舆论的形成》　　B．《原则宣言》

C．《有效公共关系》　　D．《舆论》

11．市场经济代替小农经济，是公共关系产生的(　　)。

A．历史条件　　B．经济条件

C．文化条件　　D．政治条件

二、多项选择题

1．现代组织经营的支柱有(　　)。

A．人才　　B．资金
C．技术　　D．上级支持
E．公共关系

2．公共关系状态是(　　)。
A．组织开展公共关系活动的基础　　B．组织的公共关系活动形成结果
C．发展社会生产力的条件　　D．客观存在的
E．组织形象的要素

3．公共关系产生的社会历史条件有(　　)。
A．文化心理　　B．社会政治
C．经济发展　　D．物质技术
E．地理条件

4．美国19世纪中叶的(　　)活动是公共关系发端时期。
A．清垃圾运动　　B．报刊宣传活动
C．便士报运动　　D．新闻代言人制度
E．罢工运动

5．1952年美国卡特利普和森特论述的公关模式是(　　)。
A．双向对称　　B．公众必须被告之
C．凡宣传皆好事　　D．门户开放
E．单向宣传

6．艾维·李的公关思想和宣传思想是(　　)。
A．投公众所好　　B．门户开放
C．公众必须被告之　　D．对公众讲真话
E．双向对称

7．美国文化体系的特征是(　　)。
A．个人主义　　B．英雄主义
C．理性主义　　D．感性主义
E．集体主义

三、名词解释

1．便士报运动
2．报刊宣传活动
3．清垃圾运动(揭丑活动)
4．“双向对称”的公关模式

5．巴纳姆时期

四、简答题

1．简述艾维·李对公共关系的贡献。
2．简述爱德华伯尼斯对公共关系的贡献。
3．简述公共关系产生与发展的社会条件。
4．简述现代国际公共关系的趋势。
5．简述公共关系起源的四个阶段。

中篇　公共关系理论

本篇主要内容包括：公共关系的职能与作用、公共关系的构成要素、公共关系的类型。

第三章　公共关系的职能与作用

本章提要

公共关系的职责与功能是指其对社会组织、个人及其整个社会环境所能发挥的积极作用或影响。从广义上讲，其职责与功能就是运用各种手段，调动一切力量，塑造良好的组织形象，赢得良好的生存环境，使组织能够在激烈的竞争中获胜。从整体上讲，其职责与功能可以概括为“内求团结，外求发展”。公共关系的职能广泛而复杂，国内外学者对它的看法和概括不尽一致，国内外公共关系职能部门的职责范围也有很大差别。一般说来，公共关系具有采集信息、管理信息、咨询建议、参与决策、协调商量、传播沟通和树立形象等职能。

通过本章的学习，学生应该了解公共关系以建立对社会组织的良好形象为目标，围绕这一目标所展开的具体工作形成其职能范围；获悉信息采集、组织形象测定、咨询建议的内容与形式、公共关系对内对外的职能等。

学习目标

(1) 了解公共关系的职责及其内容与形式。
(2) 熟悉公共关系对内对外的作用。

案例导读

金沙江大酒店迎亲

你将会如何去做？如果你是某大城市一家宾馆里的公关经理，宾馆设施、条件一流，但外人知晓不多。

高莉莉就任上海金沙江大酒店公关部经理时，酒店还缺乏知名度。1995 年秋，她从记者朋友处得知，日本著名的影星中野良子将和新婚丈夫来北京、上海访问。她马上意识到这是个好机会。

她立即采取了一系列措施，争取到了接待客人的机会。然后又直接给正在北京的中野良子打电话，请她来上海时下榻“金沙江”。对方应允后，高莉莉立刻带领宾馆的工作人员进行策划和准备。

第一天，中野良子夫妇到达上海金沙江大酒店，在一片热烈的鞭炮声里，中野良子夫妇被 40 多位中外记者及酒店上百名员工簇拥进一个中国传统式的“洞房”——正墙上大红“囍”字熠熠生辉，两旁的对联上写着“富士山头紫燕双飞白头偕老，黄浦江畔鸾凤和鸣永结同心”。在笑声、掌声此起彼伏的“闹洞房”仪式中，新婚夫妇还品尝了象征“甜甜蜜蜜”、“早生贵子”的哈密瓜、桂圆、红枣等，在异国他乡度过了一个难忘的欢乐之夜。

第二天，众多记者纷纷在各自的媒体上报道了这则极富情趣的新闻。上海金沙江大酒店也随着这些报道在一夜之间扬名海内外，特别是在中国公众和日本公众中留下了深刻而美好的印象。

首先，高莉莉听到中野良子夫妇要赴上海，就马上采取行动，想方设法请他们下榻金沙江大酒店，这就是公共关系担当的角色：收集信息、咨询决策；其次，高莉莉通过数十位记者，把中野良子夫妇在金沙江大酒店享受到的中式婚礼报道出去，这又是公共关系所承担的主要功能：塑造形象、协调关系；再次，高莉莉她们在如何开展这项活动时，所采用的手段技巧是严格按照公共关系的基本原则进行的，即：求真务实，真诚互惠，全员公关，不断创新。

思考题

1. 以上故事，体现出哪些公关知识？
2. 从这则案例中，你得到了哪些启示？

(资料来源：万国邦，李荣新. 公共关系教程. 北京：机械工业出版社，2009)

第一节　公共关系的职能

公共关系的职能，也称“公共关系的职责”，是公共关系在组织中所应发挥的作用和应承担的职责。从狭义上讲，公共关系的职能主要包括以下四个方面：采集信息，监测环境；咨询建议，参与决策；传播推广，塑造形象；协调沟通，平衡利益。从广义上讲，除了以上四个常见比较鲜明的职能外，其实公共关系在组织中的职责是相当广泛的，它有时候还担负着开拓市场，提供服务；教育引导，培育市场；科学预警，危机管理；提高效益，促进发展等职责。

一、采集信息，监测环境

公共关系以建立对社会组织的良好形象为目标，为达到这个目标，在瞬息万变的社会环境和激烈的市场竞争中，通过各种调查研究的方法，搜集信息、检测环境，以帮助组织对各种环境保持高度的敏感性，维持组织与整个社会环境之间的动态平衡，并根据信息测定组织形象，对组织形象进行管理便成了公共关系工作的首要前提。

1. 公共关系信息采集的内容与形式

采集信息是指组织自觉地通过各种渠道采集与组织相关的信息。信息是客观存在的各种事物特征和变化的反映，对社会组织来说，对收集的资料进行处理后，都可以成为有用的信息。人类社会到现在为止经历过四次信息革命。第一次信息革命是语言革命，第二次是文字革命，第三次是印刷革命，第四次是电传、电话、电视等电讯与计算机相结合的计算机革命。现代信息阶段，世界信息资源急剧增加，信息技术的迅速变革以及信息产业的发展，使人类社会进入了“信息时代”。信息时代的特征是：起决定作用的不是资本而是信息知识。进而提出了“信息就是财富”的口号。

采集信息是公关工作的必要前提，在信息社会中，信息已成为公认的巨大资源。知彼知己，才能百战不殆。组织采集的信息经过整理和筛选，对其中的重要信息进行认真研究，并用于组织的管理，有利于提高组织的知名度，塑造良好的组织形象。上海第一百货商店平时注意信息的采集，他们参加了全国性的信息网络。在信息网络提供的信息中，他们采集到天津某百货商店缝纫机滞销的信息后，结合本地本店情况进行了认真研究，认为缝纫机滞销的情况不久在上海也会出现，于是立即着手处理库存。除在本店和市区积极推销外，还组织人员到郊区推销，很快将库存缝纫机推销完。此后不久，上海市的各大商店果然出现了缝纫机滞销的现象，在各店积压的缝纫机大伤脑筋的时候，第一百货商店的经营者却满面春风地投入了新的运营。

为公关界人士及国际友人所熟知的北京长城饭店，是在成功地接待了美国里根总统后才名扬五洲的。正是长城饭店公关人员的成功策划，使长城饭店在全球有了较高的知名度。而这个成功策划的前提和基础正是该饭店的公关人员及时采集到了里根总统将要访华的重要信息，并且比其他组织要超前得多。因此为该饭店策划和实施这次活动争得了时间，取得了美国驻华使馆的好感和认可，从而一步步走向成功。

1) 公共关系信息采集的内容

信息是组织预测与决策的基础，因此要充分发挥其预警功能，组织应全面掌握其面临的环境信息。公共关系工作采集的信息主要是关于组织信誉与形象方面的信息，大致可以分为以下两大方面。

(1) 与组织形象(产品)有关的信息。以商业企业为例，采集信息的重点是有关企业形象、信誉方面的企业整体形象信息，同时注意采集政策信息、立法信息、市场信息等。商业整体形象信息包括商品信息、服务信息、人员素质信息等。商品信息即消费者对企业经营商品的总体反映。包括商品的质量、价格、性能、牌号、装潢、品种等。

(2) 与组织生存环境有关的信息。政策信息是指直接关系到企业发展和经营的党和国家的方针政策。立法信息是指政府制定的对企业有影响和限制的法律和法令。市场信息包括商品供给与需求情况，竞争对手情况以及销售对象、销售网点、销售路线等方面的信息。

公关故事

信息的价值

一天，美国亚默尔肉食品加工公司老板菲利浦·亚默尔被一则几十个字的短讯所吸引："墨西哥发现了疑似瘟疫的病例。"他马上进行了认真分析：墨西哥发现了瘟疫，一定会从加利福尼亚州或者德克萨斯州边境传到美国来。而这两个州是美国的肉食品供应的主要基地，瘟疫地区的肉食品不能供应市场的，这样一来，美国肉食品供应肯定会紧张，肉价一定会猛涨。他立即做出决定，当天，就派家庭医生亨利赶往墨西哥，几天后，亨利发回电报，证实了那里确实发生了瘟疫。于是，他立即集中全部资金购买还未被传染瘟疫的加利福尼亚州的牛肉和猪肉，并及时运抵美国东部。果然，瘟疫很快蔓延到美国西部的几个州，美国政府果然下令：严禁一切食品从这几个州外运，亚默尔在短短的几个月内，便赚了 900 万美元。

(资料来源：拿破仑·希尔. 拿破仑·希尔成功学. 黄地，译. 西安：陕西人民出版社，2008)

2) 公共关系信息采集的形式

一个社会组织采集信息的范围是非常广泛的，设计许多方面，信息的广泛性决定了采集信息的渠道和方法的多样性。

(1) 公共关系信息采集的渠道。制约和影响组织生存和发展的信息环境包括内部信息和外部信息两个方面，因此，公共关系工作所需要的信息就包括内源信息和外源信息两个部分。内源信息主要指来自组织内部各方面的信息和动态，信息采集比较方便，渠道简单；外源信息指的是组织所处的外部环境的信息和动态，外部环境的复杂性，决定了公共关系需要建立广泛的社会信息网络。从公共关系角度看，外源信息的采集渠道主要有新闻媒介的放映，政府部门和上级主管部门的提供，公共关系人员的社会交往和调查，专家分析，各种类型的座谈会，产品展销会、订货会，征订广告以及兼职信息员等。

(2) 公共关系信息采集的方法。公共关系工作采集的信息要求既收集第二手资料，又收集第一手资料。第一手资料是为当前的某种特定目的而搜集的原始资料；第二手资料就是在某处已经存在并已经为某种目的而搜集起来的信息。信息采集的方法是多种多样的，主要有以下几种。

① 文献资料法。信息采集方式的基本做法就是，通过阅读一些内部资料、政府出版物、期刊和书籍及一些商业资料来获取信息。

② 访谈调查法。这种调查方式的基本做法就是，走出去或者请进来，由公共关系工作人员直接与访谈对象见面，当面询问，或者举行座谈会，从而搜集信息，取得数据。

③ 问卷调查法。这种调查方式的基本做法是，根据调查目的，在制定好调查提纲的基础上，制定出简明易谈的调查问卷。将设计好的问卷交给或邮寄给被调查者，请其自行填答后交回或寄回。

阅读资料

一张照片背后的巨额利润

大庆油田的“铁人”王进喜头戴大狗皮帽，身穿厚棉袄，顶着鹅毛大雪，手握钻机刹把，眺望远方，在他背景远处错落地矗立着星星点点的高大井架。这是一张 1964 年刊登在《中国画报》封面上的照片。

当时，由于各种原因，大庆油田的具体情况是保密的。然而，上述由官方对外公开播发的极其普通的旨在宣传中国工人阶级伟大精神的照片，在日本三菱重工财团信息专家的手里变成了极为重要的经济信息，揭开了大庆油田的秘密。

其一，根据对照片的分析，可以断定大庆油田的大致位置在中国东北的北部。其依据是：唯有中国东北的北部寒冷地区，采油工人才必须戴大狗皮帽和穿厚棉袄。又根据有关“铁人”的事迹介绍，王进喜和工人们用肩膀将百吨设备运到油田，表明油田离铁路线不远。据此，他们便轻而易举地标出大庆油田的大致方位。其二，根据对照片的分析，可以推断出大庆油田的大致储量和产量。其依据是：可从照片中王进喜所站的钻台上手柄的样式，推算出油井的直径是多少；从王进喜所站的钻台油井同他背后隐藏的油井之间的距离和密度，又可基本推算出油田的大致储量和产量。又根据新闻报道王进喜出席了第三届全国人代会，可以肯定油田已出油。其三，根据中国当时的技术水准和能力及中国对石油的需求，中国必定要大量引进采油设备。

于是，日本三菱重工财团迅即集中有关专家和人员，在对所获信息进行剖析和处理之后，全面设计出适合中国大庆油田的采油设备，做好充分的夺标准备。果然，中国政府不久向世界市场寻求石油开采设备，三菱重工财团以最快的速度和最符合中国所要求的设计设备获得中国巨额订货，赚了一笔巨额利润。此时，西方石油工业大国都目瞪口呆，还未回过味来呢。

这一事例表明，公共关系具有信息管理的职能。公共关系活动的基本目的，就是通过双向的信息沟通，有效地达成组织与公众之间的信息交流。采集信息已成为公共关系工作的一项基本功能。

在市场经济中，信息已成为一项宝贵的资源，是当今科技发展的三大支柱之一，是构成提高竞争力和创造经济成就的关键性因素，这已成为现代社会人们的共识。

三菱重工财团总公司每天获得的信息处理纸带竟可绕地球11周，其信息意识和信息处理的技术、速度等可见一斑。因此，中国大庆油田的照片，在其手中变成经济信息，变成巨额财富这一事实也就不足为奇了。

(资料来源：杨加陆. 公共关系学教程. 上海：复旦大学出版社，2007)

2. 环境监测与信息管理

组织进行信息的收集与管理就是为了更加全面地监测环境，通过全面、真实、有效的信息来监测组织生存的环境，使得组织可以针对周围环境的变化做出及时的调整和重要的决策。环境监测是否灵敏首先取决于信息的收集与分析的好坏。在“情报成功就等于竞争胜利”的今天，关注信息管理已成为组织的一大要务。只有及时准确地收集信息，才能使组织了解环境，监视环境，反馈舆论，预测趋势，评估效果。以此帮助组织对复杂多变的公众环境保持高度的敏感性，维持组织与整个社会环境之间的动态平衡。公关信息管理的程序在不同行业有不同表现，组织公关实务的信息管理有以下几个步骤：信息的前馈管理；信息的存储、分类及建立检索系统；信息的加工处理；信息的输出；信息的反馈。

其中信息的前馈管理是第一步，同时也是最重要的一步。一个现代化的管理系统必须要用前馈(feed forward)管理。管理控制的基本过程，实质上同物理、生物和社会系统中的控制相同。控制论奠基人维纳指出，一切类型的控制系统，都是用揭露在目标实现过程中的错误和采取纠正措施的信息反馈来控制自己的。换言之，各种系统都是用自身的某些能量在成效和标准之间进行反馈，从而比较所得的信息。反馈控制就是根据最终结果产生的偏差来指导将来的行动。反馈控制的基本过程为：以预期业绩为标准→衡量实际业绩→将实际业绩与标准相比较→确定偏差→分析造成偏差的原因→确定纠正方案→贯彻纠正措施。可见，反馈控制是保证计划不出偏差，得以顺利实施的必要环节。在管理系统中具有极其重要的地位。反馈信息是管理者对客观实际情况变化(结果)作出正确反应的重要依据。管理成功与否，关键就在于是否具有灵敏、准确、迅速的反馈。

但是，仅有反馈控制还远远不够。在管理工作中，时间延迟是常见的。例如，11 月份的会计报表所报告的是 10 月份的亏损情况，而这一亏损又可能是 7 月份发生的某些事情所造成的。而且，收到反馈信息后，要分析偏差的原因，选择校正方案，再贯彻校正措施，又要经历较长的延迟。所以，用反馈控制常常会失去宝贵的时机，使控制失效。要改变这种局面，就要使用另一种控制方法——前馈控制。

前馈控制是面向未来的控制，意在防患于未然。它与反馈控制的主要区别如图 2-1 所示。

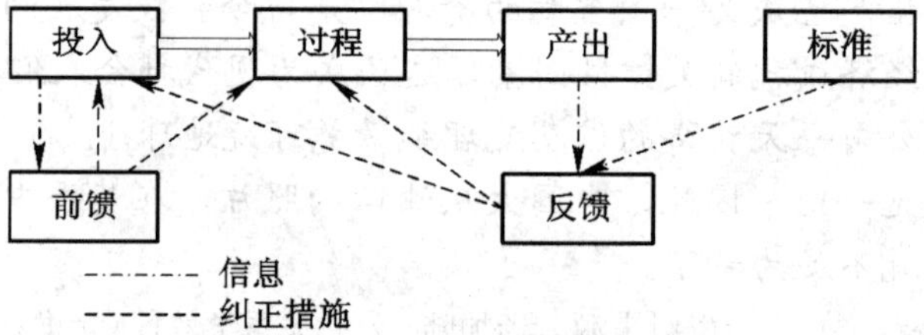

图 2-1　信息管理的前馈控制

由图 2-1 可知，前馈系统虽然也是通过信息反馈来实施控制，但这种信息反馈是在投入一端，在投入未受影响前就加以纠正，因而具有较好的及时性。就好比人们骑自行车爬坡，为了保证上坡时速度不致慢下来，在看到坡以后，还未开始上坡之前，人们就会提前加速，使上坡过程顺利。

前馈控制采用的普遍方式，是利用所能得到的最新信息，进行认真、反复的预测，把计划所要达到的目标同预测相比较，并采取措施修改计划，以使预测与计划目标相吻合。目前运用的比较先进的前馈控制技术之一是计划评审法，或称网络分析法。它可以预先知道哪些工序的延时会影响到整个工期，在何时会出现何种资源需求高峰，从而采取有效的预防措施与行之有效的管理办法。

另外，在公关信息采集时，要遵循六个基本原则，可以概括为公关信息采集的“六度”原则，即采集信息要“宽度大、向度明、精度准、真度强、融度高、速度快”。信息宽度也称为信息的完全度，指决策的全部对象信息，即信息的“覆盖面”。信息向度指信息的方向与采集范围。信息精度也称信息的精确度，指信息内容在定量方面的精确程度。信息真度也称信息的可信度，指信息的可靠性，反映事物发展规律的准确程度和所含真理成分。信息融度也可称为信息的融合度，指多种信息按其内在联系有机组合的程度，意在追求信息耦合效应。信息速度指信息传播的速度和时效性。

“信息六度”代表六个要素，各自独立又相辅相成、相互影响，是一个完整的信息决策系统。如果每个公关人员采集信息时都有意识地运用这六个原则，公关实务工作一定会再上一个台阶。

知识链接

信息的耦合效用

所谓耦合效应，是指两个或两个以上诸要素之间或诸系统之间发生相关联系的子系统通过中介环节的关联和相互作用，既有作用与反作用方式，又有吸引和排出，从而形成更大系统的现象。这种耦合效应比比皆是。例如战国时期，有一次楚庄王打了胜仗，在宫中欢宴百官，以示庆贺。天黑时分，忽然刮进一阵疾风，将蜡烛吹灭，宫中顿时漆黑一片。慌乱中，庄王最宠爱的妃子觉得有人扯了自己的衣袖。经过一番挣扎，她拔下了那人头上的帽缨，气急败坏地跑到庄王面前哭诉。庄王听后没有追查失礼者，而是要大家都拔掉帽缨，然后才吩咐点上蜡烛，尽欢而散。三年后，晋国进犯楚境。庄王率军迎战，发现有一位军官总是奋不顾身、冲锋在前。在他的带领下，士兵们个个勇猛冲杀，把晋军打得节节败退。庄王颇感奇怪，再三追问。那位将军才说：“三年前，臣下酒醉失礼，大王宽容而不加罪，我一直想用自己的生命来报答大王的恩典。虽肝脑涂地，也在所不惜。”庄王的宽容，引发了将军以死相报的行动。诗经有言“投我以瓜，报之以琼瑶”，古人云“来而不往非礼也”等，说的都是人际耦合而产生的效应。

在学习中，这种耦合效应更加明显。一个耦合良好的班级，就可能互动所有学生使其产生团结、向上、善学、积极奋进的品质；如果耦合不佳，就会相互扯皮、拆台，就会拖坏一班学生。平时，我们也都有这方面的体会，一个家庭的父母如果都乐于学习，那么这个孩子也就不可能不乐于学习。在图书馆、在教室，大家都在认真学习，后进门的人也不会大吵大闹，而是也认真地学习。

(资料来源：http://wiki.cnki.com.cn/HotWord/53917.htm)

二、咨询建议，参与决策

这是公共关系最有价值的职责。因此公共关系也称“咨询业”、“智业”。咨询建议在从公众的角度，公司总体的角度进行，而不是各部门各行其是。

咨询和建议即向社会组织就有关公共关系政策和行动提出建设性的意见，促进组织搞好公众关系和管理，推动组织进一步发展。在纷繁复杂的社会环境中，社会组织要在竞争中站稳脚跟，就要结合组织的具体情况及时地、科学地做好组织的重大决策。要做到这一点就要认真听取公关人员的咨询和建议。

阅读资料

亚细亚商场的胜利

在国人注目的郑州“商战”中，刚刚成立不久的亚细亚商场之所以在群雄并立的激烈角逐中始终立于不败之地，主要原因之一就是因为他们十分重视公共关系工作。他们请了一名公关专家为其咨询。这位专家就是我国公关第一人王力先生。王力先生应聘为亚细亚做公关咨询，连生妙笔，有效地策划了传播，影响了郑州市的广大公众。他提出了在公共汽车车身外部喷涂“星期天到哪里去——亚细亚”。针对竞争激烈的情况，他建议商场请一些善写之士，结合商场的具体情况编写了大量通俗易懂，好记易诵的儿歌，并将儿歌刊登在市民拥有量较多的两家报纸上，整整登了一大版，同时告知儿童家长，凡是能到亚细亚商场当场背诵两首儿歌的儿童，商场将给予优厚的奖品。消息一发引起了广大市民的浓厚兴趣。许多家长都带着熟背儿歌的孩子，第一目标直奔亚细亚，一时亚细亚商场人海如潮，相比之下，其他商店就冷清得多。正是有了公关咨询，使得亚细亚商场在商战中处处主动，不但在郑州市站稳了脚跟，还把商场推向了全国，“中原之行哪里去？郑州亚细亚！”

(资料来源：世界营销传播网)

1. 公共关系咨询建议的内容与形式

公共关系采集的信息只有通过向组织提供咨询和建议，才能充分发挥其功能，实现其价值。作为广泛接触各类公众、掌握大量和组织运行有关的重要信息的公共关系人员和部门，可以在组织决策过程中向各个层次的决策部门提供必要的情报、信息和意见，发挥参谋、助手的作用，从而提升组织决策的科学性。

1) 公共关系咨询建议的内容

公共关系人员或部门为组织提供咨询建议服务可以从多个方面展开。

(1) 为确立决策目标提供咨询建议。对本组织内部的方针、政策和行动提供咨询意见和必要的情报，发挥参谋、助手的作用，参与决策，制定出适合组织发展的目标，从而提升组织决策的科学性。

(2) 提供关于社会组织形象的咨询。提供关于组织知名度和美誉度方面的咨询，同时对本组织公共关系战略、经营销售战略和广告宣传战略、CIS战略、组织文化战略提供咨询意见，使原本分由几个部门负责的工作发展成为一个系统，并制定出科学的实施方案供决策者参考。

思维拓展

知名度和美誉度的关系

由于组织形象是由一系列要素构成的，因而公众可以从各方面来看待和评价组织形象，或者说组织形象可以由若干指标来衡量和确定，如经营宗旨、管理水平、员工素质、办事效率等，但最终可以用两个指标作为企业形象评价的尺度：知名度和美誉度。

知名度是指一个组织被公众知晓、了解的程度，是评价组织名气大小的客观尺度，侧重于“量”的评价，即组织对社会公众影响的广度和深度。

美誉度是指一个组织获得公众欢迎、接纳、信任的程度，是评价组织声誉好坏的社会指标，侧重于“质”的评价，即组织社会影响的美恶、好坏。

美誉度与知名度是不同的：知名度是中性的，不存在道德价值的判断；而美誉度则是有褒贬倾向性的统计指标，是对组织道德价值的判断。良好的形象是由知名度和美誉度构成的，缺一不可。但实际上，知名度和美誉度并不一定能够同步形成和发展，有知名度不一定有美誉度，没有知名度也不意味着没有美誉度；反过来也是一样，美誉度高不一定知名度高，美誉度低也不意味着知名度低。总的来说，知名度需要以美誉度为客观基础，才能产生正面的积极的效果；美誉度需要以一定的知名度为前提条件，才能充分显示其社会价值。

(资料来源：潘红梅. 公共关系学. 北京：科学出版社，2009)

(3) 提供关于市场动态和公众意向的预测咨询。对组织生存环境的有关发展变化和社会公众心理及其变化趋势进行预测和咨询，使得组织决策者拥有一套乃至几套可以选择的方案，以适应这些变化。

2) 公共关系咨询建议的形式

公共关系咨询建议职能的形式有以下两种：

(1) 成立咨询服务部。咨询服务部是组织的智囊团，它的主要任务就是为组织提供各种咨询服务和建议，协助领导进行科学决策。

(2) 帮助组织选择决策方案和活动的时机。公共关系的咨询作用主要表现在运用公共关系的手段方面，即为决策者评价、选择和实施有关的决策方案，特别应关注决策方案在经济效益和社会效益方面的统一和协调，敦促决策者重视决策行为的社会影响和社会效果；同时，调动公共关系手段，广泛征询各类公众对象的意见，促进决策过程的民主化和科学化。

组织要提高知名度，就必须多参加和举办各种各样的公共关系活动，如举办记者招待会、商品展销会、博览会、策划新闻稿件等。公共关系人员可根据自己的实践经验，为组织选择恰当的时间、地点和方式参与这些活动。通过活动，使组织广结良缘，提高声誉。

2．公共关系参与决策的表现

决策是组织对自身条件和外界环境经过缜密思考和比较之后所作出的决定性选择。由于组织的自身条件和外界环境都包含了公众这一因素，因此在组织的决策过程中，公共关系人员的参与是理所当然的。他们不仅要参与，并且应该保持相对独立的地位。他们参与决策的职能表现在以下三个方面：

1) 站在公众立场上审视决策问题

组织的决策者常常面临组织的客观现状与多种选择目标之间的矛盾。无论在哪个组织中，处在不同地位的人都是从不同的立场上去寻找问题的答案的。无疑，从各种不同的立场或者角度、从不同的方面去进行决策都是无可非议的，但是站在公众立场上去寻找决策途径，往往能使问题表现得更加明显和直观，而且这种独特的“公众立场”是任何别的观察视角所不能替代的。一家企业如果从与自身组织目标直接相关的消费公众和视角来思考问题，那么往往更容易找到问题的本源和解决方法。如当它正面临着如何开拓新产品或者是否要转产此类问题时，那么它必须首先考虑它的消费公众的特定需要。显然，一个企业只有把握好了“公众立场”，才能做出适应公众需要的市场决策。

2) 从公众利益出发确保决策的公正

组织在决策过程中，如没有一定约束就容易产生只顾自身利益而忽视公众利益的片面性倾向，这在目光比较短浅的组织决策层中表现得尤为突出。组织应当建立相应的约束机制，以便保证决策的公正性。约束可以来自两个方面，即外部约束和内部约束。公共关系人员参与决策，是一种内部约束。他们可以从公众利益角度，向决策层传递公众的呼声和意愿，从而使组织的内部确保决策的公正。

公共关系要求本组织在决策中必须考虑公众利益，必须在决策方案中反映公众的利益和需求，从而有效地避免只顾自身利益的片面性倾向。组织如果缺乏公共关系职能部门提供的内部约束，而社会舆论等外部约束因素又暂时未能发挥作用时，它就很难保证不犯只顾自身利益的片面性决策的错误。事实上，国内外的各种企业都会在不同程度上犯这样的错误。在作为现代公众社会一种客观存在的公共关系出现以前，这样的错误情况比比皆是，其结果一方面损害了公众利益，另一方面又阻碍了组织自身的发展。公共关系人员参与决策，对决策层是一种约束，而有了这种约束，组织决策的总体公正性也能得到很大程度上的保障。可以毫不夸张地说，在现代社会中，公共关系参与决策是组织生存和发展的重要条件。

3) 在决策中确立公共关系目标

组织的决策是根据社会组织各部门自身任务和组织总任务的规定来确定的。公共关系人员参与决策，应务力争取组织的各种决策方案中时时不忘公共关系的一个战略目标，那就是如何树立自身组织的良好形象。对一个职业公共关系人员来说，只有融入了这一战略目标的决策方案，才是真正完整的方案。只有这样，公共关系目标才能进入组织决策方案，组织的总目标才能与公共关系的目标建立相关性，公共关系职能部门的工作也能比较容易地与其他职能部门协调一致。

三、传播推广，塑造形象

在组织的初级阶段，传播沟通的主要任务是为组织造声势，吸引公众的注意力，培植公众对组织的善意与信任，争取公众对本组织形成良好的第一印象。进而，使组织对外能吸引公众，对内能凝聚员工，“笼络人心”，发展友谊或增进了解。随后，就要有计划地塑造组织的独特形象，从而为组织建立永久的信誉。 51

阅读资料

永恒的微笑

国外有一个有趣的事例。20 世纪 70 年代中期，美国第一妇女银行在纽约开始营业，当时纽约市内银行竞争已白热化。很多人认为这家银行此时此地营业是下策，可是经过半年的营业，第一妇女银行就达到了初期的目标，有了 6400 个账户，平均每天存款 990 万美元。这家银行开创成功，公共关系活动发挥了主要作用。原美国银行界对妇女贷款有偏见，认为借钱给女人风险系数大，一般不予借贷。第一妇女银行则向社会宣传他们是为女客户服务的银行，而且银行是由女性控制和管理的，董事中还有著名的女权运动者在内。从心理上吸引了许多担心会被其他银行拒绝的女客户。银行经理的办公室和银行大厅只隔一道玻璃，使客户能够看到她，感到能够接近银行老板，一反银行经理高高在上的作风。加上坚持营业信誉，迅速得到妇女界的大力支持，甚至纽约上层社会的主妇都纷纷惠顾。第一妇女银行在一个小小的标记上都不忘记客户对企业的印象，客户的行号名称卡上，印着一个蒙娜丽莎像的标记，似乎使人看到了第一妇女银行“永恒的微笑”。

(资料来源：邱大迹. 公共关系概论. 北京：中国财政经济出版社，2000)

1. 公共关系传播推广的模式和特点

美国学者詹姆斯·格鲁尼格等人通过对不同时期公共关系传播活动的广泛研究，在1984年提出，公共关系传播先后经历了四种模式，即宣传模式、公共信息模式、双向不平衡模式和双向平衡模式。这四种模式在不同时期的出现和交替，集中体现了在不同社会条件下，公共关系理论、观念和传播方式的变化。

1) 宣传模式

公共关系宣传模式开始流行于19世纪后期的美国。它是由一些报刊宣传员利用刚开始普及的报纸、杂志等大众传媒，替马戏团、体育比赛、某些产品等做大量的推销，以诱导公众观看或购买。这些报刊上的宣传、广告只顾挣钱，多有不实之词和虚假信息。严格来说，这种出于某种动机而进行的单向传播活动，只是把公众视为可以利用、煽动的对象，还算不上是真正意义上的公共关系传播活动。

2) 公共信息模式

公共信息模式始于20世纪初公共关系的开始阶段。当时，艾维·李为一些企业所进行的传播活动及其“说真话”的原则，可以说是这种模式的集中体现。由于当时美国的社会变革，迫使一些企业、组织开始认识到，公众不再是随意可以被愚弄的对象，他们有自己的利益。需要得到真实的信息。而企业只有说真话，利用各种媒介向公众说明客观情况，才能得到公众的认可，使企业实现自己的利益。

3) 双向不平衡模式

双向不平衡模式始于20世纪30年代，并在其后的半个多世纪里一直占据主导地位的公共关系传播模式。它的出现是由于二三十年代美国的经济危机及二战之后，市场饱和，商品供大于求，企业间竞争加剧，消费者的需求、权益及其对市场影响力的增大，迫使企业、组织不仅要承认公众的利益，而且不得不尊重并适应公众的需求。当时伯纳斯提出的“投公众所好”即预示了双向不平衡模式的特点。而市场调查、民意测验等现代调研方法的出现和逐渐成熟并广泛应用，为组织了解公众尤其是消费者的需求，获取公众信息提供了条件。从而打破了以往宣传模式和公共信息模式的由组织向公众进行单向传播的局限，使信息在组织和公众之间进行双向的交流。但这种交流仍然是不平衡的，其中组织仍然是传播的主体，而公众不过是被动的客体。

4) 双向平衡模式

双向平衡模式出现在20世纪70～80年代，至今方兴未艾。它体现了这样一种观念和认识：组织和公众都是公共关系的主体，双方都有自己的利益，两者同样重要，并无主次之分，两者互相依存。组织利益的实现须以公众利益的实现为前提。因此，组织在追求、实现自己利益的同时，不仅要重视公众的利益，而且应该自觉地关心、维护和实现公众的利益。当双方利益出现分歧时，组织既不能牺牲公众的利益，也不能一味牺牲自己的利益，而应该通过平等的对话、协商，使双方达成共识，都做出必要的妥协和让步，在双方利益都得到维护和实现的基础上，形成新的合作。传播双方扮演着平等的角色，既是信息的传播者，同时又是信息的接受者。双向平衡模式的出现，反映了现代公共关系理论的新发展，使公共关系工作进入了一个崭新的阶段，表现出公共关系寻求合作、实现和谐、共同发展的理想境界，比较好地适应了现代信息社会的巨大变化和公众的空前成熟。

现将各种公共关系传播模式就其特征、目标、性质、形式、代表性人物、应用范围、运用比例，汇总如表 3-1 所示。

表 3-1　公共关系传播模式比对表

特征	宣传模式	公共信息模式	双向不平衡模式	双向平衡模式
目的	宣传	散布信息	科学诱导	相互理解
传播性质	单向，不强调信息的	强调信息的真实性	双向，效果不等同	双向，效果等同
传播模式	提供信息-反应	提供信息-反应	提供信息-反应-反馈	组织-公众
代表性人物	巴纳姆	艾维·李	爱德华·伯纳斯	伯内斯、教育工作者、职业领导者
目前主要应用范围	体育、剧场、产品推销	政府、非营利性组织	竞争性组织、各类代理商	受管制企业部门、各类代理商
估计目前运用的比例	15%	50%	20%	15%

2. 公共关系塑造组织形象的意识与原则

1) 塑造形象，建立信誉

公共关系中的组织形象，就是指公众对社会组织的整体印象和评价，是社会组织的表现和特征在公众心目中的反映。良好的组织形象，对于一个社会组织来说，是一笔无形的财富。良好的组织形象可以使社会组织获得更好的发展条件和发展环境；它可以为社会组织的各种服务和产品创造出优良的营销环境；可以为社会组织吸引人才、集中人才提供优越的条件；也有助于社会组织寻求可靠的原材料和能源供应客户，增加投资者的信心，使其求得稳定而优惠的投资目标，开拓组织的经销渠道，增进周围地区对组织的了解。

众所周知，靠最佳服务占领市场，是 IBM 公司成功的秘诀。IBM 公司认为：不能在事后才考虑服务，服务必须成为营销计划的一个重要部分。从产品开发开始，就要认真考虑服务问题。如果没有在事前仔细筹划服务和进行服务试点，就不应该推出新产品。因此，在产品的最初规划阶段，就要把设计、制造、销售和服务四个过程集中起来，形成连锁反应。在开发设计产品时，要尽可能预见到各种可发生的服务问题。产品一旦售出，IBM 就开始实施预防性维修保养计划，他们生产的每一种产品都订有维修日程表。公司的服务代表经常访问客户并检查设备。有时，访问是为了实施某项特定的维修程序，或者是因为某个元件有麻烦的"前科"，服务人员想要除去隐患；有时，访问是为了对产品实施全面检查。一旦故障真的出现，IBM 维修代表就尽一切可能缩短整个停机时间。甚至新产品还在生产过程中，维修人员就开始了技术训练。IBM 在肯塔基州的列克星敦市生产一种新式打字机时，数以百计的维修服务人员在生产线上协助工作，了解产品生产情况及可能出现的维修故障。有人说：IBM 每创造一件新产品，就同时发现一种服务方法。

IBM 为顾客提供服务的金科玉律是：以顾客、市场为导向，而不是以技术为导向。服务从一点一滴做起。IBM 公司享有"世界上最讲求以服务为中心的公司"这一殊荣。这一声誉不是来自成功的广告宣传，而是来自数年不懈的努力工作和优秀的企业员工——公司服务人员实实在在的行为。他们靠一点一滴的小事积累起了 IBM 的声誉，塑造出了 IBM 的形象。一位在菲尼斯工作的女服务代表驾车前往基地，为顾客送一个小零件。顾客要用它恢复一个失灵的数据中心的存储功能。然而，通常应该是短暂而愉快的驱车旅行，此次竟如此艰难：瓢泼大雨使河流成了横冲直撞的急流，通往目的地的 16 座桥梁只有 2 座可以通车。汽车头尾相接，交通堵塞，使 25 分钟的路程变成了 4 小时的爬行。这位代表决心不能这样失去整整一个下午的时间。她想起车里有一双旱冰鞋，于是就抛下汽车，穿上旱冰鞋，一路滑行，为顾客雪中送炭！美国纽约城曾经发生一次大停电事故，华尔街停顿，纽约证券交易所都关闭了，银行、公司一片混乱。IBM 纽约分部紧急动员，每一个人都忘我地工作，力求把顾客的损失减少到最低限度。在 25 小时的停电期间，户外气温达 35℃左右，空调、电梯、照明一概都没有。IBM 的工作人员不辞辛苦地攀登一些高楼大厦，包括 100 多层的世界贸易中心大楼。他们带着各种急需部件为顾客维修设备。迎接顾客提出的具有挑战性的服务难题，已经成了 IBM 生存活动的一部分。几十年如一日视顾客为上帝，奠定了公司繁荣兴旺的基础，从而树立起了一个守信誉、重服务的公司形象。

阅读资料

转给你看

20 世纪 80 年代初，南京长江机器制造厂新开发出一种蝙蝠牌电扇。当时，在我国的电风扇市场上已有 3000 名生产厂家在激烈竞争。蝙蝠牌电扇较之于其他名牌产品来说，还是一个“小字辈”。它还没有参加全国性的质量评比活动，消费者对它也很陌生。

在这种情况下，如何使蝙蝠牌电扇迅速打开市场，在消费者中建立起自己的形象呢？该厂有关人员经过认真分析与研究，认为如果采取常规的实施手段，如在媒介上大做广告或派推销人员直接去全国各地进行推销，恐怕即使花上很多的宣传费用也很难奏效。于是，他们决定采用出奇制胜的战术，打破常规，别出心裁地租用了南京一家比较大的商场的橱窗，让蝙蝠牌电扇在橱窗里昼夜不停地运转，并在橱窗内醒目地写着“自 1981 年 4 月 10 日起连续不停地运转，请您计算一下，现在已经运转了多少小时。”这种旨在“转给你看”的传播方式，立刻吸引了许多消费者的注意。当他们发现，这台电扇确实昼夜不停地运转而没有中断时，对蝙蝠牌电扇的质量就确信无疑了。很快，蝙蝠牌电扇首先占领了南京市场。随后，南京长江机器制造厂的有关人员对这次宣传活动进行了认真的总结。他们认为，要想使蝙蝠牌电扇在其他地区与城市树立形象，建立信誉，也可以采取同样的宣传攻势与手段。于是，他们又在全国其他城市如法炮制，如在广州租用了一家有名的商场的橱窗，在北京的西单百货商场也租用了一个橱窗，让蝙蝠牌电扇夜以继日地转动，以引起消费者的注意。后来，蝙蝠牌电扇果然成为家喻户晓、备受消费者青睐的名牌产品。

公共关系活动，无论其规模是大是小，都需经过认真的筹划并创造性地加以实施。在激烈竞争的市场上，如果采用多种媒介进行“轰炸”式的宣传，蝙蝠牌电扇也不是不可以在市场上占有一席之地的。但南京长江机器制造厂的公关人员并没有这样做，他们“独辟蹊径”，在实施中采用了“转给你看”的策略。他们之所以这样做，并不一定是因为缺少必要的宣传经费，更重要的是，他们能够深刻地揣摸出顾客的心理，这就是：再好的电扇也不能做摆设，必须要转，而且要转得好。正是基于此，他们选择了最直接的、具有最终说服力的传播方式——实物展示，取得了最快捷的沟通效果，赢得了消费者和公众，并在公众中树立起蝙蝠牌电扇的美好形象。

(资料来源：http://guanli.100xuexi.com)

2) 塑造组织形象的原则

塑造组织形象实际上是通过创造舆论，告知公众；强化舆论，扩大影响；引导舆论，控制形象，来为企业创造无形资产。这个过程中要遵循以下两个基本原则。

(1) 有效性原则。有效性是指通过开展公共关系活动，要力求取得预期最佳效果。公共关系是组织发展的一种策略，其目标是促进组织发展，因此在塑造组织形象的过程中必须努力贯彻有效性的原则。首先，要注意公共关系活动的实施，不摆形式，不走过场。其次，努力提高公共关系活动的效率。此外还要力求达到公共关系活动的最佳效果，即让公众在与组织的互动过程中对组织抱有良好态度，并不断“顺向强化”，从而在公众心中树立起组织的良好形象。

(2) 总体性原则，也称整体性原则。总体性原则是指把组织分散的、不连续的公共关系工作系统化、统一化和科学化。现代组织要树立自己的形象，必须改变公共关系工作各部门分头负责、各自为政的局面，要统一观念、全面规划、协调行动。总体性还意味着设计公共关系活动所追求的工作目标要统一，不能偏顾任何一项。例如，知名度和美誉度要达到统一，知名度要以美誉度为基础，才能充分显示其社会价值。公众利益与组织利益要达到统一，满足公众利益是提高组织利益的前提。总体形象与特殊形象也要统一，组织公共关系的目标，一方面要照顾各类公众对象的一般要求，另一方面又要特别突出本组织在首要公众对象心目中的特殊形象，以形成组织形象的特殊风格。

四、协调沟通，平衡利益

公共关系活动的过程，主要就是组织与公众之间进行传播与沟通的过程。通常社会生活中所讲的“沟通”是指信息的往来传递；协调是在沟通的基础上，经过调整达到“彼”与“此”的和谐平衡与共同发展。公共关系中讲的沟通协调是组织与其公众在信息传递的基础上相互认识，并据此调整其中的不合理因素，对内以提高组织的向心力、凝聚力；对外以争取公众的好感与支持，为组织的生存和发展奠定“人和”的基础。

阅读资料

为普通工人树碑立传

1991 年，羊城药厂的厂区里建立起一座碑廊，碑廊内耸立着 5 块 2 米多高的大理石碑。那上面篆刻的不是什么英雄人物的业绩或高级领导人的题词，而是本厂 195 位普通工人的名字。原来，他们都是立功受奖的人员，厂里为他们“树碑立传”了。

羊城药厂曾有一段时间境况不佳。为了扭转这种状况，该厂领导号召全厂职工振奋精神，积极献计出力，打好翻身仗。为了参加友谊赛 195 位普通职工努力工作，为厂子的振兴做出了突出的贡献，立下了汗马功劳。1990 年，羊城药厂举行评奖活动，这 195 位普通工人分别荣获金羊奖、银羊奖和铜羊奖。

羊城药厂领导认为，广大工人是企业的主人。这 195 位有功人员虽不是什么英雄，但是他们发挥了主人翁的精神，对厂子的翻身兴旺做出了突出的贡献，因此，他们的名字应该载入本厂的史册，永志不忘。于是，就为这 195 位普通工人树起了纪功碑。

这些纪功碑树立起来后，在羊城药厂引起很大的反响。碑上有名者感到自豪，受到鼓舞。老工人曹球抚摸着碑上自己的名字自语道，从没有想过自己竟有被树碑立传的一天！

他决心为厂子的发展做出更大的贡献。而碑上无名者也感到学有榜样，干有方向，纷纷表示自己也要干出成绩来，争取自己的名字也被刻上纪功碑。因为他们看到，那5块纪功碑中的最后一块是空白的，它将留给后来人。一位小伙子说，他相信通过努力，终会有一天也使自己的名字被刻到碑上。

(资料来源：李恪宜，赵国康，袁谦. 思想政治工作研究，2007(09))

现代社会组织作为开放系统，要求组织要素之间以及组织系统与环境之间协调一致。任何社会组织要谋求发展，必须搞好联络与协调。联络即交往，社会组织通过各种交往活动，为组织广交朋友，发展横向联系。协调即调整协作，组织通过调整自己的行为来尽可能减少摩擦，缓和冲突，与内外公众建立友好和谐的合作关系。

1．对内做好组织内部的联络、协调工作

1) 组织与员工之间的协调沟通

组织要经常把握职工的思想脉搏、了解职工的需求，要经常地向广大职工宣传企业的经营思想、经营方针，传播领导者的指导意见。同时，解释、消除领导者与群众之间的误会，使全体员工了解组织的奋斗目标，做到心中有数，自觉配合领导者搞好组织的管理。如某商店搞了一次别开生面的联欢，参加者是商店的采购员及其妻子和商店的领导。原来这是店领导精心安排的。采购员整年东奔西跑十分辛苦，很少照顾家。为了感谢他们的妻子对商店工作的支持，表彰采购员对商店做出的突出贡献，特地举行了一场别开生面的联谊会，会上经理宣读了对采购员的表彰决定，使到会的采购员妻子了解到丈夫对企业的贡献。看到丈夫受到表彰，妻子的心里也甜滋滋的。会上经理还授予采购员的妻子贤内助的称号，并颁发了纪念品。这些采购员当着自己妻子的面受到领导的夸奖和表彰，感到很光彩。此后采购员们工作更有劲头，妻子也大力支持，没有一个拖后腿的。北京吉普车厂在处理职工关系方面更有独到之处，为了激发老工人的积极性，厂里组织30年以上工龄的老同志到天安门城楼参观，以往只有全国劳模才能享受的待遇，如今普普通通的老工人都享受到了。这些老工人感到很光荣，他们都是生产的骨干。激励一个人，带动一大片，企业形成了很强的凝聚力。

2) 组织内部各个单位之间的协调沟通

内部联络与协调的第二个内容是协调组织内部部门之间以及部门与组织之间的关系。组织内部部门之间工作的衔接、交叉如果处理不当，就可能出现一些矛盾，在利益分配上也容易在一些部门中产生心理不平衡。组织内部部门之间只有相互配合、相互协调，才能使组织的管理职能得以充分发挥，形成合力。如在商业企业中，存在着一线营业的各商场与二线管理科室在分配上的矛盾；存在着各商场由于经营商品品种不同而产生的分配不均所引起的矛盾；有后勤运输与进货上货的商场的矛盾；有由于流动资金提供不足产生的商场与财会科室的矛盾；等等。因此企业公共关系工作要注意协调部门之间的关系，通过沟通消除误会，协调好各部门的关系，促进各部门的合作。

2．对外做好组织与外部单位及公众的联络、协调工作

联络和协调是社会组织的经常工作，尤其是与组织外部单位和公众进行协调和联络。如一个商业企业在刚成立时要求得到各方的支持和帮助，尽可能地使银行、税务、工商、物价等政府职能部门熟悉企业，与新闻媒介建立起联系，赢得好感，同时更加不能忽视协调好与顾客的关系。

商业企业要结合企业的经营情况，定期或不定期地与有关机构、人员沟通联络。联络与协调工作做得好，企业也就会得到公众的大力支持。如某市友谊商店当初由于经营不善，连年亏损，给政府职能部门和金融机构留下了亏损的印象。企业领导班子调整后，有关机构对他们的印象依然如旧。这时，商店领导没有怨天尤人，在抓好商店整顿、搞好经营的基础上，他们注意经常向主管领导汇报情况，请领导来店指导，向有关机构通报扭亏进展，主动请有关部门为企业咨询。通过一段时间的交往，使他们了解了商店的变化，对商店在短期内扭亏为盈的艰苦努力和取得的成绩给予了高度评价。初步树立起了商店的良好形象，建立了信誉。不久，商店因扩建急需资金，市领导亲自批准投资 70 万元，银行也改变了过去对该店只收不贷的做法，满足了商店的贷款请求，使资金迅速到位，为商店进一步发展奠定了坚实的基础。公共关系建设和发展不仅需要社会组织与其公众之间的沟通协调，更需要伦理道德的支撑。当代中国公共关系活动中的诚信缺失有其深刻的历史和现实根源。诚信是公共关系的底线伦理。充分发挥公共关系诚信对整个社会诚信建设的示范引导作用，积极推动传统诚信的现代转型是现代公共关系持续发展的必然要求，也是我国精神文明建设的必然选择。

知识链接

全员 PR 管理

“全员 PR 管理”，即通过全员的公关教育与培训，增强全员的公关意识，提高全员公关行为的自觉性，使全体人员认识到，一个组织的形象、信誉这种无形资产比有形的资金、设备更为珍贵，更为难得。作为一种管理职能，公共关系的重要责任是管理一个组织的“无形资产”。这些无形资产是：知名度，美誉度。公关工作的成功，不仅需要依靠专职的公关部门和公关人员的不懈努力，而且有赖于一个组织各个部门和全体人员的整体配合。一个组织上至最高领导，下至每一个成员，都是有形无形的公关人员。

1. 领导的公关关系意识

一个组织的领导，必须对自己组织的声誉和形象承担直接责任。因此，应该具备强烈的公共关系意识，关注组织的公共关系状况，在经营管理中提出公共关系方面的要求，在实际工作中支持和指导公共关系的工作。公共关系业务的特殊性在于，它渗透到日常的行政、业务工作的各个环节，必须从全局和战略的角度加以协调管理。

2. 全员的公共关系配合

要将公共关系的经常性工作与全体干部、职工的日常行政、业务、生产工作结合起来。各职能部门和生产单位在自己的工作范围内做决策、定计划时，都应该自觉地配合组织公共关系的目标。公共关系的好坏，也成为对各部门业务工作进行评价考核的一项标准。相应地，应该在有关的规章制度中明确每一部门或岗位对公共关系应负的责任。因此，需要经常在干部、职工中进行公共关系的教育，开展公共关系方面的评比和奖励(如在宾馆酒店中评选“微笑大使”、“礼貌使者”)。

3. 组织的公共关系氛围

全员公共关系有赖于在组织内部形成一种浓厚的公关风气、公关氛围。应该在组织内部普及公共关系教育，使全体干部、职工认识到，一个组织的形象、信誉等无形资产比有形的资金、设备更为珍贵，更为难得。良好的形象能使一个企业组织所拥有的实物资产增值；恶劣的形象会使一个企业组织的有形资产贬值。

人力、物力、财力，及时为各个项目提供指导和咨询，保证项目按时按质完成。

(1) 专业技术部门。接受并完成规划审计部门分派的与本部门专业技术相关的任务。人员主要有一定数量的精通专业技术的公共关系职业专家组成。

(2) 国际和地区部门。一些大型的国际公共关系公司为客户提供国际公共关系服务，设有地区部门和国际部门，由这些部门来完成有关地区和国家的国际公共关系服务项目。

(资料来源：付百红. 全员PR管理是塑造职业学校形象的重要途径[J]. 卫生职业教育，2002，20(5))

第二节　公共关系的作用

如果说我们对公共关系职能的设定和划分带有少许“主观”色彩的话，那么这里所说的影响和效用就是一种“客观”的结果了。对应于上一节对公共关系职能的阐述，我们将公共关系的作用依次归纳为监测作用、凝聚作用、调节作用和应变作用。

一、监测作用

公共关系的监测作用是通过信息的采集、处理和反馈来发挥的，其实质是对信息资源的一种有利有理的运用。我们正处于一个信息量急剧膨胀的“后信息”时代，为了生存和发展，任何一个组织必须学会对信息资源的有利有理的运用。公共关系工作正是同信息资源打交道的工作，而公共关系监测作用的发挥就是通过对信息资源有利有理运用来实现的。所谓公共关系的监测作用，就是在对信息筛选的基础上，对公共关系主体和客体的行为或者态度实行监视和监测所获得的一种结果。所以简单地说，公共关系的监测作用体现在对内监测和对外监测两个方面。

1. 对内监测作用

对内监测是对主体即组织自身而言的。它是通过不断的信息采集、处理和反馈，通过对组织内部和外部的各种细微变化的把握，来对组织运行状态和组织目标实现的可行性进行监测。

对内监测，需要采集和处理组织内部的和外部公众两个方面的信息。如果只注意收集内部信息，忽视外部信息，那么，公共关系至多只能发挥其监视组织自身运行状态的作用，而不能起到监测它运行的发展趋势和各种目标实现的可能性的作用；反过来，如果只注意收集外部信息而不顾内部信息，那么，公共关系的对内监测作用就更无法发挥。只有同时注意了内外两个方面的信息收集和处理，公共关系的对内监测才能充分发挥。

2. 对外监测作用

所谓对外监测，是对公共关系的客体即公众对组织的行为或态度的监测。这种监测必须通过各种信息传播媒介，及时掌握与自身组织有关的各种信息及其走向，以监测和预测公众的态度及其行为变化趋势。这种监测的目的是使得组织在自身运行过程中，能及时拿出应变对策，以防当公众意向发生变化时出现“心中无数”、束手无策的尴尬局面。公共关系的对外监测作用，犹如战斗未发生前的哨兵，要监视环境中的一草一木，预测“敌人”的行动方向。公共关系当然不能把公众比为“敌人”，但它的“哨兵”作用是一样的。

社会组织的“哨兵”要监测的范围可能很广泛，但是不能因此而忽视了重点监测目标。这个重点监测目标就是大众传播媒介。大众传播媒介传播的信息不但影响大，而且是一切组织都可以共享的信息资源。同时，从信息沟通的意义上来说，大众传播媒介已成为组织与社会、组织与组织之间联系的主要桥梁。因此，公共关系特别要监测大众传播媒介传播的信息，不但要注意当前与组织直接有关的信息，也要注意今后可能会对组织产生影响的信息。这些年来，报纸杂志大量报道企业如何充分发挥公共关系的哨兵作用，如何运用大众传播媒介的监测及时获得各类经济和社会消费趋势信息，如何由此增进效益并提高知名度。这说明公共关系的对外监测作用变得越来越重要。

二、凝聚作用

公共关系的凝聚作用是对组织内部而言的。公共关系是一门“内求团结、外求发展”的艺术，因此，它必然有凝聚作用。

社会组织无一例外都由人构成，人的能动作用对组织来说始终存在着正反两方面的效能，从正面来说，正是组织成员的能动作用，组织才能保持活力，运行才能正常发展，离开了人的能动性，组织就会失去活力，变得空有其名。但同时，正因为组织成员都是具有能动性的人，所以它们可能内耗不断，以致四分五裂。这就是人的能动性对组织含有的潜在负面影响。公共关系的凝聚作用就在于它能使得这种潜在负面影响向正面效能转化，从而使得组织内部上下一心，团结一致，为组织的正常运行扫除内部障碍。

组织内部成员关系的维系，常常是由经济因素决定的，但又并不仅仅受制于经济因素。它还常常依赖于相互之间的情感沟通和心理认同，有时甚至要依靠带有强制性的行政命令。公共关系凝聚作用的发挥既不靠行政命令，也不靠经济奖励，它通过信息交流、人际互动来沟通组织成员的心理情感，从而使他们团结起来，同心协力地为实现组织的各项目标而工作。因此，公共关系的凝聚方法常常更具有持久性。

公共关系的凝聚作用与通常意义上的思想政治工作既有相通之处，也有自己的特点。一般来说，思想政治工作和公共关系都是以信息交流为手段，通过“动之以情，晓之以理”的方法来协调组织内部成员的关系，达到团结一致的目的。但是，思想政治工作政治性较强，因而它的立足点也比较高，它注重于提高人们的思想认识和社会历史责任感。相比之下，公共关系的着眼层次要低一些，但也更具体一些，它常把工作的重点落在情感的沟通上，落在组织成员对组织的权利和义务的强调上。可以说，具有中国特色的思想政治工作和公共关系的凝聚作用有着一种相辅相成的关系，所以在行的公共关系从业人员常常把它们结合起来。有人认为，现在的思想政治工作效果不好，应用公共关系活动来替代它，这是一种认识模糊的表现。事实上，它们两者各有自己的工作重点，是不能互相取代的。

三、调节作用

对于任何组织来说，确定正确的组织目标是首要的，但光有目标还不够，组织还必须通过正确无误的运行来实现目标。由于公共关系强调直接渗透介入到组织运行的每一个过程、每一个环节中去，因此它不但能在宏观上实现对组织进行监测，并且在微观上也能表现出经常性的调节作用。这种调节作用具体说来表现在以下两个方面。

(1) 对各种日常摩擦的调节。任何组织在其运行过程中都必然产生各种摩擦，公共关系的调节作用具有减少这类摩擦系数的成效，就像“感情互动”、“上下对话”、“礼貌待人”等公共关系部门组织的专题活动，能直接减少和避免矛盾的发生，达到防患于未然的效果。又如，上一节所述公共关系提倡的组织行为的规范化和礼貌化，也具有减少和避免内部摩擦发生的调节作用。

(2) 公共关系的这种调节功能不仅表现在预先调节上，也可以体现在摩擦或纠纷发生之后。这就是说，它能及时地防止矛盾的扩大，最大限度地减少摩擦或纠纷给组织带来的危害。当摩擦或纠纷发生后，公共关系职业人员并不去一味地为自己组织做辩护，更不是去压服公众，而主要是通过各类传播活动来争取公众的谅解。事实上，也只有在公关意识的指导下采取的行动和措施，才是妥善解决矛盾的办法。当摩擦和纠纷发生时，公共关系要求组织成员首先虚心地听取公众的意见，然后是在查清事实的基础上，与公众交流彼此的意见，以达到谅解，最后是了解公众对摩擦或纠纷及处理措施的反馈，并把这种反馈信息反映给组织的决策层，还可向决策层提供改进组织运行状况的建议，以免摩擦和纠纷的再度发生。

四、应变作用

由于组织是在复杂的现实环境中运行的，即使是专门以了解信息、传递信息和发布信息为主要任务的公共关系职能部门，也不能对组织运行中可能发生的情况作出完全准确的预见。因此，组织在其运行中就不可能保证自身形象永不受损，也不可能保证自身与公众的关系始终处于最佳状况。事实上，问题不在于保证组织形象永不受损(当然公共关系工作的理想状态是组织形象永不受损，但理想是理想，现实常常会不尽如人意)，而在于组织形象受到损害，组织与公众关系遭到破坏时，如何进行有效的弥补工作。在这里，公共关系又表现出自己特殊的应变和抵御作用。组织的形象受到损害，或组织与公众关系出现问题通常有两种原因，相应地，公共关系也具有应变和抵御两种作用。

1. 组织因自身原因形象受损或与公众的关系出现问题

为改变此种不良状况，公共关系就要发挥其应变作用。组织形象受损，常常是由组织外部的原因引起的，公共关系职能部门应该首先假定公众是对的。换句话说，在事实真相查清之前，不可让公众先担负起责任来，这样在今后的工作中才不至于处于被动状态。假定一旦被确认为事实，即公众果然是对的，组织形象受损或与公众关系不佳确系组织自身原因引起的，那么公共关系就应该及时作出积极应变，以改变组织的运行状况来改善组织形象。公共关系职能部门是“信息窗口”，常常最了解组织形象受损或组织与公众关系不佳的原因，对如何改变组织运行状况也是最有发言权。一个明智的领导会特别重视公共关系职能部门的意见，同时公共关系专业人员也应该主动、经常地向组织决策层提供咨询建议，以充分发挥自己的应变作用。

2. 组织因外部原因形象受损或与公众的关系出现问题

为改变这种不利于组织的状况，公共关系就要发挥其抵御作用。组织形象受损，常常是由于组织外部的原因引起的，如假冒商品的出现，公众中以讹传讹的现象等。当有确凿证据证明组织形象受损或者与公众不佳的责任不在自身，而来源于组织外部时，公共关系职能部门就应该发挥它应有的抵御作用。公共关系的这种抵御作用并不是通过行政、法律等刚性手段来实行的，而主要是采用柔性的信息传播手段来发挥。例如当市场上出现了假冒商品，企业就可以而且应该利用各种大众传播媒介来加以揭露，以引起公众的注意和警惕。又如当组织与某协作单位之间发生法人关系纠纷并查明主要责任在对方时，它就可以让公共关系工作人员或者领导出面主动要求交换意见，以寻求解决纠纷、重新修好的途径。由于公共关系活动采取的是各种柔性手段，所以在其发挥作用时常常既能使问题得到合情合理的解决，又不留后遗症。当然，在公共关系的协调失败后，组织也可以诉诸行政、法律等刚性手段来解决问题，以起到强制抵御的作用。

案例分析

高露洁成功的危机公关

2005年4月中旬，国内各大媒体转载英国《旗帜晚报》的一则报道：包括高露洁等品牌在内的数十种超市商品均含有三氯氰胺。三氯氰胺会和自来水中的氯生成三氯甲烷，而三氯甲烷被美国环保署列为可能的人类致癌物。这则报道是根据美国弗吉尼亚工学院的研究者 Peter Vikesland 的《太爱干净可能对你的健康和环境有害》一文写出的。

随着这则消息在中国的传播，高露洁在中国消费者中的品牌信任度急速降低，高露洁牙膏的销量比以前有大幅度下降，销售商持观望态度，随时准备撤柜。截至4月20日凌晨0时15分，共有60 025人参加了新浪网的网上调查，其中54 118人表示将不再购买高露洁牙膏。

高露洁公司危机公关启动：

(1) 反应迅速，组建公关团队。高露洁亚太区总裁高仕亚、广州高露洁棕榄有限公司董事长方宝惠、高露洁棕榄公司副总裁魏德威都出现在新闻发布会场，表现出对问题的高度重视。

(2) 媒体公关，换取支持和同情。4月19日，广州高露洁棕榄公司在国内有影响的主流媒体《南方周末》上发表声明：高露洁全效牙膏有效、有益、安全，并确认接下来还会对媒体和公众做出更详细的说明。

(3) 及时召开新闻发布会。4 月 27 日，高露洁公司召开大型新闻发布会，国内 150 家媒体到会。方宝惠表示，高露洁全效牙膏是全世界经过最广泛测试和评估的牙膏，全世界超过 30 家独立的牙医协会都盖章认证了该品牌牙膏的安全性，消费者完全可以放心使用。高露洁棕榄公司副总裁魏德威博士(Davidk.Wilcox)表示，“高露洁全效牙膏”经过多次试验证明，在任何情况下都不会产生有害物质。

(4) 解铃还需系铃人，澄清信源。高露洁公司还播放了 Peter Vikesland 的一段录音，其在录音中表示自己的研究只是关于自来水和含有玉洁纯的清洁剂相互之间的化学反应，根本没有涉及牙膏。《旗帜晚报》说的英国玛莎超市把有些牙膏下架，显然是对他最近研究的过度反应。

(5) 树立权威认同。积极与专家、学者、政府官员沟通，“政府对整个事件已非常了解，没有疑问和声明，就是对我们的安全性有信心。”

(6) 态度诚恳，化危机为商机。高露洁亚太区总裁高仕亚先生对记者说：“在高露洁，我们的工作不仅仅是销售牙膏。高露洁为人称道的是它的产品质量和安全保障。高露洁在全球开展了很多宣传口腔健康的活动，这些都体现了我们最根本的价值观——关心我们所处的社会以及生活在这个社会中的消费者。”

高露洁的危机公关成功地转移了消费者的注意力，使大家对此事的关注度逐步降低，维护了品牌形象。仔细观察，不难发现，这个案例与几年前“假红牛”事件中红牛公司的危机公关有异曲同工之妙。这又让我们联想到最近的“雀巢危机”。在媒体上无一例外全是负面新闻时，雀巢公司却始终没有与媒体进行有效的沟通，任凭媒体猜测，也没有通过任何形式来发布只言片语，只是一味地沉默，导致危机越来越大，朝着不可预知的方向发展。媒体的批判由原先的问题奶粉上升到了对整个雀巢公司运营体系，甚至牵扯到商业道德、双重标准和歧视性经营等重大问题。直到 6 月 5 日下午，雀巢中国公司才公开致歉，并表示对于碘超标的奶粉将负责更换，但仍表示不负责退货，而具体更换措施雀巢也未明确出台。这使雀巢产品信任度急剧降低，业界均认为这是一个非常失败的危机公关案例。

思考题

1. 高露洁是如何应用危机公关成功地转移了消费者的注意力？
2. 你从本案例中得到了哪些启示？

(资料来源：胡荻. 东方企业文化. 2005(7))

本章小结

公共关系职责概括起来有：采集信息，监测环境；咨询建议，参与决策；传播推广，塑造形象；协调沟通，平衡利益等。

公共关系信息采集的内容有：组织形象信息，产品形象信息，组织公众信息，组织的外部环境信息等。

公共关系咨询建议，可以为确立决策目标提供咨询建议，提供关于社会组织形象以及关于市场动态和公众意向方面的预测咨询。

公共关系的传播推广先后经历了四种模式，即宣传模式、公共信息模式、双向不平衡模式和双向平衡模式。组织形象是由一些要素构成的，它是组织的重要无形资产。塑造良好的组织形象要遵循有效性原则和总体性原则。

协调即调整协作，组织通过调整自己的行为来尽可能减少摩擦，缓和冲突，与内外公众建立友好和谐的合作关系。

公共关系的作用可依次归纳为监测作用、凝聚作用、调节作用和应变作用。

重点名词

公共关系职能　　公共关系职责　　公共关系作用　　公共关系功能

思考与练习

一、单项选择题

1．公共关系既体现出社会组织与其公众之间的一种关系，也发挥着(　　)。

A．政府职能　　B．管理职能

C．宣传职能　　D．科学职能

2．公共关系的工作目标就是建立良好的(　　)。

A．组织形象　　B．个人形象

C．产品形象　　D．服务形象

3．关于组织形象的评价，有两个重要指标，其一是知名度，其二是(　　)。

A．信任度　　B．赞誉度

C．美誉度　　D．诚信度

4. 社会公众对一个组织整体形象优劣的判断，很大一部分来自组织所提供的产品和(　　)。

A. 名气　　　　B. 领导人
C. 服务　　　　D. 标志

5. 公共关系的作用最直接和最明显的受益者是(　　)。

A. 社会组织　　　　B. 全社会
C. 公关从业者　　　　D. 企业领导人

6. 公共关系对社会组织的作用中，有一条是优化环境，这主要是指(　　)。

A. 组织的办公环境　　　　B. 组织的卫生环境
C. 组织内部的员工关系　　　　D. 组织的生存和发展环境

7. 一个组织的公共关系工作最经常的内容就是(　　)。

A. 组织的内部公关工作　　　　B. 组织的外部公关工作
C. 组织的股东协调工作　　　　D. 政府部门的沟通工作

8. 在 2005 年底，国内的一个单列市市政府办公厅专门设立了公共关系处，表明了对公关工作的日益重视。这个城市是(　　)。

A. 重庆　　　　B. 沈阳
C. 南京　　　　D. 深圳

二、多项选择题

1. 公共关系职能指的是公共关系在社会组织的行政管理或经营管理过程中应当承担的责任与义务，它一般包括(　　)。

A. 收集信息　　　　B. 咨询决策
C. 传播沟通　　　　D. 教育引导
E. 危机管理

2. 组织的对外宣传和传播工作，在整个公关工作中占有相当重要的位置，它主要包括的内容有(　　)。

A. 组织的重要活动信息　　　　B. 组织发展中的重大失败信息
C. 组织的产品与服务信息　　　　D. 组织中典型人物的信息
E. 组织中涉及商业机密的信息

3. 在员工中进行公关知识讲授与培训，提高员工的公关技能，是内部公关工作中一项经常性的工作。这些知识和技能主要包括(　　)。

A．个人的素质和形象培训　　B．国际形势与国内经济发展情况
C．公关活动的知识和技能　　D．行业的发展趋势与动态
E．公关交往的基本原则

4．公共关系对社会组织的作用主要包括(　　)。

A．塑造形象　　B．沟通协调
C．凝聚人心　　D．塑造英雄
E．优化环境

5．一个企业的组织形象是指组织在公众脑海里留下的印象及其他们对组织的评价，它主要由组织的(　　)综合反映出来。

A．产品形象　　B．员工形象
C．机构形象　　D．管理形象
E．企业文化形象

6．公共关系对整个社会的作用，可以体现在(　　)几个方面。

A．政治环境的构建　　B．经济环境的营造
C．社会风气的净化　　D．社会心理压力的减轻
E．群众收入的提升

7．公共关系对公关从业者个人的作用最为显著，它主要体现在(　　)。

A．使其建立公共关系的思维习惯　　B．更加重视个人形象
C．能够快速提高自身的职位　　D．能够提升自身素质
E．能提升个人交往沟通能力

三、判断题

1．组织形象是指组织机构及人员的整体形象及其公众对组织的评价。(　　)
2．社会组织开展公共关系的最终目的就是塑造良好的组织形象。(　　)
3．社会组织需要沟通协调的关系主要指外部公众。(　　)
4．公共关系能树立起国家和地方的良好形象。(　　)
5．公关人员所应当具备的沟通交往能力主要指较强的口头表达能力。(　　)

四、名词解释题

1．公共关系职能　　2．组织形象　　3．知名度
4．美誉度　　5．公共关系的作用

五、简答题

1. 简述公共关系职能的含义及基本内容。
2. 简述公共关系咨询建议、参与决策的主要含义及包括的内容。
3. 简述公共关系处理危机的基本程序与思路。
4. 简述组织对员工的公关知识和技能培训主要包括的内容。
5. 试述公共关系对组织的重要作用。

第四章 公共关系的构成要素

本章提要

公共关系的构成要素主要包括公共关系的主体、客体和介体三大要素。其中社会组织是公共关系的主体，它主宰着公共关系活动，决定公共关系状态；公众是公共关系的客体，他们的态度和行为影响着社会组织目标的实现；信息传播沟通是公共关系的介体，它决定着公共关系活动的效果。

通过本章的教学，能够基本掌握公共关系三大要素的基本含义、特征和类型等基本理论知识，以便能在社会实践中较好处理各种公共关系和选择利用好信息传播的工具。

学习目标

(1) 掌握社会组织的涵义、特点和类型。

(2) 理解公众的内涵、特征，掌握对公众进行分类的基本方法。

(3) 了解传播的涵义，特点、类型及其在公共关系中的作用。

案例导读

惠普的“蟑螂门”事件

在 2010 年 3.15 晚会上，央视对两款惠普笔记本电脑的大规模质量问题进行了报道。报道中提到，对惠普公司的客户管理专员就有关惠普笔记本质量问题的采访谈话，其客户管理专员对惠普笔记本故障问题所做的解释是：“中国学生宿舍的蟑螂太恐怖！”此言一出，随即引起消费者的愤怒，而网友们则创造了《蟑螂之歌》以讽刺惠普。

3月16日凌晨，惠普公司便在其中文官网上公开向消费者道歉，并退出了“客户关怀增强计划”，立即为问题笔记本电脑提供延长保修服务。同时，为了应对“3·15”晚会的曝光，下午四点钟中国惠普紧急召开发布会，以回应笔记本电脑的故障问题。在发布会副总裁兼中国惠普信息产品集团总经理张永利代表惠普公司向广大消费者致歉。对于消费者对惠普售后维修的不满，张永利称是“维修制度在执行方面出了问题”，并表示会考虑对曾付过主板邮寄和维修费的用户提供补偿。而对很多用户目前提出的“惠普召回故障笔记本”的呼声要求，张永利在发布会上则未作任何正面回应。

此次惠普将笔记本电脑的故障问题怪罪于蟑螂，遭到了消费者的各种冷嘲热讽，使得各种蟑螂版充斥网络。而连续两次公开表态、道歉和承诺延长保修期，则被消费者指为“未见新内容，用户信心难拉回”。且两次回应都避开“召回”话题，可见其是在“打太极，虚伪，无诚意。”这使得消费者更为愤怒。

思考题

1. 惠普处理此次“蟑螂门”事件的失误在哪里？
2. 如果你是惠普的领导，你会怎么做？

第一节　公共关系的主体

作为公共关系的主体，它主宰着公共关系活动和决定着公共关系处于何种状态。那么公共关系的主体是什么？要认识公共关系的主体，先明确何谓“主体”。从哲学意义上讲，所谓主体是指有认识和实践能力的人；而从语义上讲，主体则是指事物的主要部分。因此公共关系的主体就是指有目的、有系统的组织起来，具有特定功能和任务，具有社会行为能力的社会组织。

一、社会组织的涵义

社会组织是指人们为实现特定目标，有计划、有组织按照一定的规范建立起的社会团体。例如工厂、学校、企业等都是具体的社会组织，它们是实施公共关系活动的主体，可以发起和从事各种公共关系活动。

社会组织本身是因社会分工的需要而建立起来的，需要完成社会分工的任务就构成了社会组织的工作目标，而社会组织完成工作目标的过程就是通常所说的社会组织的运行。反过来社会组织只有通过运行才能达到工作目标，所以运行是社会组织的本质属性。而一个社会组织如果停止了运行，那么它的生命也就随之结束了。

社会组织在运行过程中必然会涉及多方面的因素，就公共关系而言，要协助处理好人与物的关系，从这个角度看，公共关系具备管理职能。但如果转换角度，从外部环境因素和内部组织因素分析，公共关系又要协助处理好这种内外关系。因此公共关系又被认为是“内求团结、外求发展”的一门艺术。

二、社会组织的特征

人们建立各种社会组织或加入各类社会组织或从事各类组织活动，其目的都是期望通过组织成员的共同努力，以便更好地获得某种共同的利益和满足各自的某些需求，而这些仅靠个人的努力，则是无法实现的。因此可以说人们的需求是社会组织存在的基础和基本特征，而社会组织的特征主要表现为以下几点：

(1) 目的性。即社会组织的生存和发展都是为了达到某个特定的目标。社会组织是人们有意识地为实现某个特定目标而建立起来的，它的行为有很明显的目标导向。因此目的性是社会组织最基本的特征之一。

(2) 结构性。任何社会组织为实现其特定的目标都具有与目标相适应的组织结构形式。

(3) 群体性和系统性。社会组织其实质就是一个群体，即人们按照一定的目标、任务和形式建立起来以协调各种力量和行动的合作系统。

(4) 协调性。社会组织最大的一个作用就是能够调动各种力量更好的实现组织目标，所以社会组织的基本功能是“协调”。

(5) 变动性。社会组织既是社会发展的产物，又是促进社会发展的工具，所以社会组织既是人们影响社会、改造世界的一种努力，同时受到社会环境的制约，随时代的变迁、社会环境的变化而变化。

☞**公关格言：**

公关是：谋划社会组织形象的思想者；
展示社会组织形象的组织者；
创造社会组织形象的指挥者。

三、社会组织的分类

社会组织是多种多样的，每一种组织的性质、结构、功能和活动方式都不相同。通常情况下，会依据一定的标准将社会组织分成不同的类型。

1．按照社会组织的职能划分

按照社会组织的社会职能划分，可以把社会组织分为经济组织、政治组织和文化组织三类。

1) 经济组织

经济组织是人类社会最基本、最普遍的社会组织，主要担负着为人们提供衣食住行和文化娱乐等物质生活资料的任务，履行社会的经济功能。例如生产领域的农场、养殖场、工厂和流通领域的商店、专卖店、百货公司、超市等各种商业组织。

2) 政治组织

政治组织是指具有各种政治职能的政治行政机关，如政府、政党、法律、公安、监察等行政机关。

3) 文化组织

文化组织是指以满足人们的各类文化需求为目的，以文化活动为基本内容，履行文化和教育的功能的组织。如各级、各类学校，科研团体和文化艺术团体等。

社会组织的社会职能不同，所接触的公众就不同，因此与各类公众沟通的方法和技巧也应有所不同。

2．按照社会组织的目标与受益者的关系划分

按照社会组织的目标与受益者的关系来划分，可以把社会组织分为营利性组织、服务性组织、互益性组织和公益性组织。

1) 营利性组织

营利性组织以其所有者和经营者的利益为目标，组织利益的取得往往依靠与其他组织竞争资源或提高效率而获得。如以营利为目的的各类工商企业、金融机构和服务企业等组织。

2) 服务性组织

服务性组织以其特定的服务对象的需求为目标，组织的基本功能就是服务。如医院、学校、社会福利机构等非营利性组织。

3) 互益性组织

互益性组织是一种以重视组织内部成员的利益为共同目标，重视组织内部成员的凝聚力和归属感的特定组织。这类组织的组织成员是组织目标的主要受惠者，如各类俱乐部、工会、党派等。

4) 公益性组织

公益性组织是以维护社会和公众利益为目标的组织机构。如政府部门、公安机关、消防队、城市绿化等组织机构。

另外，也可依据社会组织成员之间的关系融洽程度，把社会组织划分为正式组织和非正式组织。不同类型的社会组织，随之对应不同类型的公共关系，如针对工业企业这类社会组织的工业企业公共关系，针对商业企业的商业企业公共关系及针对政府的公共关系等。

第二节　公共关系的客体

公共关系的客体——公众，是社会组织公共关系的对象。公众在接受了社会组织的信息后，会依据自身的情况做出各种各样的反应，并采取不同的行动，从而构成了组织复杂的生存发展环境。可见，公众是公共关系结构的重要组成部分；是确立公共关系目标的依据；是有效地组织公众关系过程的前提；是提高公共关系效果的保证。

因此认真分析研究公众，明确公众的含义、特征、分类及影响因素后，组织才能有的放矢的确定目标公众，制定公共关系的战略、策略和政策，从而实现组织的发展目标。

一、公众的概念

公众可以是个人，也可以是一个群体，但只有个人和群体的集合才能称为公众。公众通常是指与特定的组织机构或个人相联系的，所处地位相似或相同的，具有共同目的、共同利益、共同问题、共同兴趣、共同意识或文化心理等“合群意识”的人群的总称。

通常情况下，公众与人民、人群、群众、受众等几个概念容易混淆，下面就对这几个概念做出区别。

1. 人民

人民作为一个政治及社会历史范畴，在量的方面泛指居民中的大多数，在质的方面则指一切推动社会历史前进的人们。其中既包括劳动群众，又包括具有剥削性但同时又促进社会历史发展的其他阶级、阶层或集团。

2. 人群

人群作为社会学用语，在量上是指居民中的某一部分，在质上是一个松散的结构，不一定需要合群的整体意识和相互联结的牢固纽带，凡是人聚在一起均可称之为“群”。

3．群众

群众与人民相比，其内涵大，外延小，也就是说其本质涵义在很大程度上是一致的。从范围上看，群众包含于人民之中，内涵更具体和稳定。而人民是个流动的概念，在不同的历史时期有不同的内容，但其主体和稳定部分始终是从事物质资料和精神资料生产的劳动者，这部分人就是群众。

4．受众

受众是个传播学概念，在新闻学、广告学中通用，其涵义与公众很接近。从广告的角度来讲，受众一词的涵义是指信息的接受者，因此受众是消极和被动的，而公众与组织的关系是相互的。公众会对组织施加影响，组织反过来也会影响公众。可见，从信息传播的对象、信息的接受者这个角度，可把公众和受众看作同义词，但公共关系活动的目标是激起较强的公众参与。从公共关系的角度看，公众是积极的、主动的，而不是消极的、被动的。通常为解决语义上的差异，公关界趋向于把受众划分为积极受众和消极受众，而公众则属于积极受众。

二、公众的特征

公共关系学中的公众，具有以下五个方面的特征。

1．同质性

公众的同质性可以与大众或群众的异质性相对应。公众的形成是因为公众成员遇到了共同的问题、共同的利益、共同的需求、共同的目的、共同的兴趣等。由于这些共同点使其与公共关系的主体发生联系及相互作用，构成了组织所面临的一类公众。我们必须分析公众内在的共同性，才能正确辨认公众。

2．相关性

相关性是对特定组织机构而言的。这种相关性主要表现为以下几点：

(1) 公众总是与一定组织相联系，没有脱离具体组织的公众。

(2) 公众与组织是互相影响的。公众的意见、观点、态度和行动对该组织的目标和发展具有实际或潜在的影响力、制约力。同样该组织的决策和行为也对这些公众具有实际或潜在的影响力、作用力，制约着他们利益的实现、需求的满足、问题的解决等。

(3) 利益的相关性。公众与一定的组织之间构成某种利益关系，一个组织所面对的公众，一般都是要求从这个组织中得到某些相应权益的个人、群体或组织。这种相关性是组织与公众形成公共关系的关键。我们必须分析、揭示、确定这种相关性，从而才能明确自己公关的目标。

3．变动性

公众不是封闭僵化、一成不变的对象，而是处于不断变化发展的过程之中，是一个开放的系统。而且通常公众的形成取决于共同问题的存在和维系，一旦问题解决，公共关系意义上的公众就不复存在了。另外，公众作为一个社会群体来说，它在数量和范围等方面都处于不断变化中，因此必须以发展的眼光来认识公众。

4．广泛性

对于任何一个组织来讲，所面对的公共关系对象都不是单一的，而是涉及面较为广泛的公众群体。组织通常所面对的公共关系对象，既有内部的公众对象，又有外部的公众对象，因此必须采用全面的、系统的观点来分析所面对的公众群体。

5．多维性

所谓组织的多维性主要表现为：

(1) 需求层次的多样化。公众包括各种组织、群体和个人，而不同性质的组织、群体和个人，其目的和需要不尽相同。

(2) 沟通方式和传播媒介的多样性。这是由于公众类型的多样性而决定的。

(3) 公众具有多重身份。即同一组织、群体或个人可以同时成为多种组织的公众。

三、公众的分类

科学的公关工作应当建立在科学公众分类基础上，以便能够依据不同类型的公众制定针对性的方针、政策和措施。通常按照不同标准将公众分为以下几点：

1．根据组织的内外对象分

依据组织的内外对象可将公众分为内部公众和外部公众两类。

所谓内部公众是指组织内部的成员群体。如组织内部的工人、技术人员、管理人员、销售人员和股东等。这通常都是“内求团结”的对象。外部公众是指组织外部沟通的对象群体，如组织外的消费者、协作者、竞争者、政府官员、社区居民等。外部公众通常则是“外求发展”的对象。因此，公共关系的政策就应内外有别。特别是那些需公共关系传播的信息就必须区分清哪些可在内部传播，而哪些则可在外部传播及采用什么传播形式、多大的尺度和在什么时间传播出去合适等都需区别对待。但必须注意，在对外传播之前，内部传播必须统一口径，树立组织的整体形象。

2．根据公众与组织关系的重要程度分

根据公众与组织关系的重要程度可将公众分为首要公众和次要公众两类。

所谓首要公众是指关系到组织生死存亡和决定组织成败的那部分公众。例如对企业来说，给企业贡献利润比例大的 VIP 客户就是企业的首要公众，那么企业就需花费大量的人力、物力和时间来维持与改善与其之间的关系。而次要公众则是指那些对组织的生存和发展有一定影响，但没有决定性意义的公众对象，即对企业利润贡献较小的中小客户。在公共关系的处理中，对次要公众不应完全放弃，而应在保证首要公众的前提下兼顾。

对组织来讲，公共资源毕竟是有限的，所以公共资源的投入就不应平均使用，而应区分轻重缓急。从投入产出的比率分析，通常情况下，首要公众仅占组织公众的 20%，但为组织带来的传播效益和利润则占 80%，因此在公关投入方面就应有所偏重，加大比例投入。

3．根据公众与组织关系的稳定程度分

根据公众与组织关系的稳定程度，可把公众分为临时公众、周期公众、稳定公众三类。

所谓临时公众是指因某一临时因素、偶发事件或特别活动形成的公众对象，例如因飞机延点而滞留机场的旅客、足球场闹事的球迷等。而周期公众则是指按一定规律和周期出现的公众对象，如每逢节假日出现的游客高峰和招生时节的考生、家长等。稳定公众是指具有稳定结构和稳定关系的公众对象，如老客户、社区居民等。

通常划分临时公众、周期公众和稳定公众是组织制定公共关系临时对策、周期政策和稳定策略的依据。对每个组织来讲，都无法完全预测某些突发事件的发生，经常需要面对一些突发事件引发的临时公众构成的压力，这就需要公共关系部门进行应急处理，有对应的应变对策。但周期公众的出现则是有规律的，可以预测的，能够事先制定公关计划做好必要的准备工作，按照一定的程序来处理。稳定公众作为组织的基本公众则应采取特殊的政策和措施，以表示双方关系的密切。

4．根据公众对组织的态度分

根据公众对组织的态度，可将公众分为顺意公众、逆意公众和中立公众三类。

顺意公众主要是指那些对组织的政策、行为和产品等持赞成意见与支持态度的公众对象。逆意公众是指对组织的政策、行为和产品等持否定意见和反对态度的公众对象。而中立公众则是指对组织持中间态度、观点和意见不明朗的公众对象。

公众的态度是组织制定传播政策的又一依据。公共关系的一项基本政策是“多交友，少树敌。”即应尽可能地多争取支持，减少敌意。所以就应将顺意公众当作组织的财富，悉心维护和保持这种关系；对逆意公众则应注意做好转化工作，改变其敌对态度，即便不能将其转化为顺意公众，也应促使其成为中立公众；而对中立公众应耐心细致的做好争取工作，引导他们成为顺意公众、防止他们成为逆意公众。中立公众的态度倾向往往是公关竞争中的决定因素，因此就成为公关的“必争之地”。

5．根据组织的价值取向分

根据组织的价值取向分，可将公众分为受欢迎的公众、不受欢迎的公众和被追求的公众三类。

受欢迎的公众即为完全迎合组织的需要并主动对组织表示兴趣和沟通意向的公众对象，如自愿来的投资者、慕名前来的顾客和为组织撰写正面宣传文章的记者等。不受欢迎的公众是指违背组织的利益和意愿，对组织构成潜在威胁和现实威胁的公众对象，如对组织抱有敌意的人士、对组织构成额外压力和负担的群体等。被追求的公众则是指符合组织利益和需要，但对组织不感兴趣并缺乏交往意愿的公众对象，如社会名流、著名记者等。

公关传播政策取决于组织自身的目的和需要，以便使组织的传播活动与组织的利益相一致。受欢迎的公众与组织之间是一种两厢情愿、一拍即合的关系，不存在沟通的障碍，沟通的结果使双方都有较为平等的利益。但不受欢迎的公众则是组织不愿与其交往，不愿接触，力图躲避，但其对组织不断构成威胁或压力，成为组织“入侵者”的公众群体。组织往往需要采取针锋相对的传播政策。被追求的公众属于符合组织利益和需要，但却存在较大的传播障碍，不易沟通、难以如愿的沟通对象，需要组织制定较为特殊的传播政策。

6. 根据公众发展过程的不同阶段分

根据公众发展过程的不同阶段可将公众分为：非公众、潜在公众、知晓公众、行动公众四类。

非公众是指与组织无关，其观点、态度和行为不受组织影响，也不对组织产生作用的公众群体。潜在公众则是指由于潜在公共关系问题而形成的潜伏公众、隐患公众、隐蔽公众或未来公众。知晓公众是指已经知晓自己的处境，明确意识到自己面临的问题与特定组织有关，迫切需要进一步了解与该问题有关的所有信息，并开始向组织提出有关权益要求的公众群体。而行动公众是指已采取实际行动，对组织构成压力并迫使组织采取相应行动的公众群体。

在公众发展的不同阶段，组织应该采取不同的公关对策。划分出非公众是为了减少公关传播的盲目性，提高公关工作的准确性和针对性，并可避免不必要的浪费。但对于潜在公众就应未雨筹募，加强预测，密切监视事态发展，分析各种可能的后果，制定多种应付方案，积极引导事态向好的方向发展。对知晓公众则应采取积极主动的公共关系姿态，及时沟通、主动传播，满足公众要求被告知的心情，使公众对组织产生信赖感，主动控制舆论局势。最后，对于行动公众必须采取相应的行动，将压力转变为动力，转变为对组织有利的合力。

对公众进行分类是为了更好地开展公共关系工作，更好地服务于组织的发展，但是，以上的分类虽然标准不同，但是他们之间是有交叉和融合的。因此在具体的公共关系工作当中，应该因时而异，遵循突出重点、强调应急、避免扩散的动态选择原则，对公众进行合理的分类，这样公共关系工作才会卓有成效。

公关故事

归真堂的“熊胆”上市

2011年初，以熊胆为主要原材料的归真堂，准备上市的消息一经传出，动物爱好者以动物受到残忍对待和消费者可能受到伤害为由掀起了抵制行动，而动物保护机构亚洲动物基金会则向福建省证监局递交书面声明。2012年1月10日，《青年时报》刊登了《“活熊取胆”两会前再掀反对潮》的调查报道，百余家媒体和各大新闻网站转发，引起动物保护话题的持久、广泛讨论。论战中，在北京出席全国“两会”的人大代表和政协委员们也纷纷加入，有政协委员递交提案，呼吁停止活熊取胆业。2012年2月14日，非政府组织亚洲动物基金会与其他基金联合72名社会知名人士，向中国证监会信访办递交吁请信，该信的联名签署人包括冯骥才、韩红、崔永元等。而北京爱它动物保护公益基金会(下简称“它基金”)称，将发起第二轮更广泛的联名活动。归真堂相关产品的销售渠道主要有专卖店、药店和医院。目前，甚至有人准备和销售归真堂产品的药店进行利益谈判，希望他们不再和归真堂合作，已有销售商对此表示认可，决定放弃经营该产品。至此，归真堂上市被搁浅。

四、影响公众行为的因素

影响公众行为的因素通常包括心理因素和社会因素两方面。

1．影响公众行为的心理因素

影响公众行为的心理因素是多种多样的，从公共关系角度看，主要有以下六个方面：需要、知觉、价值观、态度、性格和气质、兴趣和能力等。不过在这些因素当中，最基本最主要的因素是“需要”。在研究和分析公众问题、解决公关问题时，我们就应该把这一因素放在首位来考虑。

2．影响公众行为的社会因素

要进一步认识公众的行为，还需要进一步研究分析影响公众行为的各种社会因素，如文化因素、经济因素、政治因素、教育因素、组织因素、阶层因素、性别因素、年龄因素、职业因素、种族因素等。

第三节 公共关系的介体

公共关系，简单来说就是指作为主体的社会组织，通过传播沟通向客体公众进行信息传播，以便公众能够了解组织的意图和愿望，从而取得公众的信任和好感，进而影响或改变公众的态度和行为，达到共同发展的目的。由此可见，传播沟通是连接社会组织与公众之间的桥梁和纽带。没有传播沟通，公共关系就无从开展，也就谈不上公共关系。因此公共关系的介体——传播。

一、传播概述

公共关系活动是一种传播活动，传播是公关活动的基本内容与基本手段。

1. 传播的概念

所谓传播就是指信息的交流，即公关人员将组织信息输送给公众，又将公众信息反馈给组织。

2. 传播的特征

传播在整个社会系统的相互作用中，体现的特征有：

1) 双向性

双向性是公共关系传播的首要特征。传播过程的信息交流不是传播者向接收者发送信息的过程，而是双方相互作用的循环过程。通常，信息接收者在收到某种信息后，根据自身理解、接受能力对信息进行判断，然后将自己对信息的态度反馈给传播者，其模式如图 4-1 所示。

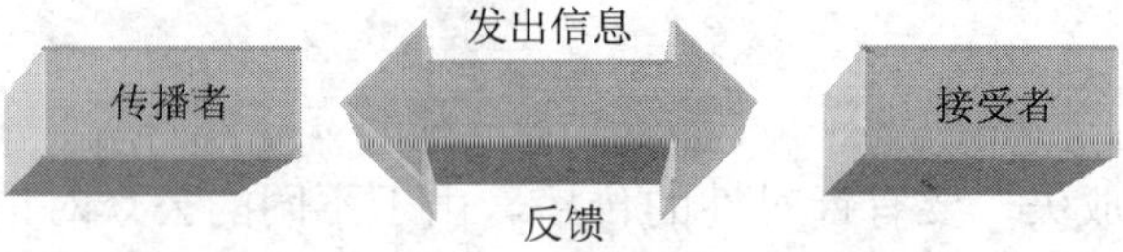

图 4-1　信息传播的双向性模式

正是由于传播者与接收者彼此沟通，使传播者主动、及时调整传播内容和调节传播行为，从而使整个传播过程良性循环。这种双向互动的传递与交流起到了公共关系的中介作用。

2) 动态平衡性

传播的信息内容不是一成不变的，而是运动的。因此传播过程其实就是传播者与接收者之间的移位和变化的动态过程。现代社会是一个资讯社会，信息瞬息万变，这就需要传播者及时发送信息，使公众及时知晓，并以此引发态度和行为的反应，从而把握传播的最佳时机和了解公众需要的信息，最终达到信息传播的动态平衡。

3. 公关关系传播的基本原则

公共关系传播的基本原则具体为

1) 目标性原则

公共关系传播是针对具体公关问题及明确的公关对象所进行的信息交流活动，是围绕公关目标展开的。

2) 情感性原则

公共关系传播不同于一般的政策传播带有行政命令的意味，而是立足于长远的信息交流，包括思想、情感、意见和态度的交流。出发点是温暖公众的心，使其喜欢、接受，毫无强制命令的意思。以诚动人、以情感人，使公众信服，接受组织或愿意同组织合作。

3) 劝服性原则

公共关系传播是一个劝服过程，它劝服公众采取某种有利于组织的态度和行动。

4．公共关系传播的实施要求

1) 真实

公共关系以事实为基础，这就要求传播的基本内容必须客观、真实、全面、公正。任何失真失实的报道，都会使公众产生认知上的障碍，最终损害组织形象。所以无论是把组织的情况向公众传播，还是把公众对某个问题的意见、看法向组织反馈，都要讲求信息的真实性。只有这样，传播才能达到预期目的。

2) 及时

信息运动变化的。无论是向外界传播信息还是向内部反馈信息，都必须保持其灵敏度，即及时性；相反，如果误失良机，再有价值的信息也会失去作用。这就需要把握传播的最佳时机。

3) 有效

有效就是要有的放矢，要有针对性的传播。由于不同的公众对信息的需求各不同，那么传播者就需研究信息与不同公众的关联性和变化规律，对信息做必要的加工、整理和筛选，使所提供的信息具有很强的针对性，力求达到最佳的传播沟通效果。

二、公关传播的类型

公关传播的主要方式可分为：大众传播、组织传播、人际传播三类。其中大众传播是公关活动中最有效、最重要的传播方式。当然，也不能忽视组织传播和人际传播的作用。在实际公关工作中要做到有机结合、取长补短，力求达到最佳的传播效果。

1．大众传播

大众传播就是利用传播媒介，将大量的信息系统传播给社会大众的过程。常见的大众传播媒介有报纸、杂志、电视、广播和网络等。

作为大众传播通常具有如下特点：

(1) 大众传播拥有广大的听众。由于大众传播的信息是公共的，范围是广泛的，影响是巨大的，因此对组织来说，大众传播是最有效的传播手段。

(2) 大众传播的速度快、时间短。当今，人们每天的生活都是在大众传播媒介所组成的氛围中度过的，几乎一切信息的来源都与它有关。从而促进了组织与社会公众之间的相互了解。

(3) 大众传播的内容基本上是由传播机构和职业传播者发布的。一种信息能够被大众传媒报道出来，这就表明该信息的重要性。大众传播的内容能引起公众的兴趣，这也是传播机构和职业传播者所追求的。

2．组织传播

组织传播是指以组织名义对内外公众开展的传播，包括组织与社会，组织与其内部成员，组织中部门与部门等的信息沟通。组织传播的主体是组织，常见的组织传播有内部会议、外部传播。内部会议通常需注意明确主题、做好必要的准备工作和引导会议的顺利进行等；而外部传播则具有大众传播的特点。

3．人际传播

人际传播，也叫人际沟通，是一种人与人之间直接进行信息交流的方式。没有人际传播，人与人之间就无法交流、理解，也无法建立任何有意义的社会关系。人际传播的信息包括人们的观点、知识、兴趣、感情、精神等。人际传播可凭借的媒介可以是语言行为，如谈话、演讲等，也可以是非语言行为，如体态、神情等。

公关故事

同仁堂为民亮灯

北京同仁堂作为旧中国规模最大的药店之一，为了保持在公众心目中的好感，曾经利用北京城挖壕沟，一到晚上挖沟的地方一片漆黑，给行人带来极大不便的特殊情况，开展公关活动。同仁堂在所有开沟的地方设立路灯，灯上书写"同仁堂"三个大字，盏盏红灯闪耀在夜空，既方便挖沟的民工和路上的行人，又巧妙地宣传了同仁堂药店，这个服务于公众的公关在很多北京人心中留下了深刻的印象。

(资料来源：公关案例汇总)

三、公关传播的策略与技巧

公共关系传播是运用信息载体和传播媒介实施组织目标的活动过程。其中需要运用一定的策略，注重一定的技巧。常见的传播技巧有：

1．言语传播技巧

言语传播技巧是传播者运用传播规律，在言语传播过程中采用的策略和手段。通常所用到的传播策略有：

(1) 明确传播目的。言语传播是为了达到一定的公关目标和取得较为理想的公关效果，但由于每次传播的目的不同，所以每次公关活动都应具体活动具体分析，以确定准确的目的，达到良好的传播效果。

(2) 设计传播内容。信息内容的传播是言语传播的主要环节，在言语传播过程中，应确定主题，紧扣主题，以此来设计传播的内容，从而使传播内容有价值、有意义。

(3) 加强传播语言修养。言语传播主要以口语为中介，因此在语言修养方面就应多加注意，避免用词不当所引发的歧义和误会等。

(4) 针对传播的对象。为使信息最终能被如实接受，公关人员要根据公众各自的特点采取有效的传播方式和语言形式，以取得较好的传播效果。

2．文字传播技巧

文字传播技巧是指传播者在文字传播过程中，为引起接受者注意，提高传播效果所采取的策略和手段。其传播的技巧有：

(1) 内容的相关性。传播信息的内容应与目标受众利益贴近、相关，这样容易刺激并引发目标受众对信息的关注。

(2) 形式的对比性。为突出文字内容，引起目标受众对材料的注意，文字传播就应注重形式的排列组合，在表达中采用书面化形式等。

(3) 结构的变换性。不同的文字结构会产生不同的传播效果，有时，相同的传播内容稍微变换一下文字结构，意思就可能完全不同。

(4) 语言的通顺性、流畅性。朗朗上口的信息材料有助于加深记忆，增强传播效果。

3．实像传播技巧

实像传播主要以实物符号的传播活动为主，用一些特别的符号、颜色、图像等作为标志通过整体传播沟通系统传递给公众，以引发公众注意、加深公众印象和赢得公众认同的策略和手段。例如，企业的商标、品牌等。

4．复合式大众传播技巧

复合式大众传播是社会组织为了达到特定的公关目的，利用大众传媒进行的大型传播活动，综合运用了言语传播、文字传播、实像传播和一般大众传播的传播形式。正是涉及了言语、文字、实像等多种传播技巧，复合式大众传播在操作上就应注意：

(1) 了解传媒各自的特点，有针对性地开展公关活动。

(2) 制定合理的工作计划，系统安排各项工作任务。
(3) 把握公众心理，有的放矢地开展公关活动。
(4) 选择最佳的传播时机。
(5) 加强与媒介机构的联系。
后续课程实务部分中将继续详细介绍。

案例分析

北京成功申办 2008 年奥运会

2001 年 7 月 13 日，是全国人民永远难忘的日子。随着国际奥委会主席萨马兰奇的一声“Beijing”，全中国都沸腾了，举国上下成为一片欢呼的海洋。中央电视台随即在屏幕上打出了四个大字“我们赢了”，各地也举办了多种多样的庆祝活动，可以说北京申奥的胜利也是中国政府公关的胜利。

北京申奥过程是经过精心策划和实施的。公关主体是中国，是北京。李岚清副总理在申奥报告陈述时说：“在过去 20 年改革开放的过程中，中国已成为世界上经济发展最快的国家之一。我们将继续保持政治稳定、社会进步和经济繁荣。”国际奥委会执委何振梁则说：“选择北京，你们将把奥运会第一次带到世界上拥有 1/5 人口的国家，让十几亿人民的创造力和奉献精神为奥林匹克服务。”任职国际奥委会主席长达 21 年之久的萨马兰奇卸任时最大的心愿就是把奥运会带到世界人口最多，又有巨大经济潜力的中国。正如刘淇市长在申奥成功报告会上所说：“北京申奥成功是因为有了日益强大繁荣的祖国做后盾。”由此可见，中国已经成为受世人关注、有重要影响力的大国。

北京申奥成功的一个重要原因是具有最高的民众支持率。95%支持北京申奥的民众和受中国奥运情绪感染的国际奥委会委员，是北京申奥最重要的目标公众。挪威籍国际奥委会委员乔恩奥拉夫感慨万分地说：“北京申奥给我印象最深的是来自中国民众的支持。就我个人来说，我从北京得到的申奥信息是其他 4 个城市之和的 2 倍。所有这些信息里都包含着同一个主题，那就是给正在腾飞的中国再一个全面腾飞的机会吧！”

北京奥申委确定了“新北京，新奥运”的申办口号，提出了“绿色奥运，科技奥运，人文奥运”的申办理念，提供了一部长达 500 页，涉及 17 个主题的申办报告，并把“95%的公众支持率”的调查结果写进其中，还制作了精美的北京申奥宣传片。投票前夕的新闻发布会上，北京奥申委秘书长慷慨陈词：“我们有信心创造历史。这将是奥运会第一次来到有近 13 亿人口和 5000 年文明史的东方大国。”在 2008 年奥运会期间，各国媒体可以享受百分之百的新闻报道自由。”

2001 年 4 月 4 日，是申奥揭晓倒计时 100 天，北京奥申委提出了 4 月 4 日为全国支持北京申奥统一行动日的倡议。这个倡议得到了全球华人的积极响应，申奥热潮风起云涌。5 月 8 日，全球华人支持北京申奥联合委员会在德国杜塞尔多夫市举办了以“全球华人心连心，齐心协力申奥运”为主题的系列活动。6 月 16 日，中华全国体育总会和中国台北田协共同举办了“北京奥运炎黄之光”海峡两岸长跑活动。6 月 23 日，美国西部华人在雄伟的居庸关举办了祝北京申奥成功的“奥运龙——大地艺术作品展示”活动。所有这些都是加强内部公共关系行为的体现。

2001 年 6 月 12 日，北京奥申委派代表参加了在肯尼亚举行的非洲国家奥委会联合会第 9 次大会。6 月 23 日晚上，古老的紫禁城飘荡起世界三大男高音帕瓦罗蒂、多明戈和卡雷拉斯激昂高亢的歌声，全世界都为这种中西文化合璧之美而赞叹，这是一个难眠的“623”奥林匹克之夜。作为国际奥委会副主席、北京申奥代表团顾问的何振梁，从 2001 年 2 月以来的 5 个多月里，他就有 69 天在国外和飞机上，出访 11 次，走了 20 多个国家和地区。所有这些都是为发展外部公共关系而做的努力。

北京奥申委吸取了悉尼申奥的成功经验，“不要光自己说，更要让人家看”。为此，北京奥申委主动与西方媒体广泛接触，邀请外国记者来华访问，让世界了解中国、了解北京。2001 年 2 月 21 日，以海因维尔布鲁根为主席的国际奥委会评估团一行 17 人，对北京进行了为期 4 天的考察。维尔布鲁根说：“评估团看到了一个真实的北京，北京申办奥运会得到了政府和民众的大力支持，北京奥申委的工作是积极有效的。”7 月 13 日北京申奥团陈述报告一结束，立刻就有各国奥委会委员轮番提问，涉及环境、场地、语言、运动设施、反兴奋剂、资金盈余等问题。代表团成员用英语一一作答，列出了令人信服的事实数据。正如北京申奥代表团助理所说：“提问多是一件好事，说明大家对北京特别关注，想知道详细情况。”

北京申奥团的陈述与众不同。它包含了三个基本方面：一是坚实的保证，二是明确的优势，三是调动国际奥委会委员的情感。在看似平淡中隐含着“玄机”，那就是中国人民的真诚、朴实和实在。难怪美籍国际奥委会委员德弗朗茨女士在投票结束后说：“很多委员都被何先生的真诚所感动。”2000 年 9 月 9 日，国家主席江泽民致信国际奥委会主席萨马兰奇，表明中国政府完全支持北京申办 2008 年奥运会。2001 年 7 月 13 日，北京申奥代表团第一个出场陈述的李岚清副总理庄严承诺：“如果此次奥运会发生盈余，我们将用它来建立一个奥林匹克友谊基金，来帮助发展中国家的体育事业。如果发生赤字，将由中国政府承担。”这不仅增强了国际奥委会委员对北京办好 2008 年奥运会的信心，而且激发了国际奥委会委员对中国的好感和敬意。这为中国塑造了良好的公众形象。

任何组织的发展和成功都有赖于良好的公众环境，都需要得到公众舆论的认可和支持。

北京奥申委秘书长在申奥投票前的新闻发布会上，陈述了北京能够申办成功的六点理由：第一，北京市民对申办的支持率达到95%。北京奥运会的确代表“人文奥运”；第二，近20年来，越来越多的北京市民参与到文化与体育交流中，渴望成为国际体育大家庭中的一员……北京在申奥投票第二轮就以56票的绝对优势胜出，其中很多票源自亚非拉国家。因为中国政府力所能及的帮助，使这些国家中的部分国家的体育基础设施状况有了极大的改善。不仅如此，中国政府还承诺用奥运会所得来发展这些国家的体育事业，这些国家虽然不大，影响力有限，但在国际奥委会大家庭中却享有平等投票权。中国奥申委的这一系列举措，使这些国家的成员们大为感动，所以支持北京申奥也就成了理所当然。正由于中国有这种良好的公众关系，才确保了北京申奥的成功。

社会组织往往借助各种传播手段实现与公众之间的双向沟通，在双向沟通中达到双向的信息传递。由著名导演张艺谋执导的北京申奥宣传片《新北京新奥运》，成功地在短时间内把北京辉煌的成就、迷人的风采和中国人民对奥运的期盼表现得淋漓尽致。由于国际奥委会委员中至少有一半未来过中国，该片除了从运动员、运动会角度展现外，还从历史的角度来展示中国的历史和现状，来展示北京的历史和现状，从而满足了国际奥委会委员对中国、对北京深厚的心理文化需求，使他们对中国、对北京更加了解，更为中国、北京的变化所惊叹，深深地被中国、被北京所吸引，起到了很好的宣传效果。正如澳大利亚籍国际奥委会委员高斯帕说：“和中国申办2000年奥运会相比，中国的变化真是太大了，这种变化将会带动体育的发展。”高斯帕毫不讳言将自己的一票投给了北京。

思考题

1. 中国“申奥”成功的原因有哪些？
2. 中国为“申奥”都用了哪些公关传播策略与技巧？

(资料来源：张百章. 公共关系案例. 北京：中国财政经济出版社，2011)

本章小结

本章主要介绍了公共关系的主体——社会组织，公共关系的客体——公众和公共关系的介体——传播。

社会组织是人们有计划、有组织地建立起来的一种社会机构。它有领导、目标，而成员之间又有明确的分工和职责范围，并有一套工作制度。其基本特征主要表现为

(1) 社会组织的生存和发展都是为了达到某个特定的目标；

(2) 社会组织都与实现其特定目标相适应的组织结构形式；

(3) 社会组织是一种合作系统；

(4) 社会组织既是社会发展的产物，又是促进社会发展的工具。

公众是指与特定的组织机构或个人相联系的，所处地位相似或相同，并具有共同的目的、共同的利益、共同的问题、共同的兴趣、共同的意识或文化心理等“合群意识”的人群的总称。按照不同的标准或不同的角度可把公众分为不同的类型，但无论是何类公众都具有：同质性、相关性、变动性、广泛性和多维性的特点。

公共关系传播是连接公共关系主体与客体的中介，是社会组织与公众进行信息交流和沟通的桥梁。公共关系要求传播内容的内容真实可靠，并且传播要及时、有效。即公共关系要以事实为基础，客观、真实、全面的传播内容，而且必须保持灵敏性，有针对性地选择受众对象，以掌握最佳的传播时机，传播真实有价值的信息，从而获得良好的传播效果。其基本特征是传播的双向性。传播过程是传播者向接受者发送信息，信息接受者在收到某种信息后，根据自身的理解、接受能力，将自己对信息的态度反馈给传播者的一种双向传播模式。

重点名词

社会组织　　公众　　传播　　公共关系传播

思考与练习

一、单项选择题

1. 公共关系的主体是(　　)。
   A. 社会组织　　B. 公众　　C. 媒体　　D. 记者
2. 公共关系的客体是(　　)。
   A. 社会组织　　B. 公众　　C. 媒体　　D. 记者
3. 公共关系的介体是(　　)。
   A. 社会组织　　B. 公众　　C. 媒体　　D. 传播
4. 组织通常划分出非公众，其目的是(　　)。
   A. 加强预测　　B. 未雨绸缪　　C. 避免浪费　　D. 控制舆论局势
5. 针对公众态度，(　　)公众的态度倾向往往是公关竞争的“必争之地”。
   A. 顺意公众　　B. 逆意公众　　C. 中立公众　　D. 稳定公众

二、简答题

1. 何谓社会组织？及其特点有哪些？
2. 如何理解公众的特征？
3. 影响公众行为的因素有哪些？
4. 公关传播具备哪些特征？
5. 公关传播的基本原则是什么？
6. 公关传播的策略与技巧有哪些？

第五章　公共关系的类型

本章提要

公共关系活动从公共关系主体、公共关系对象和公共关系功能三个角度划分，通常分为三类：主体型公共关系、对象型公共关系和功能型公共关系。

通过学习本章内容，体会公共关系三种类型分法的依据和意义。了解各种类型的公共关系的各自特点和工作重点，掌握几种重要主体对象的公共关系原则、方法、特点及注意事项，以便在社会实践中灵活开展公共关系活动。

学习目标

(1) 了解公共关系活动划分的依据和具体类型。

(2) 熟悉各种类型公共关系的特点。

(3) 掌握主体型、对象型、功能型公共关系的措施。

案例导读

白兰地进军美国市场的公关妙棋

1957 年 10 月 14 日是美国总统艾森豪威尔的 67 岁生日。华盛顿街道彩旗飘扬、标语醒目，白宫周围人山人海，华盛顿市万人空巷，等候着一个时刻的到来，这一刻，人们已经等了很久。

按照美国人的脾气，爱好自由、民主的公民们是不屑于为总统的一个区区生日而特意来凑热闹捧场的。总统也好，国务卿也好，你过你的生日，与我山姆大叔何干？

可是这一天，美国人却显得异乎寻常地热情、激动，到底发生了什么事？原来一个月前，法国人就在各种媒介上广为宣传，为了感谢在二战中美军对法国人民的恩情，为了表示法美人民永远的友谊，法国人决定，在艾森豪威尔总统 67 岁寿诞之时，向美国总统敬赠两桶酿造已达 67 年的法国白兰地。这两桶极品白兰地将由专机运送，并在总统生日这天，举行盛大的赠酒仪式，向全世界表明法国人民对美国人民的友好之情。

法国白兰地？美国人似乎一下子想了起来，那不是扬名全世界的美酒佳酿吗？我们以前怎么就没有想起来尝一尝呢？一时之间，白兰地的历史、趣闻、逸事，陆续地出现在各种媒体上。

久盼的时刻终于到了。上午十时，四名英俊的法国青年，穿着雪白的王宫卫士礼服，驾着法国中世纪时期的典雅马车进入白宫广场，由法国艺术家精心设计的酒桶古色古香，似已发出阵阵的美酒醇香。全场沸腾了，当四个侍者举着酒桶步向白宫时，美国人唱起了《马赛曲》，欢声雷动，掌声轰鸣，人们沉浸在欢乐的气氛中。各大新闻机构毫无例外地派出了记者。关于赠酒仪式的报道文字、图片、影像，充斥了当天美国的各大媒体。

借白兰地唱法美友谊，缩短了白兰地与美国公众的感情距离，这是法国白兰地制造商们举行的极为成功的公关活动。它直接地为白兰地进入美国市场扫清了道路。赠酒仪式不久，一向不为美国人重视的白兰地酒，迅速成为市场上的抢手货，在人人以喝上法国白兰地为荣的背景下，法国白兰地成为供不应求的俏销产品。

“酒香也怕巷子深”，在商品经济时代，这早已成为人们的共识。任何商家，都怕自己的产品“藏在深闺无人识”，都在不遗余力地宣传自己的产品。然而，在公共关系和营销艺术走俏的今天，“王婆卖瓜”式的推销已面临淘汰的命运。说千道万，卖什么的，最终还得吃喝什么。怎么样才能既吆喝了自己的商品，而又不至于引起顾客的忽视甚至抵触、厌恶呢？或者，如何做才能让顾客心甘情愿地打开自己的皮夹子，买完后依然笑逐颜开呢？白兰地进军美国市场有许多值得称赞的地方。

思考题

1．你认为这次活动成功的原因是什么？

2．这次活动的特点是什么？

(资料来源：张百章. 公共关系案例. 北京：中国财政经济出版社，2011)

第一节　主体型公共关系

在公共关系的一系列活动中，真正起到主导作用或扮演主角的是各个具体的组织或部门。因此主体型公共关系就是从公共关系的主体——社会组织的角度开展公共关系活动。由于社会组织的性质、目标、职能和规模等的不同，那么开展公共关系的内容、方法也应不同。下面主要从企业公共关系、政府公共关系和团体事业公共关系方面来阐述主体型公共关系的内容。

一、企业公共关系

企业是指从事以营利为目的，独立从事商品生产经营活动和商品服务活动的经济组织。公司形态的企业产生于资本主义规模化生产经营条件之下，迄今为止已有几百年的历史。在企业产生、发展的过程中，如何与顾客搞好关系，争取顾客的关注，始终是企业关注的焦点。特别是在当今以买方为主导的市场竞争条件下，企业之间的竞争尤为激烈。如何提高客户满意度并处理好客户关系，已成为企业关注的一个焦点。因此无论是我国，还是西方国家，公共关系首先就是从企业兴起，并将在目前以及将来相当长一段时期内，企业公共关系将是公共关系理论、公共关系实务研究的一个重点内容。

无论是哪种类型的企业，其公共关系的总体目标都是：塑造组织良好的形象，增强组织自身的竞争能力；具体又可分为对内增强企业凝聚力，对外提高市场竞争力。

1．生产性企业公共关系

生产性企业是指以工业、农业产品原料加工和采掘自然资源为手段的各种向社会提供新型产品的营利性组织，是现代公共关系发展和应用最为广泛的一个领域。其公共关系的特点体现在以下几个方面：

(1) 强化质量意识，提供优质产品。对生产性企业来说，产品质量是整个企业形象的基础。名牌企业，之所以能够得到公众的信任，就是因为它提供给公众的是优质产品。因此，生产性企业应该注意，从提高产品质量，创立名牌产品入手，进而塑造企业的形象。这就要求生产型企业采用多种公关手段，促使员工心情舒畅，焕发强烈的生产积极性，确保产品形象和企业形象。

(2) 完善销售服务，促进产品销售。销售服务，包括售前，售中和售后服务。售前服务是购买行为发生之前企业向潜在用户提供的服务；售中服务是企业在用户购买产品过程中提供的服务；售后服务是企业对已购买产品的用户提供的服务。良好的销售服务，贵在主动、热情、诚实、守信和及时，是扩大产品销售，树立企业信誉的关键。这就需要企业把公共关系落实在实处，时刻体现用户至上。

(3) 认真开拓市场，提高市场占有率。生产性企业要进一步增强自身的竞争能力，首先，必须主动加强广泛的联系，建立互相沟通协调的关系网络，广结良缘，争取有关公众的支持，合作和帮助。其次，扩大生产规模，提高销售水平，加大市场占有率。这就需要企业面向社会开展生动的企业公关活动，在社会公众面前频繁亮相、加深社会公众的印象。

因此，生产性企业公共关系部门要在市场教育、销售服务、消费咨询、社会培训等方面积极开展公共关系活动，争取潜在公众，吸引稳定公众，不断开拓市场，促进市场占有率的提高。

2. 商业企业公共关系

商业企业在整个社会的生产消费网络中起着承上启下、左连右挂的作用。行业的性质决定了自身的经营环境十分复杂，这就为公共关系提出了更多的要求，要求公关人员要在纷繁复杂的关系中着重抓好顾客公众、供货单位和内部员工这几方面的工作。正因为商业企业在经济的运行中承担着沟通的角色，其公共关系在此承担的职能就是：

(1) 将消费者的需求和愿望向生产企业反馈。

(2) 将生产企业的产品开发、对社会新的贡献等及时向社会公众传播。

这两项职能使得商业企业不仅保证了自己与生产企业和消费者双方的良好接触，建立起相互信赖的合作关系，同时，也从整体上塑造了自身在社会中的光环形象，并带来了客观的经济效益和社会效益。

商业企业的公共关系具有的特点有：

(1) 对整个企业公共关系的灵敏度要求高。不论是少数几个公关人员，还是绝大多数企业职工的公关素质，都对整个企业公共关系的成败产生重大影响，而且这种影响比其他行业都要来得更直接、更明显。

(2) 要标新立异，出奇制胜。在一个不大的范围内，从业的同行越多，相互之间的竞争就越激烈。企业在练好扎实内功的基础上，还应注重公共关系的标新立异、频出奇招，以达到出奇制胜。

(3) “顾客至上”必须成为服务理念。“顾客至上”不能仅仅作为吸引顾客上门的口号，而应成为从业人员时刻牢记的服务理念。公共关系要真针对企业具体业务和员工的实际状况开展，并应长时期坚持不懈地做好这方面的工作。

(4) 需要人情味的服务。企业的服务归根到底是对人的服务，需要的是富有人情味的服务。公共关系要了解公众需要，并想方设法满足此类需要，从而实现企业的盈利目标。

公关故事

燕子道歉

日本奈良有一个世界一流的旅馆，每年春夏两季游人如织，但每年四月以后，燕子便争相飞到旅馆檐下，筑窝栖息，繁衍后代。

但招人喜爱的燕子都有随便排泄的不懂事之处，刚出壳的雏燕更是把粪便溅在明净的玻璃窗上或雅洁的走廊上，尽管服务员不停地擦洗，但燕子的我行我素使旅馆总会留下污渍。于是，客人不高兴了。纷纷找服务员投诉，影响效益的危机出现了，有关人士大伤脑筋。但不久，这种现象就渐渐消失了。原因是客人们看到了一封“燕子”写的信：

女士们、先生们：

我们是刚从南方赶来这儿过春天的小燕子，没有征得主人的同意，就在这儿安了家，还要生儿育女。我们的小宝贝年幼无知很不懂事，我们的习惯也不好，常常弄脏你们的玻璃窗和走廊，致使你们不愉快。我们很过意不去，请你们多多原谅。

你们的朋友：小燕子

寻找欢乐的游客见到小燕子的信，都给逗乐了，肚里的怨气也在大笑中悄然散去。

(资料来源： 张岩松. 公共关系案例精选精析. 北京：经济管理出版社，2000)

二、政府公共关系

政府分为广义和狭义政府。狭义的政府只指国家的行政机关。而广义的政府则不仅包括国家的行政机关，还包括执政党、立法、司法和保卫等部门。在这里所说的政府是指广义的政府。政府公共关系是指政府部门为了更好地履行行政职能，实现社会利益的最大化而采取的与各类公众的联系沟通、优化政府形象，提高政府行政效率的宣传公共产品或服务的推介等各种具体措施和行为。

1．政府公共关系的特征

1) 主体的权威性

政府是一种特殊的社会组织，其职能代表国家对国家各方面的事务进行领导、监督、管理、保卫和服务。政府代表国家，拥有诸多的公共权力，并且可强制执行。

2) 客体的复杂性

政府公共关系的对象复杂，对内是其工作人员，对外既包括拥有该国国籍的公民，还有国际公众。

3) 目标的独特性

政府公共关系的首要目标是促进公众的认知，其重要目标是提升政府的知名度、美誉度、信任度，终极目标则是提升社会效益。

4) 传播的优越性

具有极高权威性的政府掌握着大量、先进的舆论工具和信息资源，而且拥有严密的组织结构。因而，在传播沟通过程中，任何一种组织都不可能与之比拟。

5) 性质的民主性

从大的发展趋势来看，现代政府的职能越来越趋向于服务。这就要求政府机关，一方面要及时传达政府的方针、政策、法律、法规以及相关情况，增加透明度。另一方面则应充分了解民情、民意，最大限度的维护公众的权益，只有这样，政党才能长治久安，政府才能顺利依法行政，国家才能繁荣昌盛，人民才能安居乐业。

2. 政府公共关系的措施

(1) 通过民意测验、基层访问等方法，政府主动、及时地了解公众的评价、意愿，只有做到了这一步，政府决策的科学性才会高，尺度也才会准。

(2) 保持政府和公众之间信息渠道的畅通。我国的人民代表大会、政治协商会议制度、信访制度、热线电话、领导接待日等，对公众直接向政府传递信息发挥了不小的作用，而这几年兴起的政府发言人制度，对政府向公众传递信息，尤其是在突发事件发生后，起到了相当大的作用。但是无论是上行沟通传播，还是下行传播沟通，都还应继续加大力度。

(3) 政府应该维持国家、社会的安定。政府公众的复杂性，决定了政府公共关系的复杂性，作为一个大管家，政府务必理顺各类公众的关系，协调好各方的利益，维持大家庭的平衡。

(4) 踏踏实实地为公众做实事。由于政府公共关系主体的特殊性，那些政府机关及其工作人员很容易导致功利思想，搞一些所谓的政绩工程、形象工程。这些问题如果处理不当，很容易劳民伤财。做实事、谋实利，这才是政府公众，尤其是普通大众最想要的。

(5) 加强对内部公众的教育。政府部门工作人员的特殊角色，要求他们明确宗旨、明白身份、严于律己。除了反省自我外，更需要对他们进行不间断的教育。除此之外，还要有一整套切实可行、高效完备的实现预警、事后处理的机制。

(6) 建立一整套公务员奖惩机制。在我国公务员制度已实施了几十年，虽然已取得了一定的成效，但还需不断完善，逐步改革适应社会需要。建立一整套公务员奖惩机制，是人民群众殷切期待的大事。

3. 团体事业公共关系

团体事业公共关系是团体组织和事业组织公共关系的统称。团体组织是指为实现某种社会理想由具有合群意识的人们，自筹资金以义务兼职为主自愿结合形成的群众性组织。如各种专业学术团体、消费者团体、业余爱好者团体、少数民族团体和宗教信仰团体等。而事业组织则是指为了满足社会公众利益的需要，由国家提供资金设立的有正式人员编制的专门性机构，如教育、科研、文化、卫生及体育机构等。这两类组织的行为都具有一个共同的特点，即都不以盈利为主要目的，旨在推动社会公益事业的发展，因此放在一起进行探讨。团体事业公共关系的工作目标除了具有一般公共关系的共性之外，与企业性组织相比较,有以下几个方面的特点：

1) 目标和任务是实现社会效益的最大化

创造良好的“人和”环境，提高企业的经济效益，是企业公共关系的目标和主要任务。由于盈利不是团体事业组织的根本目标，因此，团体事业组织公共关系的目标和主要任务是通过知名度、美誉度的提高和良好形象的塑造实现社会效益的最大化。如医院通过高超的医术，热情负责的态度与上乘的配套服务这三者的最佳结合塑造医院的良好信誉和形象，其公共关系工作的基础是提高医疗服务质量，目的是救死扶伤,实行人道主义精神，在合理收费，取得一定经济收入的同时，实现社会效益的最大化。

2) 公共关系实施人员需要有高尚的品德

团体事业组织的主要任务是追求社会崇高目标的实现，切实为社会的公共利益服务。要完成这一任务，要求事业团体组织应该有担当崇高的社会道义责任和为社会做贡献的献身精神，必须由有品德高尚的人员来实施。这就要求公共关系实施人员不仅要有良好的文化知识水平和业务素质，而且还要有高尚的道德品质、强烈的社会责任感和爱岗敬业奉献的精神，如医务工作者为战胜“非典”奋勇牺牲的献身精神、教师教书育人的无私奉献精神等。

3) 公共关系客体的大众性和广泛性

团体事业组织服务的对象非常广泛，是以整个社会大众为服务对象的。因此，公共关系的客体是社会大众，具有大众性和广泛性的特点。如学校公共关系客体包括教师、职工、学生、家长、校友、社区、用人单位、上级主管理部门、兄弟学校、新闻单位及出版社等公众。

4) 在社会利益关系格局中的超脱性

实现社会效益的最大化目标和主要任务，表现在社会利益关系格局中，其处于较超脱的地位。因此，团体事业组织在社会舆论形成中，具有自身的独特优势和作用。既可以通过参政议政来显示自身价值，又可以以身作则，在社会各界公众中带头建立一种良好的社会行为作风，容易得到社会各界的理解与承认。

5) 组织参与各种社会活动的自愿平等性

团体事业组织，组织参与各种社会活动，主要是围绕社会的某一公益目标来进行，体现的是自愿平等的参与原则。因此，容易被公众较普遍地接受。

6) 公共关系实务的艰巨性

随着社会主义市场经济体制的建立和完善，各项改革措施的不断深入，团体事业性组织的内外部门环境也正发生着一系列深刻的变化。公众越来越关心团体事业性组织的信誉和责任，团体事业组织的经费不足又制约了其作用的发挥，筹集活动经费成了艰巨的公共关系实务。既要筹集到必要的活动经费，又要避免商业行为。既要开展内部公共关系工作，理顺内部关系，按时收取会费，又要策划巧妙的能够使公众感兴趣的公共关系方案，争取社会赞助与募捐。如许多学校把唤起社会公众对教育的认识、理解、支持，争取办学经费(财政援助、社会支持)作为公共关系活动的重要任务。

第二节 对象型公共关系

现代社会，一个组织必须处理好自身与相关公众的关系，这关系到组织的生存和发展。通常与组织相关的公众可分为两类，一类是组织内部公众，另一类是组织外部公众。

一、内部公众

内部公众是指与组织关系最密切、最重要的公众。内部公众的心理状态、工作状态和协调合作状态，直接关系到组织效能的发挥，也直接关系到组织生存和发展中的竞争能力。因此，“内求团结”是公共关系的起点。通常，组织对内必须处理好：

1. 员工公众

员工公众又称职工公众，是指人事关系在本组织的内部公众，是重要的内部公共关系，因为员工从内部公共关系的角度看，是公共关系的客体，从外部公共关系的角度看，又是组织公共关系的主体。一方面，组织目标的实现、社会职能的完成依赖于全体员工的共同努力。另一方面，作为组织一员，广泛地与社会各方面发生联系，对外自觉或不自觉地代表组织，正是通过他们的言行，外部公众才了解组织。因此，组织对员工公众就应做到：

(1) 准确了解员工的状况、想法、需要和存在的问题。只有在此基础上，才能有针对性地对员工开展传播和沟通。

(2) 重视员工的物质利益要求，为建立良好的员工关系奠定坚实的基础。物质利益主要包括工资、奖金、福利和工作环境等方面。员工作为现实社会中的人，为自身生存和发展的需要，关心注重物质利益是正当和合理的，组织在可能的条件下，应尽量提高员工的物质福利待遇，满足员工的要求。但组织由于受经济效益等因素的影响，无法完全满足员工的要求，这就需要组织与员工进行很好的沟通，让员工对组织理解和支持。

(3) 尊重员工的精神需求，激发员工的工作潜力和工作积极性。精神需求主要包括尊重、表扬、培训和参与管理等方面。组织如果能够引导员工在工作中寻求生活的意义和乐趣，并充分尊重员工的创造性活动，那么员工的心理会得到平衡和满足，从而会更加努力积极地工作。

(4) 树立“以人为本”的观念，尊重员工的个人价值。组织应把团体价值和个人价值充分结合起来，通过相信和依靠员工并及时肯定和赞赏员工的工作，让员工大胆放手工作。

(5) 让员工分享足够的组织信息，参与一定的组织管理决策，培养员工的主人翁意识，让员工感到自己是组织一员，得到了应有的重视，并能集思广益使决策更加科学、合理。

(6) 建立健全合理化建议制度，培养员工的进取心和自豪感。这样既能让员工的创造力和潜能得到开发利用，给组织带来巨大的经济效益，又能让员工的成就欲望得到满足，从而产生自豪感和强烈的进取心。同时还能形成良好风气，使员工人人关心组织，创造性地做好本职工作。

(7) 协调好正式组织与非正式组织的关系。组织只有处理好组织内部员工之间的各种关系，才能使处在不同部门、不同岗位、不同管理层次的员工朝向同一个方向努力，从而组织才能协调组织中的非正式组织为组织目标服务。

总之，组织一定要加强与内部公众的沟通，着力培养他们对组织的认同感、归属感，使全员形成一股强大的向心力、凝聚力，组织上下齐心协力、各部门协调配合共同实现组织目标。

2．股东公众

股东作为组织特殊的内部公众拥有组织的股票。因此，一般对其公共关系的目标有：

(1) 稳定现有股东队伍。坚定现有股东对组织的可靠性和发展能力的信心，使其愿意长期保有组织的股票，不轻易抛售、转让组织的股票，并尽可能使他们增加投资。

(2) 吸引更多的投资者，为组织拓展财源。创造有利的投资环境和投资气氛，使潜在的投资者增加对组织的了解，转化为现实的投资者。

(3) 增加股东对组织的关心程度和支持程度。想方设法使股东积极关心组织的经营管理和生产、销售，支持组织的活动，成为组织的积极成员。

为实现公共关系股东的工作目标，就需了解股东的心理，掌握股东的兴趣。通常股东之所以投资，主要是希望获得投资回报——红利，同时还希望得到组织的尊重和重视。因此在公共关系中就需要做到：

(1) 定期向股东通报组织的有关情况。例如，组织的工作目标、组织的改革计划、组织的产品、新拓展的业务、股利的分配政策、竞争地位等。

(2) 注意征求股东意见。对股东关于组织的产品或服务的构想和组织经营管理方面的意见、建议，及时向有关部门转达，确保组织与股东信息和沟通的畅通。

二、外部公众

外部公众是组织生存和发展的重要外部条件，也是组织在活动中遇到的数量最大、层次种类最复杂的公众。外部公众是公共关系的重点，外部公众的理解和支持是社会组织运行的必要条件，所以“外求发展”是公共关系的重点。

外部公众是指为组织提供服务和支持或组织为其提供产品和服务的各种社会关系的公众。其中主要包括：顾客公众、政府公众、社区公众、媒介公众和名流公众。

1. 顾客公众

顾客又称消费者，是指购买使用本组织提供的产品或服务的个人、群体或组织。顾客是与组织的利益关系最为密切的，因此，顾客是组织最重要的外部公众，是组织生存发展的基础。那么组织如何与顾客建立良好的关系，以实现组织和顾客利益的平衡和共赢呢？

(1) 树立“顾客至上”的观念。

顾客的意愿是组织生产和服务行为的导向，如果没有顾客的存在，组织的生命也就停止了。因此，组织就必须让自己所生产的产品或提供的服务得到市场的认可和接受，也就是必须有顾客需要和喜欢，进而购买和使用，组织才能获得自己的利润目标。所以，组织的政策和行为就应把顾客放在第一位。

(2) 向消费者提供优质产品和优良服务。

为顾客提供适销对路的优质产品和优良服务，是组织与顾客良好关系的起点，也是组织生存和发展的根本。

(3) 收集顾客信息，了解顾客心理。

只有了解顾客的需求意愿、消费心理、消费习惯和对组织的意见，组织才能搞好市场预测，使产品和服务更好地满足顾客的需要，使顾客满意。

(4) 传达组织信息，进行消费教育。

向顾客传达有关组织的宗旨、政策、计划、业务项目和服务方式等信息，并对顾客实施科学的教育和引导，既体现了组织的社会责任，又能有效加强组织与顾客之间的双向沟通。

2. 政府公众

政府是国家权力的执行机关，是社会进行统一管理的权力机关，通过法律、法规、政策的制定和执行，指导和调控着任何一个组织。可见，政府公众是组织所有传播沟通对象中最具社会权威性的公众。因此组织对政府公众必须做好：

(1) 遵守政府的法律、法规、政策和各种规章条例，做合法组织、模范组织。

(2) 向政府有关部门及时通报情况，建立密切联系，保持沟通的渠道畅通，尽量争取有利于组织发展的政策，争取政府对组织的支持和帮助。

(3) 熟悉政府机关的内部层次、工作范围和办事程序，提高办事效率。

(4) 正确处理组织与政府的利益关系，力争做到二者利益兼顾。一旦出现冲突则组织利益服从国家政府利益。

3．社区公众

社区是指人们共同生活的一定区域，如村庄、城镇、街道等。而社区公众则是指组织所在地的区域关系对象，包括当地政府、社会团体、其他组织和居民。组织与社区关系的好坏直接影响到组织生存与发展的好坏，因为组织需要从社区获得良好的社会服务、优美的生活环境、丰富廉价的劳动力资源、稳定的顾客群和友善的社会环境等。那么组织就应与社区公众保持良好的关系。具体措施如下：

(1) 加强信息沟通，增进相互了解。

组织加强与社区公众之间的双向沟通，有利于促进双方相互了解，增加组织工作的透明度，争取社区公众对组织的支持与合作。

(2) 了解社区需求，关心支持社区建设。

组织应主动了解社区需求，充分利用自己在技术、资金、人才、设备等方面的优势，积极支持社区的全面发展和建设，促进社区的繁荣富强。

(3) 参加和支持社区的各项公益活动。

多行善举的做法最能使社区公众从中获益，同时也让组织得到社会的赞赏和支持，有利于提高组织美誉度和受到社区公众的尊重。

4．媒介公众

媒介公众是指新闻媒介机构及其工作人员，如电视台、报纸、杂志、记者和编辑等。现代社会，由于媒介的重要监督作用，媒介被称为“无冕之王”。媒介公众是一种特殊的公众，表现在两方面：① 它充当着组织和公众之间桥梁的角色；② 它又是组织迫切追求的公众。正是由于媒介公众的这种特殊身份，使得组织必须认真处理好与媒介公众的关系，而良好的媒介关系可以为组织营造一个良好的舆论环境，组织还可通过媒介公众密切与其他公众联系。组织与媒介公众处理好关系的做法如下：

(1) 坦诚、公平地面对媒介公众，大力支持媒介公众的工作。

组织对媒介公众提供的信息应实事求是，不能隐瞒真相，欺骗社会公众。尤其是遇到有损组织形象的事情，应积极与媒介公众配合，及时为他们提供有价值的信息，力争减少不利影响，重塑组织形象。

(2) 了解、熟悉新闻传播的特点。

组织只有了解媒介公众的职业特点和职业尊严，遵守他们的职业行为准则，尊重他们的职业道德；熟悉各种新闻媒介的传播特点，才能在与媒介关系处理中做到得心应手。

(3) 积极、主动保持与媒介公众的密切联系。

组织要积极、主动保持与媒介公众的经常接触，以建立和维持良好的工作关系和友谊。

(4) 正确对待媒介公众的批评。

当媒介公众发表了不利于组织形象的批评报道后，组织应虚心接受并及时采取补救措施，尽力减少不良影响。切不可对媒介公众的批评置若罔闻、毫无反应，或反唇相讥。若媒介公众的批评报道有失实之处，亦应诚恳地向媒介公众提供真实情况，澄清事实真相，切不可剑拔弩张、兴师问罪或得理不饶人。

5．名流公众

名流公众是指那些对社会舆论和大众生活有显著影响力和号召力的人物，如政界、工商界的首脑人物，科学、教学、学术界的权威人士，文化、艺术、影视歌坛和体育方面的明星、新闻出版界的舆论领袖等。名流公众的数量不多，但其影响很大，可以吸引人们的眼球，聚焦大家关注的焦点。因此组织通过名流公众进行公众传播工作，具有事半功倍的效果。组织与名流公众建立良好的关系，可以借助名流公众的社会知名度，扩大本组织对公众的影响力和号召力，强化组织的良好形象。同时，也可通过名流公众良好的气质内涵，丰富、传播组织的理想形象。

但组织在利用名流公众扩大组织知名度、传播组织形象时，应注意：

(1) 该名流公众是否受组织目标公众的喜爱。

(2) 该名流公众的风格是否与组织风格相吻合。

(3) 是否会引发法律纠纷问题。

☞公关格言：

求职失败，不是学历不够，而是公关素质缺失。

在工作岗位上达不到理想高度，不是专业知识匮乏，而是公关技能的不足。

身处团队之中，没有成为受欢迎的人，不是人品不好，而是缺乏公关意识。

第三节　功能型公共关系

所谓功能型公共关系，是指以公共关系在组织中所发挥的实际作用为标准而加以划分的，它渗透、贯穿于公共关系与对象公共关系之中。这一类公共关系大致可分为八类。

一、开拓型公共关系

开拓型公共关系是特指组织为开展工作新局面而直接推动组织机构开展新业务的公共关系工作。通过开拓型公共关系工作，可提高组织在外界的知名度、美誉度，使社会公众对组织及其产品或工作表示出一种新的倾向和兴趣。从而间接地推销组织的产品或新业务，扩大组织的市场影响。同时，社会公众对组织新的感觉和兴趣，也将为组织的竞争提供良好的条件和环境。

任何一个组织都不能固守一种固定的模式，总要竞争、开拓、增强组织活力，建立新的组织形象。因此，开拓型公共关系是组织用得最多和最广的一类公关活动。具体措施有：

(1) 提高员工的新观念的认知，强化员工的士气和凝聚力。

(2) 借助有关新闻媒介或其他形式扩大宣传，吸引各界公众的关注，赢得公众的理解、信任和支持。

开拓型公共关系的主要形式有：

(1) 举行开业庆典。通过这一活动，组织把组织的名称、象征物、代表色等一并推出，使公众对组织产生兴趣，留下良好的“第一社会印象”。

(2) 开展公关宣传活动。组织利用广告、明信片、小册子等传播组织信息，进行公关宣传，并通过电视、报纸、广播等媒介广泛宣传组织形象，从而使组织以崭新的面貌展现在公众面前。

(3) 组织联谊活动。通过安排各种酒会、茶话会、舞会等，把公众请到组织来，以增进友谊，建立良好的关系。

(4) 参与社区活动。组织经常参加当地社区的重要活动，并尽可能地为社区提供人力、财力、物力方面的支持，从而向社会展示良好的组织形象。

二、预防型公共关系

预防型公共关系是指组织为防止自身的工作失调而采取的一种公共关系活动方式。它是根据对社会环境和市场环境的监测和预测，以防止不利于组织开辟或建立良好的社会环境和市场环境为目的的公关活动，其主要以“防”为主。

强化预防型公共关系工作，对组织来讲，有助于提高组织内部最高领导层的公共关系意识；有助于确保组织机制的正常运行；有助于建立组织内外和谐的公共关系环境。

预防型公共关系的主要活动有：

(1) 开展公关宣传活动。宣传组织的实力、措施、手段，让公众对组织放心。

(2) 举办各种形式的研讨会、鉴定会。通过这些活动，由第三者发表意见，常常能有效地消除公众对组织的疑虑，赢得公众的信任。

(3) 加强售后服务。售后服务是实实在在的行动，它可把公众的抱怨与不满减少到最小限度，从而为组织赢得社会信誉。

(4) 组织同行联谊会，加强信息交流与协作，创造和谐的外部环境。

三、矫正型公共关系

矫正型公共关系又称为补救型公共关系，是指在组织形象受到损害时，采取各种有效措施，做好善后或修正工作以挽回声誉，重建组织形象的种种专门活动。

矫正型公共关系的工作主要有两种表现：

(1) 组织形象受损的原因是组织主观造成的或责任主要在组织这一方面。

例如，因产品质量问题、服务不周、环境污染、工作失误等问题引发的公共关系失调。

对此，组织应主动承担责任，向有关公众赔礼道歉，甚至可通过新闻媒介公开致歉，同时表明自己已经或将要采取的补救措施，以争取尽可能快的平息这次风波，使组织形象受损的程度与范围控制在一定限度内。

(2) 由于公众的误解或少数人蓄意制造事端而引起的组织形象受损。

对此组织应尽快平息风波或暂时让组织形象受点损害，然后迅速将查明的事实真相公之于世，消释公众的某些不周之处，请求公众谅解。并进一步表露公众对本组织的误会，显示自己的清白。同时还能进一步完美组织形象，争取到更好的公众舆论。

矫正型公共关系的工作程序如下：

(1) 查明事实真相及问题的症结。当组织的形象受到损害时，组织应立即派人向有关部门、地区、公众了解有关事件的来龙去脉、前因后果，并迅速同有关部门分析事故的原因，找出事故的主要责任者。

(2) 制定积极有效的措施或采取主动进取的行动。组织一旦查找到组织形象受损的原因或责任者之后，应立刻同有关部门和工作人员制定出对症下药的补救措施或迅速表明自己诚恳的态度，及时安抚有关人员，争取他们的谅解和合作。

(3) 检验或调查事后的影响及反映。对有损组织形象的事件进行处理、解决后，组织还应对此次矫正、补救的工作效果进行检验。了解原有的问题是否妥善解决了，公众对组织的形象有无改变，组织的不利局面是否好转，这样既能让组织对这次工作效果做到心中有数，又可为今后处理此类事件总结出经验教训。

公关故事

王石的"捐款门"公关

2008年汶川地震赈灾活动中，作为地产大鳄、业界领袖的王石，因105元的捐款，一时间成为全国媒体舆论关注的焦点，引起全社会的关注。随之而来的谩骂与侮辱一起扑向王石，网上甚至诞生了"做事不能太万科，做人不能太王石"的经典醒世格言。但此刻，处在风口浪尖上的王石，却指挥、领导万科组成抢险工程机械队在都江堰灾区日夜奋战；万科捐献的药品、救援物资在万科组织的车辆运送到绵竹灾区；万科组成的特别搜救队在特别偏远的孤点寻救生命；万科的专家组已经完成对成都万科小区居民住宅的安全鉴定，已经转入对市区的建筑鉴定；万科正在夜以继日研究汶川震区民居的重建方案。并且王石还号召：赈灾才开始，请节省谩骂的气力用在赈灾行动上吧。这是什么原因呢？为何有如此极端两个方面的表现？

原来这是万科的一种周密策划，万科本着有机会出名时，要敢于出名，没有机会，则要创造机会出名。此次事件就是一种创造，利用王石的特殊身份引发新闻舆论，引起社会关注焦点，其目的就是为了让万科引人注目，从而在公众意识的两极转变中，提升企业形象。

(资料来源：熊本峰. 万科"捐款门"危机公关的教训[J]. 商场现代化，2008(34))

四、社会型公共关系

社会型公共关系是指组织利用社会大舞台，通过精心设计专门的活动，在全社会塑造一个注重文化、乐善好施的形象，扩大组织在社区、社会中的影响力。通常通过举办纪念、庆祝典礼、传统节日、赞助、文艺演出、体育活动等形式推销组织形象，扩大组织的社会影响，提高组织的社会声誉和知名度。其特点主要有：公益性、文明性、影响力。

开展社会型公共关系，需注意：

(1) 活动应体现公益性或文化性。

(2) 立足长远，不可局限于眼前利益。

(3) 量力而行，不能贪多求全。

(4) 目标明确，制定计划。

五、服务型公共关系

服务型公共关系是指组织通过向公众提供优质服务感动公众，赢得公众的好评，使组织在公众心目中留下难以忘怀的印象，从而扩大组织的社会影响，提高社会声誉，赢得公众的支持。

服务型公共关系工作是组织生存和发展的基础，其不在于说，而在于做，是组织运行机制的反映，是组织员工精神和风格的反映，是组织文化的反映。其公共关系的活动方式的形式有：

(1) 以组织机构本身的重要活动为中心开展的公关活动。

(2) 以赞助社会福利事业为中心开展的公关活动。

(3) 为赞助大众传播媒介而举办的各种活动。

无论采取何种形式进行宣传，组织都应高度重视产品的质量，为客户提供优惠性和优质性的服务。而提高了服务质量和服务水平，才能有助于组织获得良好的社会形象。

六、征询型公共关系

征询型公共关系就是指通过信息的采集、舆论调查、民意测验等工作为组织机构的经营管理决策提供咨询的活动。因此，了解公众舆论和社会情况是征询型公共关系工作的起点和基础。为全面、科学的收集和征求有关信息，征询型公共关系所采用的工作手段主要有：舆论调查、民意测验、市场综合分析等。而开展工作的形式主要有：

(1) 隶属组织内的，理所当然地为组织服务。一方面收集与本组织发展相关的一切信息，同时对其进行研究、分析，形成结论或预测设想。另一方面，向组织决策提供有关资料或数据及意见、设想提供给组织做参考。

(2) 独立于任何组织之外的专门性咨询公司或机构。由于他们不属于任何组织，所以其工作范围就比较广泛，可以为许多组织提供咨询服务，而且所提供的信息、策略等也是多方面和全方位的。对他们来讲，提供高质量的咨询内容及项目就是其经营目的。

总之，在征询型公共关系中，重视公众及社会的有关信息是其工作开展的先决条件，应认真对待，切实做好，否则，为组织的经营决策提供咨询就成了一句空话。

七、建设型公共关系

建设型公共关系是指组织初创时期或新产品、新服务首次推出时，为打开局面而进行公共关系工作模式。其目的是提高组织知名度，尽量让公众知道、理解、接近自己，进而取得公众的支持。这种模式采用的方法通常有：开业广告、开业庆典、新产品展销会、免费试用、开业酬宾等多种形式。让组织的初创或新产品、新服务等给公众形成良好的第一印象。

这种公关活动的形式主要有：

(1) 密切沟通。例如寄送贺卡、信件，增进友谊，加强组织与公众之间的沟通。

(2) 创造“事件”。例如赞助或参与社会重大事件，从而借此机会，加强组织的文化形象。

(3) 举办专题活动。精心策划，有效地借助新闻媒介，扩大组织知名度，提高美誉度。

(4) 建立长期客户关系。对客户进行免费培训、提供技术支持、赠送礼品等，以赢得公众的支持和信任。

(5) 加强公关宣传。例如，接待各种参观者、鲜明的组织名称和标志等。

八、宣传型公共关系

宣传型公共关系是指组织综合运用各种传播媒介，按照组织的意图向公众传播信息，争取公众的了解、理解和支持，创造有利于自身发展的优良环境。其特点是：目的性、主导性、及时性、适当性、互动性。因此，经常采用的做法是利用各种媒介和交流方式进行内外传播，让各类公众充分了解组织、支持组织，进而形成有利于组织发展的社会舆论，使组织获得更多的支持者与合作者，达到促进组织发展的目的。

宣传型公共关系经常采用的方式有：发新闻稿件、做公共关系广告、召开新闻发布会、技术交流、展销活动等。但由于每种方式涉及的媒介效果、费用开支等的不同，所以在具体选择时，还应注意考虑宣传对象的公众类型、具体的宣传主题、宣传的事实或信息的客观真实和宣传方法的恰当、适宜。

案例分析

IBM公司的“金环庆典”活动

美国IBM公司每年都要举行一次规模隆重的庆功会，对那些在一年中做出过突出贡献的销售人员进行表彰。这种活动常常是在风光旖旎的地方，如百慕大或马霍卡岛等地进行。对3%的做出了突出贡献的人所进行的表彰，被称作“金环庆典”。在庆典中IBM公司的最高层管理人员始终在场，并主持盛大、庄重的颁奖酒宴，然后放映由公司自己制作的表现那些做出了突出贡献的销售人员工作情况、家庭生活、乃至业务爱好的影片。在被邀请参加庆典的人中，不仅有股东代表、工人代表、社会名流，还有那些做出了突出贡献的销售人员的家属和亲友。整个庆典活动，自始至终都被录制成电视(或电影)片，然后被拿到IBM公司的每一个单位去放映。

IBM公司每年一度的“金环庆典”活动，一方面是为了表彰有功人员，另一方面也是同企业职工联络感情，增进友情的一种手段。在这种庆典活动中，公司的主管同那些常年忙碌，难得一见的销售人员聚集在一起，彼此毫无拘束地谈天说地，在交流中，无形地加深了心灵的沟通，尤其是公司主管那些表示关心的语言，常常能使那些在第一线工作的销售人员“受宠若惊”。正是在这个过程中，销售人员更增强了对企业的“亲密感”和责任感。

思考题

1. IBM公司的庆功会在公司内部究竟都有哪些重大意义?
2. 这种活动对其他公司有何借鉴呢?

(资料来源：张岩松. 公共关系案例精选精析. 北京：经济管理出版社，2000)

本章小结

公共关系活动从公共关系主体、公共关系对象和公共关系功能三个角度划分，通常分为三类：主体型公共关系、对象型公共关系和功能型公共关系。

主体型公共关系就是从公共关系的主体——社会组织的角度，开展公共关系活动。由于社会组织的性质、目标、职能和规模等的不同，那么开展公共关系的内容、方法也应不同。按主休身份的不同，可将公共关系划分为企业公共关系、政府公共关系和团体事业公共关系。

对象型公共关系，即组织必须处理好自身与相关公众的关系，这关系到组织的生存和发展。通常与组织相关的公众可分为两类，一类是组织内部公众，另一类是组织外部公众。

功能型公共关系，是指以公共关系在组织中所发挥的实际作用为标准而加以划分的，它渗透、贯穿于公共关系与对象公共关系之中。通常这一类公共关系大致包括开拓型公共关系、预防型公共关系、矫正型公共关系、社会型公共关系、服务型公共关系、征询型公共关系、建设型公共关系、宣传型公共关系。

重点名词

主体型公共关系　　内部公众　　外部公众　　对象型公关关系

思考与练习

一、多项选择题

1. 下列活动属于建设型公共关系的是(　　)。
   A. 开业酬宾　　B. 免费试用　　C. 开业庆典　　D. 民意测验
2. 宣传型公共关系具备的特点有(　　)。
   A. 目的性　　B. 主导性　　C. 及时性　　D. 适当性
3. 政府公共关系的目标是(　　)。
   A. 促进公众认知　　B. 提升政府知名度
   C. 提升社会效益　　D. 解决社会问题
4. 对组织来讲，开展预防型公共关系的作用是(　　)。
   A. 提高组织内部最高领导层的公共关系意识　　B. 确保组织机制的正常运行
   C. 建立组织内外和谐的公共关系环境　　D. 提高组织形象
5. 组织的外部公众通常包括(　　)。
   A. 顾客公众　　B. 股东公众　　C. 媒介公众　　D. 政府公众

二、简答题

1. 生产型企业公共关系与商业企业公共关系有何区别?
2. 政府公共关系的措施有哪些?
3. 组织如何处理与顾客公众的关系?
4. 组织如何与媒介公众相处?
5. 何谓开拓型公共关系?及如何开展开拓型公共关系?
6. 开展预防型公共关系有何作用?

下篇　公共关系应用

下篇公共关系应用主要包括：公共关系四步工作法、公共关系传播实务、公共关系专题活动、公共关系专职机构与专职人员、公共关系礼仪、危机公关管理六章。

第六章　公共关系四步工作法

本章提要

公共关系工作是针对组织的公共关系状况进行的，一般分为公共关系调查、公共关系策划、公共关系活动实施和公共关系评估四个阶段，国内外公关界广泛认可的公共关系“四步工作法”说的就是这四个阶段。“四步工作法”是由美国公共关系权威专家斯科特·卡特李普、阿伦·森特和格伦·布鲁姆在其所著的《有效公共关系》中首次提出。从整个公共关系过程来看，这四个阶段既相互独立又相互联结，前后连贯构成一个整体。调查是策划的依据，没有策划就没有实施，没有实施就无从评估，没有评估就无法掌握公共关系工作的成效和经验，也就无法开展后期的公共关系工作。

学习目标

(1) 了解公共关系“四步工作法”及其相互关系；

(2) 熟悉公共关系调查的含义及其原则，明确公共关系调查所包含的基本内容，掌握公共关系调查的一般程序和方法；

(3) 熟悉公共关系策划的含义、特征及原则，明确有效实施公共关系策划的一般程序和注意事项；

(4) 了解公共关系活动实施的意义和特点；

(5) 熟悉公共关系效果评估的意义、内容和程序，掌握公共关系效果评估的基本方法。

案例导读

先搞清这些问题

有一家宾馆新设了公共关系部，开办伊始，该部就配备了豪华的办公室、漂亮迷人的公关小姐和现代化的通讯设备，但该部部长却发现无事可做。

后来，这位部长请来了一位公共关系顾问，向他请教“怎么办”。于是这位顾问一连问了以下几个问题：

“本地共有多少宾馆？总铺位有多少？”

“旅游旺季时，本地的外国游客每月有多少？港澳游客有多少？国内的外地游客有多少？”

“贵宾馆知名度如何？在过去三年中，花在宣传上的经费共多少？”

“贵宾馆最大的竞争对手是谁？宾馆潜在的竞争对手将是谁？”

“去年一年中因服务不周引起房客不满的事件有多少起？服务不周的症结何在？”

对这样一些极其普通而又极为重要的问题，这位公共关系部部长竟张口结舌，无以对答。于是，那位被请来的公共关系顾问这样说道：“先搞清这些问题，然后再开始你们的公共关系工作。”

思考题

1. 这位顾问为什么首先要问清楚以上几个问题？结合案例谈谈公共关系调查对组织的意义和作用？

2. 案例中提到的问题体现了公共关系调查的哪些内容？企业具体应该怎么办？

(资料来源：周安华，苗晋平. 公共关系理论、实务及技巧[M]. 3版. 北京：中国人民大学出版社，2010)

第一节　公共关系调查

不论是政府机关，还是企事业单位，任何一种社会组织都希望树立其在社会公众中的良好组织形象。“凡事预则立，不预则废”，公共关系调查是公共关系工作的基础，是公共关系“四步工作法”的第一步，也是组织开展公关活动的先导。组织机构只有通过对社会公众进行有针对性的调查才能准确了解自己在公众心中的真实形象。

一、公共关系调查概述

1. 公共关系调查的含义

公共关系调查是指运用科学的方法，有计划、有步骤地去考察组织的公关状态，收集必要的资料，综合分析相关因素及其相互关系，以达到掌握组织的情况，解决组织面临的公关问题的一种实践活动。

美国公共关系专家 R·西蒙说过，不论人们如何表达公共关系活动的流程，调查研究都是举足轻重的。如果把公共关系活动视为一个“车轮”，调查研究便是这个车轮的“轴”。一个企业或组织面对永远不断变化的客观实际，其公共关系管理是否有效，关键在于是否有灵敏、准确、有力的调研和反馈。公共关系调查是一种管理制度，一项管理功能，更是一个单位是否有充沛生命力的标志。

2. 公共关系调查和市场调查的区别

公共关系调查和市场调查在调查方法上是一致的，但在调查对象、调查目的和调查内容等方面存在差异，主要表现在下述几个方面：

(1) 调查对象不同。市场调查的对象是用户或顾客；公共关系调查的对象是公众，是组织的公共关系工作对象。

(2) 调查目的不同。市场调查的目的是掌握市场供求状况及发展趋势；公共关系调查的目的是为了准确了解企业公关状态和企业在社会上的形象，了解舆论倾向和公众意见。

(3) 调查内容不同。市场调查以市场供求、顾客心理、购买力等为主要内容；公共关系调查则以社会环境、舆论环境、形象状态为主要内容。

3. 公共关系调查的意义

(1) 了解组织形象的现状，准确定位形象。公共关系调查可以了解组织现期在公众心目中的位置，存在的问题，以此准确定位组织形象。在此基础上，针对存在的问题采取改善措施，建立组织与公众的友好关系，维护本组织的良好形象。

(2) 为组织决策提供事实依据。公共关系调查可以帮助明确组织所面临的问题，为制定公关目标、公关计划以及为领导层的科学决策提供依据。因此，能否客观、全面地把握事实真相，直接关系到组织领导的决策效果，事关决策的成败。

(3) 有助于及时地把握公众舆论。公共关系调查可以使组织及时地把握公众舆论，并适时地做出决策。积极的公众舆论有利于塑造良好的组织形象，提高组织的社会地位，并能为组织带来较为理想的社会效益。而消极的公众舆论则对组织形象不利，在一定程度上会对组织的形象与利益造成损害。

(4) 有利于早期报警，防患于未然。任何一项公共关系活动的展开，不可避免地存在一些潜在的问题。定期开展深入细致的公共关系调查，可以及早预报那些潜在的问题和隐蔽的矛盾，起到早期报警的作用，并且可以及早采取预防措施，防患于未然。

(5) 提高公共关系活动的成功率。“知己知彼，百战不殆”，只有充分地了解和把握公共关系活动的各种主客观条件，做到心中有数，才能使公共关系计划的可行性和公共关系传播的有效性有所保障，提高公共关系活动成功的概率。因此，在开展某项公关活动之前，必须对现有的人力、物力条件做充分的调查，必要时还要做现场考察。

4．公共关系调查的原则

(1) 客观性原则。这是调查人员所必须遵循的最重要的原则。客观性原则要求调查人员必须搜集那些能够真实、客观、准确地反映组织公共关系状况的资料。真实，是公共关系信息的生命，反映事情的本来面目是公共关系调查工作的根本要求。保证公共关系信息的客观真实性，是公共关系调查追求的根本目标。

(2) 全面性原则。公共关系调查的对象是社会公众，但社会公众有其各自不同的社会背景，如年龄、性别、职业教育程度、信仰、居住环境等，其态度及行为也会有不同程度的差异。公共关系调查要把握的不是个别成员的态度及行为特征，而是总体的情况，即调查对象必须代表公众，调查所得的资料必须全面、系统，不能以偏概全。

(3) 时效性原则。公共关系调查人员在调查过程中，不仅要注意调查信息的准确性，更要注意调查信息传递的快捷性。组织形象和公众关系总是处在不断变化之中，公共关系调查具有很强的时效性。及时准确的信息往往是最有价值的，信息延误可能会错失良机，而过时的信息不但反映不了真实的状况，甚至会误导组织。

(4) 计划性原则。不论是安排年度公共关系工作，还是开展一次具体的公关调查，都应预先做好计划。只有预先计划好，才能保证公共关系调查的顺利进行，才能提高调查效率，圆满完成调查任务。

(5) 尊重公众原则。在进行公关调查时，强调尊重公众是极为必要的。在整个调查过程中，要尊重被调查者的人格、宗教信仰、民族习惯、生活方式和兴趣爱好；要谦虚礼貌、热情主动、举止文明；要关心被调查者，并积极为其解决困难等。由于公关调查的顺利进行离不开公众的配合与支持，没有尊重就没有理解，也就没有配合与支持。

二、公关关系调查的基本内容

公共关系调查的范围是十分广泛的，一般情况下，可以将公共关系调查的内容大致分为组织基本情况调查、组织形象调查、社会环境调查、传播媒体情况调查和公共关系活动效果调查五个方面(见图 6-1)。

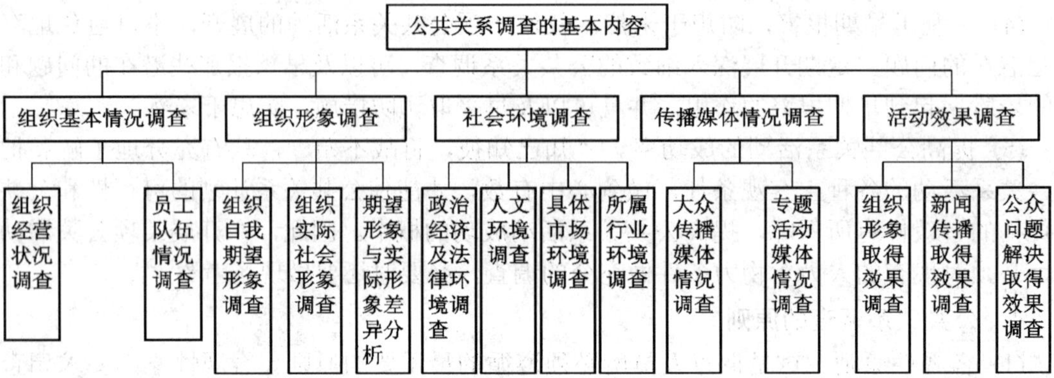

图 6-1　公共关系调查基本内容结构图

1. 组织基本情况调查

组织基本情况调查是指对组织内部状况的经常性或专门性的了解与研究。该调查主要包括组织经营状况调查和员工队伍状况调查。公共关系人员要想做好公共关系工作必须对组织的历史和现状了如指掌。

1) 组织经营状况调查

组织经营状况调查内容主要包括：组织建立的时间、组织的经营方针与目标、管理方法、生产计划与财务制度、市场占有率与目标市场分布、市场地位及竞争格局、产品种类、销售渠道与销售水平等，组织的产品或服务工艺流程、质量标准、成本价格、商标包装等，组织的人事管理、财务管理、物流管理等。

2) 员工队伍状况调查

员工队伍状况调查内容主要包括：组织员工队伍的历史演变；当前员工队伍的基本状况，如员工的年龄结构、文化程度、收入水平、地区分布、家庭状况、技术水平、专业特长、专业技术培训、兴趣爱好等；员工心态；非正式群体的类型及组成状况；员工对组织决策层、领导层及大政方针的态度；对组织有突出贡献的员工成就与经历；组织主要领导人的经历等。

2. 组织形象调查

组织形象调查是指对公众进行关于组织的认识、看法和评价的调查。通过这些调查，可以获知社会公众对一个组织的认识和评价方面的信息。

1) 组织自我期望形象调查

组织自我形象是由组织自己设计并期待建立的社会形象，是一个组织公共关系工作的既定目标和努力方向，也是组织发展的驱动力量。组织自我形象调查主要是对组织内部公众展开，一般可以从三方面入手，即组织领导层的期望和要求、组织员工的要求和评价、分析组织的基本条件和实际状况。

2) 组织实际社会形象调查

组织实际社会形象是指已经在公众心目中形成的对组织的总体印象和总体评价。该调查一般包括调查消费者、新闻媒体、社区居民等社会公众对一个组织的真实看法和实际评价，了解该组织在公众中享有的知名度和美誉度。知名度表示社会公众对一个组织知晓和了解的程度，美誉度表示社会公众对一个组织好感和赞许的程度，其次进行形象要素的分析。组织形象包括的内容是多方面的，而组织处于某一形象地位的原因也是多方面的。

3) 组织自我期望形象与社会实际形象差距分析

根据调查了解到的组织自我期望形象和组织实际社会形象的状况，比较分析找出两者之间的具体差距。弥补或缩小这些差距就是组织下一步所要解决的问题，也是组织公共关系工作的努力方向。

思维拓展

组织形象检测

利用“组织形象地位四象限图”可统计、标示出组织的实际形象地位。在图 6-2 中，横坐标表示知名度，共 100 个百分数标度；纵坐标表示美誉度，共 100 个百分数标度。全图分成四个象限区，每个象限区代表了不同的组织形象地位，反映出四类不同的公共关系状态。

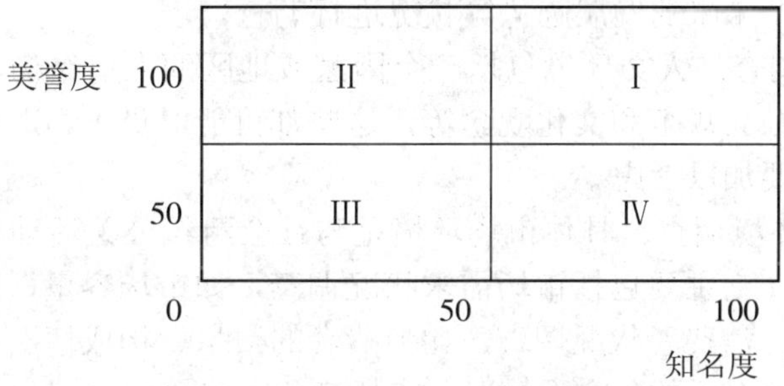

图 6-2　组织形象地位四象限图

Ⅰ象限区表示高知名度、高美誉度。说明组织的公共关系处于良好的状态。

Ⅱ象限区表示高美誉度、低知名度。说明组织的公共关系处于“酒香巷子深”状况，拥有良好的发展基础，工作重点是提高知名度。

Ⅲ象限区表示低美誉度、低知名度。说明组织的状况不佳，工作需要从零开始。

Ⅳ象限区表示低美誉度、高知名度。说明组织的公共关系状态处于臭名远扬的恶劣境地。

公关工作应先扭转坏名声，努力提高质量，改善服务，挽回信誉。

组织要了解自己在公众心目中的实际形象地位，只需分别求出本组织的知名度和美誉度的百分比，在坐标上标出即可。知名度和美誉度的计算公式为

$$知名度=\frac{回答知道组织存在者数}{被调查人数}\times 100\%$$

$$美誉度=\frac{对组织有良好评价者数}{回答知道组织存在者数}\times 100\%$$

例如，某组织进行抽样问卷调查了相关公众1000人，答卷中有800份说知道该组织的存在，有200份对组织有较高赞誉。按上述公式可求得该组织的知名度为80%，美誉度为25%。然后便可将该组织的实际形象地位定位在Ⅳ象限区内。

(资料来源：职业经理素质训练丛书：现代公关关系学. http://www.glzy8.com)

3．社会环境调查

社会环境调查是指对组织开展公共关系活动的基本环境所进行的调查。社会环境包括与社会组织生存和发展相关联的外部社会条件的总和。它不仅对社会组织的经营发展起着制约作用，同时还对社会组织的公共关系工作产生重要影响。社会环境调查主要包括以下四个方面的内容：

(1) 政治法律和经济环境调查。政治法律和经济环境调查一个国家或地区的政治制度、政治形象、方针政策、法律法令、经济制度、经济结构、物质资源、经济发展水平、消费结构和消费水平以及未来的发展趋势等状况进行调查。

(2) 人文环境调查。人文环境包括一个国家或地区的人口结构、家庭状况、文化教育水平、生活习俗、社会规范和文化观念等，这些都可能对员工、对组织产生影响，因而在公共关系活动中都要加以考虑。

(3) 具体市场环境调查。具体市场环境是与社会组织公关活动相关联的市场因素所组成的社会环境系统，它主要包括市场需求状况调查，如市场容量、居民的消费结构、消费水平及消费需求等；消费者状况调查，如消费者的数量、构成情况、消费动机等；市场竞争状况调查，如竞争对手的各方面情况、市场竞争态势等。

(4) 所属行业情况调查。所属行业情况调查对社会组织所在的特定行业由各种组织构成的微观社会环境系统进行调查，它主要包括各种组织的数量、总体的发展水平的调查；所属行业所处的地位和作用调查；特定组织的经营管理、技术力量、人员构成、产品与服务、组织形象等的调查；各组织之间的协作项目、协作类型等调查；所属行业竞争对手的优势、成败经历、公共关系活动情况等调查。

案例分析

番茄酱的失败

美国的一家公司得知日本市场上买不到番茄酱后，就向日本运进了大量畅销品牌的番茄酱。这一冒险最终失败了。不幸的是，该公司至今还没有弄明白为什么在日本没有能够将番茄酱销售出去。容量大且富裕的日本市场有如此大的吸引力，以至于该公司恐怕任何迟疑都会使竞争对手领先。其实，只要进行一次市场调查，就会清楚地说明番茄酱在日本滞销的原因——黄豆酱是最受欢迎的调味品。

(资料来源：赵秩，韩建东. 市场调查与预测[M]. 北京：清华大学出版社，2011)

4．传播媒体情况调查

传播媒体情况调查是指对公共关系活动中所使用的各种传播媒体情况的调查。在公共关系活动中，需要有效地利用传播媒体，使组织与公众之间形成相互了解、相互信任和相互支持的关系。传播媒体情况调查的主要内容有：

(1) 大众传播媒体情况调查。大众传播媒体是公共关系信息传播的支柱性媒体，它们跨越空间大，影响范围广，传播效率高，深受社会组织的重视。大众传播媒体情况调查的内容主要有大众传播媒体的分布情况、大众传播媒体的功能和作用情况和大众传播媒体所需要信息的情况。

(2) 专题活动媒体情况调查。公共关系专题活动，又称公共关系特殊事件，一般是指围绕某一主题，采取某些特殊方式开展的一种公共关系专项活动。专题活动媒体情况调查的内容主要有专题活动筹办情况(如：主办方、筹备工作进展、举办地及时间安排、活动主题、内容、规模、参加活动的人数、估计影响等)；专题活动效果评价情况(如：活动经验教训与利弊得失、活动影响的深度与广度、经济效益与社会效益、主办方的自我评价、参与活动者的印象，权威人士和局外人士的看法和见解、新闻媒体的报道情况等)。

5．公共关系活动效果调查

公共关系活动效果调查主要考察实施公共关系活动实现预定目标的程度，主要包括调查分析已实施的活动在塑造组织形象、新闻传播效果、解决公共关系问题、增进商品销售等方面所取得的效果。其具体内容包括：

(1) 活动在塑造组织形象方面取得的效果调查。调查开展专题性公共关系活动前后的组织形象，一般可通过对组织知名度和美誉度的调查，来了解组织自我期望形象和组织实际社会形象差距的变化。显然，如果调查发现组织自我期望形象和组织实际社会形象的差距缩小了，说明所开展的本次专题性公共关系活动取得了积极的效果。

(2) 活动在新闻传播方面取得的效果调查。搜集新闻媒体对组织开展专题性公共关系活动的报道材料，分析报道这次活动的新闻媒体的层次、报道的时机、版面的位置和大小；本组织对媒体提供有关资料的使用情况，公众对该媒体的认可程度以及对报道内容的关注程度。通过调查，可从中获得经验教训，为今后的专题性公共关系活动提供借鉴。

(3) 活动在解决公众关心的问题上所取得的效果调查。一方面，可对公众的来信、电子邮件、投诉电话进行分析，了解公众对本次专题性公共关系活动的反映；另一方面，可通过开座谈会或问卷调查的方式，了解公众对本次专题性公共关系活动的评价，从中分析公共关系活动的效果。

三、公共关系调查的一般步骤

公共关系调查的程序是指具有一定规模的某项公共关系调查，从调查准备阶段到调查结束全过程的先后次序和具体步骤。一般来说，一项公共关系调查分为四个阶段。

1. 确定调查任务

确定调查任务是公共关系调查的第一步。明确调查任务，需要明确调查的宗旨、主要内容和目的要求。公共关系调查的任务是由公共关系目标决定的。根据不同的公共关系目标确定不同的调查任务和调查内容。调查任务不同，调查中所使用的方法、技术手段和分析指标也有所不同。

2. 制订调查方案

调查任务明确以后，就要着手制订调查方案。调查方案是调查任务得以顺利完成的行动大纲。在制订调查方案时，要将完成调查任务所需的调查行动环节具体化和可操作化，越详细越好。一个完整周密的公关调查方案应包括调查的目的和意义；调查的公共关系范围和目标公众；调查的方式和方法；调查对象的选择方案或抽样方法；调查内容、调查指标和调查项目；调查的场所和时间进度安排；调查所需的经费和物质手段的计划与安排；调查人员的选择、培训和组织等。

3. 搜集调查资料

搜集调查资料阶段也称为具体调查阶段，是整个公关调查过程中最为重要的阶段。搜集的调查资料一般分为两类，一类是原始资料，也称第一手资料，这是调查人员通过各种方法进行调查所取得的资料；另一类是二手资料，这是现有的由他人搜集整理的资料。通常情况下，如果能够获取到真实可靠的现成资料，就尽量不再费力去搜集原始资料。但是，往往要完成一项调查任务，现成资料总是不够的，一些主要资料还是要来源于实地调查。

4．处理调查结果

处理调查结果是公共关系调查的最后一步，包括调查资料的整理分析与提交调查报告。对调查资料的整理，第一步是分类，要注意类别间的差异性，使分类资料符合使用要求；第二步对调查资料进行检验，剔除错误的、虚假的资料，补充缺漏的资料，保证资料满足真实性、完整性、准确性和连贯性的要求；第三步是简单描述统计，即把分类和检验过的资料制成各种描述图表，以供进一步的分析和研究。对调查资料进行整理分析后，一般应形成书面形式的调查结果，即撰写完整的公共关系调查报告，具体说明调查的任务、范围和调查方法，以及调查的结论、建议和必要的附件。

☞**名人名言：**

一个企业经营成功与否，全靠对顾客的要求了解到了什么程度。

——【匈牙利】波加尔·韦雷什·阿尔巴德

四、公共关系调查的方法

所谓公共关系的调查方法，是指用以保证公共关系调查任务顺利完成的途径、方式、手段或措施等。公共关系调查方法对于公共关系调查任务的顺利完成具有极其重要的作用。公共关系调查的方法多种多样，下面重点介绍几种常用的方法。

1．直接调查法

直接调查法是指公共关系人员与公众面对面地沟通，直接了解情况，掌握信息。其中具体方法分为个人接触法、深度访问法和公众座谈法。

1) 个人接触法

个人接触法是通过公共关系人员与社会公众直接接触来了解情况的一种调查方法。公共关系人员通过日常的工作和参加各种活动，都可以了解情况，捕捉公共关系时机，这也是和公众进行沟通的良好机会。

2) 深度访问法

有时为了了解公众对某一问题的态度和心理倾向性，公共关系人员可以有选择地对一些有代表性的公众对象进行深度访问。

此方法对调查者要求较高，调查者要有丰富的调查经验，能和被调查者顺利沟通；要了解有关的情况，以便挖掘出被调查者的深层信息；要了解提问的技巧，注意提问的顺序和方法，保证调查的正常进行。

3) 公众代表座谈法

公共关系人员根据组织面临的问题和要了解的情况，选择有代表性的公众进行座谈。

使用此方法时需要特别注意几个问题：首先要注意代表的选择要尽量选择那些最有代表性的人来参加；其次要注意会议议题要明确，表述要清楚；再次，座谈会的主持者应审时度势，善于引导，善于提问，使公众代表能够谈出有价值的意见和建议。

2．间接调查法

间接调查法是指公共关系人员不直接和公众接触，而是通过某些中间环节进行调查的方法。

1）观察法

公共关系人员通过观察和记录被观察者在调查现场的表现，来了解所要调查的情况的一种方法。观察法应该是在被观察对象没有察觉的情况下进行的，调查结果比较客观、真实。

2）文献分析法

通过搜集与调查对象有关的各方面文献资料并进行全面深入分析的方法。文献资料包括图书、期刊、报纸、新闻稿、新闻图片、研究报告、会议文献、政府出版物、科技文献、档案资料等。

3）抽样调查法

依据概率原理从调查对象总体中抽取一部分作为样本进行调查，以样本调查结果推断总体情况的方法。它的优点是省时、省力、时效性强。抽样调查方法需要注意抽样的科学性。

4）网络调查法

以互联网为手段，了解组织需要的内外部信息。该调查方法与传统的调查方法相比，具有更广泛的传播范围和更快捷的传播速度，调查所得信息及时、广泛、深入，它是目前许多大型组织采用的新型调查方法。

5）问卷法

问卷法是访问法中的一种，公共关系人员根据某一调查任务设计调查问卷，将调查问卷邮寄或直接发给调查对象，请他们填好后寄回或收回，以此分析所要调查的问题的方法。问卷调查的方式实施方便，精度较高，同时对收集的资料可以进行统计处理和定量分析，节省调查时间，提高调查效率。E-mail 问卷调查是此方法所出现的新形式。

第二节　公共关系策划

一、公共关系策划概述

1．公共关系策划的含义

公共关系策划指为达成组织目标，公关人员在充分进行环境分析调查基础上，对总体公关战略及具体公关活动所进行的谋略、计划和设计过程。

知名公关公司北京京典汇智公关公司资深顾问认为公关策划的核心就是解决三个问题：一是如何寻求传播沟通的内容和公众易于接受的方式；二是如何提高传播沟通的效能；三是如何完备公关工作体系。

公共关系策划过程包含下面五个要素：

(1) 策划者。策划者社会组织中的专业公关人员或专业咨询公司，这是公共关系策划的主体。

(2) 策划目标。策划目标公共关系的主体所要达到的预期结果和策划者将要完成的策划任务，即策划者通过公共关系策划和实施所希望达到的形象状态和标准。它可以作为指导和协调策划工作的依据，也可以当作评价行动方案实施效果的指标。

(3) 策划对象。它是公共关系的客体。在公共关系策划活动中，作为策划目标指向的对象，是一个重要的要素。既可以是个人，也可以是组织。

(4) 策划内容。策划内容往往是广泛的、多维的和多层次的。通常按照组织结构的不同将其划分为三个层次，即高层次、亚层次和表层次。

(5) 策划结果。策划结果又称策划方案。它是策划者在充分调查、了解策划对象的现状和需求的基础上，为了实现策划目标而精心设计制定的实施细则和设计方案。

知识链接

策划内容三层次

通常把组织公共关系策划的内容分为三个层级：

- 高层次指对组织的总体、宏观公共关系战略规划的设计、构思。
- 亚层次指公共关系实务专题活动策划，如记者招待会、新闻发布会、危机管理等，可以是单个专题活动，也可以是一个系列的专题活动，如企业开业庆典系列活动。
- 表层次指具体的操作性公共关系活动，如记者招待会中接待礼仪，某一项活动的主持等，从事此类表层次公关策划的工作人员，只要知晓一般的公关基本技能和礼仪规范与人际交往能力即可胜任。

(资料来源：张美清. 现代公共关系原理与实务[M].北京：中国林业出版社，2007)

2. 公共关系策划的特征

1) 目的性

公共关系策划具有明确的目的性，每一次策划活动都是为了某一个或几个明确的目标而开展的。

2) 灵活性

由于公共关系活动是一项复杂的综合性活动，它的成功与否要受诸多外界条件的影响。这就要求公共关系策划人员时时关注条件变化对实现本组织公共关系目标实现的影响，以便随着环境的变化进行适时适度调整，使公共关系策略保持一定的弹性和灵活性。

3) 创造性

公共关系策划活动的全过程是策划者、策划目标、策划对象和策划方案相互作用的行为过程，也是应用创造学、思维学理论和开发创造力的过程。公共关系策划是一种运用创造智谋的理性行为，创造性是公共关系策划的生命力。

4) 计划性

计划性即按照组织的公关目标，根据公关活动的特点，有计划有步骤地实施公关策略，使公众的观点与行为朝着对组织有利的方向发展。要想顺利地实现组织目标，必须有一套经过周密思考后而制定的计划。

二、公共关系策划的原则

公共关系策划是公共关系工作的中心环节。策划的好坏，很大程度上决定了公共关系活动的成败。为降低失败的风险，提高成功的把握，公共关系人员在进行公共关系策划时，应遵守以下几项原则：

1. 目标导向原则

公共关系人员在策划过程中，要针对公共关系方面存在的问题，明确策划要达到的目标。公共关系方案要围绕着目标的实现来设计，这样可以避免为策划而策划，才能落实策划的效果。目标指明了行动的方向，能够强化整体行为的目的性；目标又是事后评估行动效果的依据，可避免因目标不明确而引起效果方面的争议。正确制定目标是设计成功方案的第一步，目标要尽量明晰化、简要化。明晰化要求对目标进行准确的定性和定量；简要化则要求抓住关键，使目标简明扼要，易于掌握。

2. 计划性与灵活性相统一原则

公共关系策划必然涉及组织各方面工作的协调与人、财、物的配备，所以必须有较强的计划性，方案一旦形成，不宜轻易改变。但由于组织的主观、客观条件随时都在发生变化，这会制约方案的运行，并且在实施策划的过程中，总会遇到突如其来、意料之外的问题，环境变了，公关对象变了，谋略对策就得进行相应的调整。因此，在总目标、大原则不变的情况下，应将计划性与灵活性统一起来，使策划行动方案留有充分的回旋余地，保持适当的弹性，这样就不至于事到临头措手不及。

3. 可操作性原则

再好的创意如果实施不了，也只能是一种空想；再好的方案如果不具备可操作性，那也空谈。所以，在公共关系策划过程中，公共关系人员不但要有创意，还要使公共关系的行动方案具有可操作性。在公共关系策划中，要注意处理好立意和实施的关系，一方面要求立意要有新意、有品位、有高度、有深度，胜人一筹，但又不能因立意高深而陡增实施的难度，更不能使之变得“高不可攀”；另一方面，在构思实施方案时，要力求简便易行，做到具体、细致、周全，力求行得通、做得到、效果好。

4. 公众利益优先原则

公众利益优先不仅是公共关系工作的指导思想，也是公共关系人员所应该遵守的职业道德标准。所谓公众利益优先，并不是要组织完全牺牲自身的利益，而是要求组织在考虑自身利益与公众利益的关系时，坚持把公众利益放在首位；组织在追求自身目标、完成自身任务的同时，要重视公众的反应，关心整个社会的进步与发展。只有这样才能赢得公众的好评与社会的支持，才能使组织自身获得更大的、长远的利益。

5. 尊重客观事实的原则

在策划的全过程中，要尊重事实、尊重实践、尊重科学。策划要按照客观规律进行，要以解决实际问题、达到切实效果为佳。方案设计要据实公开，要经过大量、全面的信息搜集和客观、公正的分析研究，要客观、真实、全面地塑造组织形象。在策划传播交流时，要根据环境事实的变化，不断修正、补充、完善策划方案和调整实践行为；还要依据实施及其效果，对公共关系策划进行科学的总结和实事求是的评估。当情况不利时，要敢于承认不利的事实，理智地进行策划。

☞名人名言：

策划是在特定头脑状态下把角度和程序高度统一在特定的头脑状态下。

——史宪文（世界商务策划师联合会轮值主席）

三、公共关系策划的一般程序

进行公共关系策划一般要经过确定公共关系目标、界定目标公众、设计主题、确定项目与活动时机、选择媒介、编制预算等六个步骤。

1. 确定公共关系目标

确定目标是公共关系策划的前提。组织的公共关系目标，按其作用可以分为四类，分别传播信息、增进感情、转变态度和引起行为。

确定公共关系策划目标的思路是：首先要获取组织内外部环境与资源的材料；其次，推断组织的劣势及机会与风险；再次，通过对推断的分析，找出组织的公共关系问题；最后，排列出解决问题的先后顺序，并由此提出组织的公共关系目标。

在确定公共关系活动的目标时，应注意以下几个方面的问题：

(1) 目标是具体的，可直接操作的。目标应该具有明确的内容和任务要求，而不应是一个抽象的或空洞的口号，如“提高本企业市场占有率”。它应当是组织在内外环境条件下必须达到的实际结果，如“提高本企业某产品在某区域市场占有率 2 个百分点”。

(2) 目标必须是可测量的。公共关系的知名度、美誉度都是可测量的。例如，“某区域大部分市民知晓这种洗发液”，“大部分”一词就不是可测量的，不易准确把握。应通过计算得到明确的数据结果，如“某区域有 85.7%的市民知晓这种洗发液”。

(3) 目标应当能够实现。在确立目标时，必须考虑组织的实力和发展状况，考虑组织现有的解决问题、实现目标的能力和条件。目标不能太高，也不能太低，不能脱离实际盲目确立，遵循“标杆原则”。如果目标过高，就必然会导致失望和沮丧，甚至失败；目标太低，则必然达不到理想的效果，甚至带来损失。

(4) 目标应有时间限制。组织公共关系活动要实现目标的时间既不是远不可及，也不是遥遥无期，而必须是在规定的时间内完成。

2．界定目标公众

组织和公众在数量上是一对多的关系。一个组织所面向的公众很多，有内外远近之分。但一个组织的精力和资源有限，在一定时期内，依据组织所面临的主要问题和已经明确的公共关系目标，只能将一些公众作为组织的重点工作对象，即目标公众。组织将在最近的公共关系工作中，把注意力聚集在他们身上。而另外一些公众可能为泛化公众，不是组织现阶段的工作重点。因此，在开展一项具体的公共关系活动之前，需要明确目标公众，即对公共关系工作的主要对象做出选择，进行分析，以开展有针对性的公共关系工作。

1) 选择目标公众

选择目标公众的主要依据是公共关系问题和公共关系目标。公共关系问题是组织和某些公众的关系存在的问题，而目标则是对解决问题所能达到的程度要求和抱负水平的描述。例如，一个新成立的组织几乎没有什么名声，知名度很低，其目标是在全国范围内提高知名度。应该让谁知道存在这个组织以及它的产品和服务呢？这是组织首先要确定的目标公众对象。

2) 分析目标公众

首先，要搜集目标公众的有关信息，包括目标公众的基本情况信息，如目标公众的地域分布、性别比例、职业类型、收入情况等；目标公众的认知方面的信息，如目标公众对组织的产品服务、基本情况等的知晓程度；目标公众的态度信息，如目标公众对组织及其产品服务的态度；目标公众的行为信息，如目标公众是获得组织产品信息的渠道，对于相关问题，目标公众及其代表人物已经采取、正在采取和将要采取什么样的行动？在搜集信息时，要特别注意搜集目标公众代表人物的有关信息。

其次，要鉴别目标公众的需求。在对目标公众的各种要求进行概括和分析基础上，找出其中的共同点，把满足目标公众的共同要求作为开展公共关系工作的基本出发点。同时，继续分析目标公众中的特殊要求，满足目标公众的特殊要求，往往是树立组织特殊形象的机会。当然，对目标公众的各种需求应该区分轻重缓急，一般按照其紧迫性、重要性和可行性加以权衡与选择，符合公众最大利益和符合组织的发展理念与发展利益的公众需求问题，该优先考虑解决。

3．设计主题

主题是统帅整个公共关系活动、联结所有公共关系项目各步骤的思想纽带和核心。主题是否设计得鲜明突出、精彩、恰当、有创新和吸引力，这是公共关系策划成败的一个重要标志。在进行主题设计时要反复揣摩、推敲。公共关系主题设计要注意以下五个方面的问题：

(1) 一致性。设计主题的目的是为了更好地凸显公共关系目标。主题必须服务于目标，充分表现目标，与公共关系活动的目标保持一致。偏离目标的主题，会给公众造成错觉，甚至误导。

(2) 实效性。一个好的主题，必须适合公共关系活动的客观实际，符合公众意愿，吸引公众，还要考虑到社会效果，切不可哗众取宠或迎合低级趣味。

(3) 稳定性。设计主题时应考虑到公共关系活动的整个过程。主题确定后，不得中途更改，否则会造成公众感知的混乱。

(4) 单一性。一次公共关系活动，一般不应有多个主题。对于大型的综合性公共关系活动，可以设计一些次主题，但不能喧宾夺主，以避免使主题杂乱无章。

(5) 客观性。主题要展示公共关系精神、传导时代气息，不可主观性太强，也不可太商业化，以免造成公众的反感。

4．确定项目与活动时机

公共关系项目是指围绕公共关系目标而确定，在不同时期进行的各种形式的活动。不同的公众对象和主题，要求开展不同的活动项目。通过逐个公共关系项目的实施，才能逐步接近、实现公共关系目标。只有公共关系具体活动的开展与公共关系项目的完成，组织公共关系目标才能实现。

公共关系项目的开展必须抓住恰当的时机。“机不可失，失不再来”，也就是时机难得，必须抓紧、不可错过。时机的选择或捕捉要准确，对于那些可以预先测定的时机一定要选准其“时间区间”；对于那些预先不可选定、稍纵即逝的时机要及时抓住，不可犹豫。

一般来说，组织确定活动的有利时机有以下几种：组织创办或开业时；组织迁址时；组织周年庆典或周期性纪念活动时；组织推出新产品、新技术、新服务时；国际国内各种节日和纪念日时；重大的社会活动和社会事件出现时；组织形象出现危机时；国家或地方政府新政策出台时；组织或社会突发性灾害爆发时；组织新股票上市时等。

此外，确定时机时要注意尽量选择那些能够引起目标公众关注的时机；要善于利用节日，去做传播组织信息的项目；学会避开某些节日(与节日毫无关系的活动的效果会被节日气氛冲淡)；尽量避开国内外重大事件(此时公众关注的焦点、热点是这些重大事件)；不要同时开展两项以上重大的公共关系活动，以免分散人们的注意力，削弱或抵消应有的效果；选择时机时，还应考虑公众媒体及当时当地的民情风俗。

5．选择媒介

媒介，即公共关系信息传播的载体。公共关系工作对象复杂，传播内容广泛，传播形式多样。要达到预期的传播效果，公共关系策划者必须熟悉各种媒介，了解各种媒介各自的优缺点，通过巧妙组合的方式，形成有事互补、交相辉映的整合性传播效果。

一般常见的传播媒介有三大类：人际传播媒介，即人与人之间相互交换社会信息的方式，如面谈、书信往来、电话联系等；群体传播媒介，即组织之间交流信息的方式，如座谈会、新闻发布会、联谊会等；大众传播媒介，即大众借助各种传媒了解信息的方式，包括报纸、杂志、电视、展览会、网络媒介等(这部分将在第七章公共关系传播实务中详细介绍)。

6．编制预算

公共关系预算是估算实现公共关系方案所需的资源，一般用货币的形式来表现。公共关系活动必须考虑成本与效益、投入与收益之间的关系。公共关系策划必须建立在一定的物质条件基础上才有实现的可能，因而经费预算是公共关系策划的一项重要内容。

公共关系活动经费一般包括行政开支、项目开支等。行政开支主要包括劳动力成本、管理费用、设施材料费等。劳动力成本是行政开支的主要费用之一，应包括工作人员的基本工资、职务工资、奖金及其他福利补贴，还包括外聘专家和劳务人员的开支。管理费用指为了维持公共关系部门日常工作而支付的房租、水电费、保险费、办公费、差旅费和维修折旧费等费用。设施材料费依据公共关系活动运用的技术手段而定，一般包括各种摄像视听设备及材料、展览设施和所需的各种实物等。以上费用属于固定的日常开支。项目开支指实施各种公共关系活动项目所需的费用，特别是那些大型的专项活动，所需经费较多，是日常固定开支难以支付的，比如大型活动的举办、赞助、突发事件的处理等，这类费用的预算要有较大的弹性。

趣味阅读

四个小孩与一只狗熊

一天，山顶上有四个小孩玩游戏，就在他们玩儿得最投入的时候，突然，山下的树林里“哗啦”一声，窜出来一只大狗熊。这只狗熊步履蹒跚，但它“与时俱进”地向山顶走来，这四个小孩心里都清楚，这个狗熊到山顶将开展什么样的“创新工程”。

其中一个小孩反应特别快，拔腿就跑，这是一个专门练短跑的小子，一口气跑出了好几百米，凡人遇到危机的时候，往往首先拿出自己的第一核心竞争力来摆脱危机。这小子跑出很远，感觉身后没有动静，觉得暂时安全了，回过头来向山顶望去，人往往只有觉得安全的时候才关心其同伴(雷锋似的大好人除外)，这个小孩发现，他的三个小伙伴还在山顶，没动！

于是，他着急了，向山顶喊：“你们三个快跑啊！狗熊上来是要吃人的”。

第二个小孩回答说：“你说的是废话，谁不知道狗熊要吃人，你只知道狗熊会吃人，狗熊还有一个核心竞争力，它最善于长跑，你跑有什么用？我的第一任务不是跑，而是穿好跑鞋，系好鞋带儿，我不用跑过狗熊，反正我也跑不过狗熊，我能跑过你就行了！”

他转身看了看第三个小孩儿问道：“你在这儿愣着做什么？”

第三个小孩儿说：“你们三个都跑走吧！你们快点跑，最好跑得无影无踪，千万不要干扰了狗熊的视线，我要让狗熊离我近一点，保持安全距离即可，然后我带着狗熊跑，跑过山下那条小河，我将领着狗熊走进“新时代”，把它带到我爹开的森林动物园，白白地给我爹带去一项固定资产。

第三个小孩问第四个小孩：“你为什么不走，你有什么打算，你想等死吗？”

第四个小孩说：“我们四个人来此地的目的是痛快地玩一场，轻易不要改变初衷，刚才我想起老师说的话，狗熊轻易是不吃人的，你们可能判断有误。即使它来吃我们，我们也不怕，等狗熊走近时，我会告诉他，我正在发烧，可能得了‘非典’，拿出同归于尽的架势，我不信那狗熊敢上来”……

人在决策时往往有四种“思型”，即保守型、竞争型、投机型和理想型。

保守型，如第一个小孩，先从自我所能入手考虑，自己擅长跑，也不管跑是否有用，起来就跑。所以也被称为“M”型(MYSELF)。

竞争型，如第二个小孩，决策时先想到竞争对象，先从对手弱处入手来考虑，发现竞争不过狗熊后，便把伙伴列为对手，找到比较优势，做好竞争准备。也被称为“O”型(OBJECT)。

投机型，如第三个小孩，决策时首先想到的是环境，先从市场所需入手来考虑，在危机中发现机会。被称为“E”型(ENVIRONMENT)。

理想型，如第四个小孩，先从目标所定入手来考虑，轻易不放弃自己的既定目标。也被称为“G”型(GOAL)。

启示：不同的角度看问题，得到不同的决策结论。而实际上，最佳的思型是MOEG，每个决策都包含保守、竞争、投机、理想四元素。可见，策划不策划，动不动脑筋会影响你一生！

(资料来源：归雁生. 剑南文学：经典阅读[J]. 四川省绵阳市文联，2008(2))

第三节　公共关系活动实施

公共关系活动实施是在公共关系方案被确立之后，将其设计的工作内容付诸实施的活动过程。从一项公共关系方案的制订到预期目标完成之间，有一段很长的距离需要靠公共关系活动的实施来完成，其间需要付出大量艰苦的劳动。公共关系活动实施是“四步工作法”中的第三个阶段，也是最为复杂、最有分量的一个实质性阶段。在实施过程中，如果公关人员操作失当，即使再巧妙的公关方案也只能是“纸上谈兵”。

一、公共关系活动实施的含义和特点

1. 公共关系活动实施的含义

公共关系活动的实施是把书面的公共关系方案付诸实践，为组织塑造良好的社会形象，进而影响公众舆论，为优化组织环境做出实质性的贡献。这是公共关系程序中最为复杂、最富变化的工作步骤，所投入的资源和花费的时间也最多。因此，公共关系活动实施具有重要意义。

1) 公共关系活动的实施是实现公关目标的关键步骤

公共关系活动的实施最终决定了公共关系目标能否实现，以及实现的程度和范围。有效的实施可以圆满完成预定的公共关系任务，实现预期目标。公共关系人员还可以在实施中充分发挥自己的创造性，在取得预期效果的同时为弥补原计划中的缺陷做贡献，获取计划外的收获。

2) 公共关系活动的实施是奠定后续工作的基础

一项公共关系活动的实施结果不论好坏，都将形成新的公共关系格局。成功的实施能开拓对组织有利的新局面，失败的实施只能使组织的局面越来越糟。而前项活动的实施必将奠定后续工作的基础，成为新工作的起点。也就是说，当先行工作的结果凝固成现实的时候，后续工作只能别无选择地以它为基础来进行，它将决定后续工作的起点是高还是低。起点高，在好的基础上开展新一轮的工作，容易取得更好的成绩，容易形成良性循环。反之，将给后续工作增加难度。

3) 公共关系活动的实施是公共关系工作的中心环节

公共关系活动，不仅要解释而且要改造公共关系世界，不仅研究探讨而且要最终解决公共关系问题。公共关系策划所描绘的宏伟蓝图，只有靠实施过程才能成为现实。再完美无缺的公共关系方案，如果不付诸实施、而是束之高阁的话，那么它也不过是虚幻的东西，终究不能实现。

2. 公共关系活动实施的特点

具体地说，公共关系活动的实施具有以下一些特点：

1) 实施过程的动态性

公共关系活动的实施是由一系列连续进行的活动构成，是一个思想和行为需要不断适应、不断调整的动态过程，是一个活动着的“连续系统”。一方面，一项公共关系计划无论制定得多么具体、细致和周密，总免不了与现实的实际情况存在着一定的差异，这就是人为计划的不完备原理。另一方面，随着实施工作的进展和时间的推移，公共关系活动环境和组织自身情况都有可能发生变化，实施过程中也会出现一些新问题、新情况和新动向。因此，从实际出发，修正或调整原定计划中的实施程序、策略、方法手段乃至目标的情况时有发生。

2) 实施过程的创造性

由于公共关系计划方案的实施是一个不断适应和需要调整的动态过程，实施者需要依据整个公共关系方案中的目标、策略、项目、步骤以及面临的处境条件变化来开展实施行动，比如正确地选择传播渠道、媒体与方法，合理地选择时机，正确地分配任务，灵活地调整步骤等。公共关系计划的实施过程绝不是一个简单的照章办事的过程，而是一个由一系列不同层次的实施者发挥主观能动性和创造性的过程。实施人员应该充分地发挥自己的积极性、主动性和创造性来落实所承担的实施工作任务。从这个意义上说，公共关系计划方案的实施过程也是一个对原计划进行再创造的艺术过程。

3) 实施效应的联动性

一项公共关系方案涉及众多的因素和变量，它们会对各类公众产生广泛的影响。然而，只有在计划方案实施后这种影响才能真正地体现出来。公共关系活动的实施所产生的联动影响主要表现在以下几个方面：第一，计划方案的实施会对众多的目标公众产生深刻的影响。一项公共关系计划成功实施后，常常会使该组织在社会上的中间力量或异己力量变为自己的支持者和合作者。第二，公共关系计划的实施有时还会对整个社会的文化、习俗产生长远而深刻的影响。1971 年，美国的汉堡包在一项公共关系计划的实施中远涉重洋，“登陆”日本。这项公共关系计划成功实施的结果，使日本人的进餐方式有了改变。第三，在计划研究制定过程中还没有认识到的、潜在的问题，常常在实施过程中暴露出来，带来始料未及的变化，从而导致原定计划方案的修订和后续行为的调整。

案例分析

音乐起，摩擦生

北京某大学校园旁有一家服装厂，这家服装厂的生产车间与这所大学教学人员的住宅区一墙相隔。有一段时间，这家工厂借鉴国外的先进经验，为消除工人在重复劳动中产生的疲劳感和单调感，每到上午 9～10 点之间，就在车间内播放各种流行音乐。可是在这段时间内，正是大学的教学和科研人员从事科学研究的“黄金时间”，他们需要一个安静的环境，使自己的大脑进入正常工作状态。然而，从仅隔一墙的服装厂传来的“震耳欲聋”的流行音乐，却破坏了他们的工作环境，使他们无论如何也无法进入正常的思维状态。这引起了大学里的教学和科研人员的不满和愤怒，他们多次找厂方交涉，但始终没有得到解决。无奈，不得不采取行动，投书报纸，呼吁社会舆论的支持及政府的干预。

思考题

1．假如你是服装厂的公关部主任，请你进行公关策划，解决大学教学和科研人员与服装生产厂的矛盾？

2．结合实际谈谈发展社区公共关系的意义。

(资料来源：兰州商学院“公共关系学”精品课程. 公共关系案例集锦. 2007. http://www.2.lzcc.edu.cn/Department/GongShongSch/jpkc-gggx/main.asp?cataid=245)

二、公共关系实施的原则

实施公共关系活动是一种艺术。由于组织面临的客观环境和公众对象的情况会发生变化，在公共关系活动实施过程中难免会出现新情况和新问题。因此，公共关系人员不能简单机械地执行原来制定的计划，而必须根据客观情况的发展变化，充分发挥主观能动性和创造性，有效实施公共关系活动，圆满完成既定的公共关系任务。为此，在实施公共关系活动时，公共关系人员应遵循下面的基本原则：

1．准备充分原则

在正式实施公共关系策划方案之前，必须作好各种实施准备。实施准备是公共关系活动实施成功的基础和前提条件。准备得越充分，公共关系活动的实施就越顺利，失误就越小。绝对不能打无准备的仗。在正式实施策划方案之前，要用足够的时间做好各种准备工作。

2．目标导向原则

公共关系计划方案是在充分调查研究、精心运筹策划的基础上确立的，计划方案所规定的公共关系目标、策略、项目与步骤力求科学合理、正确可行。在执行公共关系方案、实施公共关系活动时，要以公共关系目标为导向，一切具体活动的展开与步骤程序的运作，都要围绕着目标，都要服务于目标的实现。这是公共关系活动的实施必须坚持的一个重要原则。在实施过程中，要保证不偏离既定的公共关系目标。

3．控制进度原则

公共关系人员应根据公共关系计划方案和实现目标的需要，按照预定的程序步骤，掌握好实施工作的进程。根据整个公共关系计划和目标的需要，按照一定的程序，掌握好工作的进展速度。由于公共关系人员的分工不同，能力差异和环境影响，在公共关系计划实施时，会出现进度快慢不一致的情况，有时会造成工作的脱节。控制进度，就是要按计划开展工作，使工作同步协调，防止超前或滞后情况的发生。

4．整体协调原则

在公共关系活动的实施中，要注意着眼于整体，进行整体协调。要使各个工作环节保持相互配合和协调一致的良好状态，避免在它们之间产生不和谐和不配合的现象，避免矛盾冲突的发生。一旦出现协调性方面的问题，要及时加以调整处理。这样才能减少内耗，提高工作效率，减少或避免人力、物力和财力的浪费，保证公共关系活动实施工作的有效进行。

5．反馈调整原则

由于公共关系活动的实施工作的复杂性和环境条件的多变性，要想有效控制活动过程，及时掌握实施中的反馈信息和进行反馈调节是非常重要的。这就要求我们不断地搜集实施过程中的反馈信息，经常把公共关系计划的执行情况与目标相对照，以便随时发现偏差并及时采取纠正的措施来进行相应的调整。由于计划实施的环境和目标公众是复杂多变的，在实施过程中，必须不断地把公共关系计划实施的结果与计划目标相对照，发现偏差，及时对计划、行动的目标做出相应的调整。在计划实施阶段，这种反馈调整始终不断地进行着，直至整个计划目标实现。

案例分析

唐狮携手 F.I.R 为你许下“三个心愿”

项目背景

唐狮坚持聘请 F.I.R(飞儿)，起初是从整个品牌的提升及转型角度考虑，整个品牌风格发生了较大变化，更具时尚、成熟的品牌内涵，消费群面的扩大，而飞儿乐团的音乐很符合此种风格。从目前唐狮的高品牌美誉度足以证明当初的选择!

作为唱作俱佳超人气组合，飞儿乐团一直坚持做自己的音乐，从发布第一张专辑以来，就一直得到众多歌迷的支持和认可。他们坚信，不管环境如何改变，“爱”是面对一切的力量，于是他们将“爱”作为新专辑的主题，其中每一首歌都代表对于“爱”的不同解读及看法。2007 年 11 月 15 日下午，飞儿乐团携带他们的第四张全新原创专辑《爱·歌姬》与其代言的品牌唐狮在南京掀起“城市唱游”又一波新高潮。

项目调查

在前期宣传实施之前，南京世通利方公关策划有限公司通过深入的调研，了解到现在年轻人，尤其是初、高中的学生们对于 2002 年 5 月成立的一女二男组合——飞儿乐团的全新创作的风格，新浪潮的音乐文化涵养以及“乐以载道”的摇滚精神都非常喜爱。

项目策划

1) 目标

(1) 将唐狮现阶段品牌形象与具有时尚、才气与内涵的飞儿乐团高度契合，完美展示唐狮服饰年轻、时尚、富有活力的特征，挖掘更多飞儿乐团歌迷中的潜在消费者。

(2) 通过媒体的有力报道，使得唐狮品牌形象更加深入人心。

2) 策略

(1) 利用飞儿乐团影响力进行宣传。

(2) 通过歌迷见面会、现场捐赠活动、“唐狮”旗舰店现场时尚导购以及活动当天营业额捐赠活动等，制造悬念，引起大量媒体的关注。

(3) 邀请江苏综艺台著名节目主持人曹洋作歌迷见面会的现场主持，进一步扩大了关注人群。

项目执行

活动主题：唐狮携手 F.I.R 为你许下"三个心愿"活动

活动形式：歌迷见面会(含捐赠活动)—歌迷签售会—现场时尚导购

活动目的：通过本次唐狮品牌代言人飞儿乐团的系列活动，调动广大歌迷的积极性，提高唐狮在歌迷中的品牌美誉度;专卖店内的种种欢乐购的促销活动，增加了年轻一族的参与性；歌迷见面会现场捐赠活动和活动当天营业额捐赠给南京市秦淮区民工子弟——七桥小学，在表达飞儿乐团关心慈善事业的同时，也体现了唐狮一贯关注社会、回馈社会的理念。

活动时间：2007 年 11 月 15 日下午

执行阶段

1) 歌迷见面会

活动现场，Faye 和阿沁动情地演唱了"唐狮"新一季以"爱"为主题的广告歌《三个心愿》和新专辑中部分歌曲，还与歌迷一起许下了自己的"三个心愿"，建宁老师更是在现场全力助阵，并在现场代表"唐狮"捐赠了 30 台电脑，这些电脑和店铺当天的营业额一并捐给南京秦淮区七桥民工子弟小学，希望可以为办学条件差的学校尽点绵薄之力，让孩子们的学习条件得到一点改善。到场的学生更表示将来要成为像飞儿一样有爱心、有社会责任感的人。

2) 签售会以及现场导购

歌迷见面结束后，飞儿来到"唐狮"夫子庙旗舰店，为歌迷手中的最新专辑进行签名，然后当起了现场的时尚导购．希望可以通过"时尚导购"这样一种形式，把勇于去实现心愿的力量传递给歌迷。

项目评估

根据媒体报道，在短短的半个月时间内，共有金陵晚报、扬子晚报、东方卫报、南京日报、江苏电视台—公共频道等 11 家媒体对本次活动进行了深入的、多角度的报道，短时间内，使得飞儿乐团以及其代言的唐狮品牌成为了全南京乃至全江苏各大大众媒体关注的热点。

承办方称"做一场有明星参与的活动，首先要考虑的不是活动要如何成功，而是如何保证包括明星、歌迷、消费者以及工作人员在内所有现场人员的安全问题。在活动具体落实的过程中，工作小组对明星的进场和撤离的路线都做了仔细的考虑和周密的安排，在这一点上我们可以肯定地说：我们做得非常好！"

主办方也认为这次活动非常成功，活动现场的气氛很热烈，吸引来了很多潜在消费群体，对于媒体的宣传也达到了预期的效果，使得唐狮这一品牌形象驻入年轻一族心中。

思考题

唐狮公司策划了哪些宣传活动？收到了哪些成效？

(资料来源:中国新闻公关网.http://www.goguan.cn/show.aspx?id=454&cid=33.2009-04-02)

三、公共关系方案的有效实施

一项公共关系方案在策划时公关人员期望能够达到预期效果，但实施时能否真正达到预期效果，关键是要把握以下几点。

1．有效地排除沟通中的障碍

公共关系方案的实施目的在于实现组织和公众之间的双向沟通。但在沟通过程中有不少障碍因素，如语言障碍、习俗障碍、观念障碍、心理障碍、组织障碍等，都会影响信息传播的真实性，使组织无法顺利实现与对象公众的沟通。如不同民族习俗差异容易造成对信息的误解，封闭、极端观念可能造成对信息的排斥和沟通的破坏等。在公关方案实施过程中，必须把这些障碍因素都考虑到，并采取有效的措施予以避免和排除。

2．及时妥善处理实施过程中的突发事件

对公共关系方案的实施干扰最大的莫过于重大的突发事件。如果组织不能及时、妥善地处理突发事件，不但可能造成整个方案无法实施，甚至会给组织带来巨大的危机。面对突发事件最为关键的是应当保持头脑冷静，防止感情用事，认真剖析原因，正确选择对策。

3．正确选择方案实施时机

公共关系方案实施时机的选择，对实施效果影响也很大。正确选择时机是提高公共关系方案成功率的必要条件。如果在方案实施过程中对时机进行精心选择与安排，整个公共关系方案将会借助于恰当的时机而收到良好的效果。

4．科学控制目标导向和活动进度

在公共关系方案实施过程中，必须保证活动不能偏离公关方案目标，实施人员可利用目标对整个实施活动进行引导、制约和促进，以把握实施活动的进程和方向。同时，在公共关系方案实施过程中，由于分工不同，实施人员各负其责开展工作，又往往出现多方面工作不同步现象。为此，在公共关系活动进程中，应经常检查各方面工作的进度，及时发现超前或滞后的情况，搞好协调，使各方面工作同步进行或平衡发展。

5. 正确选择公共关系活动模式

公共关系活动模式是公共关系工作的系统方法，是由一定的公共关系目标和任务、数种具体方法和技巧构成的有机整体。公共关系的工作办法是多种多样的，不同类型的组织机构或同一组织的不同发展阶段，或同一阶段中针对不同的公众对象及公关任务，都需要选择不同的公共关系活动模式来进行活动。

根据公共关系工作的业务特点，可以将公共关系活动模式分为五种类型：宣传型公关、服务型公关、交际型公关、社会型公关和征询型公关。根据不同的组织环境和公共关系的具体状态，可以将公共关系活动模式分为五种类型：建设型公关、维系型公关、防御型公关、进攻型公关和矫正型公关。

知识链接

公共关系活动模式

公共关系活动模式多种多样，不同的问题、不同的公众对象、不同的组织都有相应的公关活动模式，没有哪一种公关活动模式可以解决所有问题。究竟选择哪一种公开活动模式，要根据公关的目标、任务、公关的对象分布、权利要求，具体确定。常见的公关模式有以下几种：

(1) 交际型公关模式。这种活动模式主要以面对面的人际传播为手段，通过人与人直接交往，广交朋友，建立广泛的联系。这种活动模式富有人情味，主要适用于旅游服务等第三产业部门。

(2) 宣传型公关活动模式。这种活动模式重点是采用各种媒介向外传播信息。当组织要提高自己的知名度时，一般采用此种模式。发新闻稿、开记者招待会、新产品展览、广告、演讲、板报等都属于这种模式。

(3) 征询性公关活动模式。这是以民意测验、舆论调查、收集信息为活动模式。其目的是为组织决策咨询收集信息，如有奖征文、有奖测验、问卷调查、信访制度、举报中心、专线电话等都属于征询型公关活动。这种活动有助于增强公众的参与感，提高组织的社会形象。

(4) 社会型公关活动模式。这种活动模式是通过开展各种社会福利活动来提高组织的知名度和美誉度，如赞助各种文化体育活动，公益性和福利慈善性事业等都属于这种类型。社会型公关活动模式不局限于眼前的利益，而是进行长远利益的投资，一般实力雄厚的组织可以开展此类活动。

(5) 服务型公关活动模式。这种活动模式主要以提供各种服务来提高组织的知名度和美誉度，如消费指导、售后服务、咨询培训等。

(6) 进攻型公关活动模式。这是在组织与外界环境发生激烈冲突、处于生死存亡的关键时刻采用的以攻为守、主动出击的一种公关活动模式。

(7) 防御型公关活动模式。公关部门不仅要处理好已出现的公关纠纷，还要预测、预防可能出现的公关纠纷。如及时向决策部门反映外界的批评意见，主动改进工作方式、争取主动，就是防御型的公关活动模式。

(8) 建设型公关活动模式。在组织创建初期，为了给公众以良好的第一印象，提高组织在社会上的知名度和美誉度而采用的一种活动模式，如举办开业庆典、奠基仪式、免费参观等一类的活动，都主要着眼于组织的知名度的提高。

(9) 维系型公关活动模式。其主要目的是通过不间断的宣传和工作，维持组织在社会公众心目中的良好形象。这种模式一方面开展各种优惠服务吸引公众再次合作；另一方面通过传播活动把组织的各种信息持续不断地传递给各类公众，使组织的良好形象始终保留在公众的记忆中，一旦有需要，公众就可能首先想到自己，接受自己。

(10) 矫正型公关活动模式。这是一种当组织遇到风险或组织的公共关系严重失调，使组织形象发生严重损害时所采用的一种公关活动模式。这种模式的特点是及时发现问题，及时纠正错误，及时改善不良形象。

(资料来源：张美清. 现代公共关系原理与实务[M]. 北京：中国林业出版社，2007)

第四节　公共关系评估

公共关系评估是整个公共关系策划过程的最后一个步骤，又是新一轮公共关系工作的起点。评估的目的是在肯定成绩的同时发现新的问题，以便不断调整组织的公关目标、公关政策和公关行为，使组织的公共关系工作成为有计划的持续的过程。

一、公共关系评估的意义

公共关系评估也叫做公共关系评价，它是根据特定的标准，对公共关系计划、实施及效果进行检查、评价，以判断其优劣、得失的过程。公关效果评估可以使组织对所进行的公共关系活动有一个客观的判定，通过效果评估可以进一步促进组织公关工作的开展。其意义主要表现在以下几个方面：

(1) 通过效果评估，可以寻求领导的支持。

通过公共关系的评估工作，可以使组织的领导者清楚地看到公共关系活动的作用与效果，充分认识到公共关系活动对塑造组织的形象，提高组织的经济效益和社会效益的作用，从而进一步理解和支持公共关系的活动。

(2) 通过效果评估，可以激励组织内部成员。

公共关系工作的成果，通过专家的评估和社会舆论的评估，具有一定的客观性和权威性。因此掌握这些评估的结果，尤其是比较好的一些认可，对组织内部成员来说可以达到鼓舞士气的作用，有利于增强组织的凝聚力。

(3) 通过效果评估，可以及时反馈信息，调整公共关系的策略。

公共关系的评估，也是一个信息反馈的过程。在公共关系计划实施中，公共关系人员是如何来操作的，哪些成功，哪些还有待提高，都要通过评估所得到的数据资料获得信息反馈。这些信息反馈可以给决策者提供较有力的决策依据，也为调整公共关系的策略做好一些基础性的准备工作。

(4) 通过效果评估，可以提高公共关系人员的能力和水平。

通过评估工作得到的信息能使公共关系人员总结经验教训，找出失利或失误的原因，从而为进一步制定改进的措施与提高公共关系人员自我的公关能力与水平提供科学的、第一手的借鉴资料。

二、公共关系评估的内容

公共关系效果评估是对公共关系活动的全方位检测，公共关系组织希望得到的不仅是总体的印象评价，而且是非常具体和精确的评价。因此，对公共关系效果评估内容应当进行具体的分解。一般来讲，对专项公共关系活动应进行全面评估，其评估的主要内容有以下 5 个方面。

1. 公共关系活动过程评估

公共关系活动过程评估具体的又可以包括：

1) 公共关系活动准备工作的评估

此项评估包括调查活动的评估，即公共关系调查设计是否合理，调查方法选择是否得当，调研工作组织实施是否合理，调研结论是否科学等；相关材料的准备是否充分，即检查占有的背景资料是否充足，相关材料分析判断是否准确等；准备的相关材料是否合理，即是否符合活动要求，是否符合新闻媒介要求，开展活动的时间、地点、方式是否符合目标公众的要求等；表现信息的方式是否合适，即语言文字的运用、图标的设计、图片的选择和展览方式选择等。

2) 公共关系计划评估

此项评估包括公共关系计划的目标是否合理可行，计划在执行中是否与组织整体目标一致，是否与社会环境条件适应，战略构思是否科学，目标公众的选择是否准确，媒介的选择及其应用策略是否得当，经费预算是否合理，计划中留有的余地是否适中等。

3) 公共关系计划实施的评估

该评估包括实施准备工作是否充分，过程安排是否明确合理，制作的信息内容是否准确充实，表现形式是否恰当，传播发送的信息资料数量、目标受众的数量、实施效果等。

2．传播沟通基本情况评估

传播沟通基本情况评估的目的是为了分析衡量公共关系中的传播效果，检测传播沟通工作中的得失。传播沟通基本情况的评估要点包括信息制作的评估、信息曝光程度的评估和传播沟通效果的评估。

3．公共关系状态评估

公共关系状态既是组织开展公共关系活动的基础，也是组织开展公共关系活动的结果。因此，对公共关系状态的评估是对公共关系工作成效的总结性、全方位评估。该评估包括内部和外部公共关系状态评估，即内部主要评估全体成员公共关系意识，员工士气和归属感，组织凝聚力和号召力，组织内部的人际关系和群体关系等。外部公共关系状态评估主要考察顾客、媒介、社区、政府等多重目标公众在接受信息、产生情感、改变态度、引起行为等方面的变化情况。

4．专项公共关系活动评估

该评估主要包括日常公共关系活动的评估、单项公共关系活动的评估、年度公共关系活动的评估和长期公共关系活动的评估等。

5．公共关系工作人员绩效评估

根据公共关系工作人员工作的职责和分工不同，在进行工作绩效评估时具体采用的方法、评估指标和内容也相应有所不同。

三、公共关系评估的一般程序

公共关系评估的程序主要是：确定统一的评估目标、组建评估机构、选择评估标准、全面实施评估、撰写并提出评估报告。

1．确定统一的评估目标

公共关系评估必须有统一的评估目标，否则评估就没有了方向，具体操作时就会无的放矢或偏离评估目标，从而影响到评估的效率与效果。评估目标还必须明确，必须合理并有量化指标体系，否则实施的效果就无法评价。确定了统一的评估目标，并将目标具体化，则会避免无用资料的搜集。此外，评估人员要将有关问题如评估重点等写成书面资料，以保证评估工作的正确方向。

2．组建评估机构

评估工作是一项细致而又复杂的工作，因此要确定专职和兼职的评估人员，组建一个评估机构。评估人员的覆盖面要广，既要有专职的公关人员，又要聘请有关的兼职人员，如专家同行、外部公众代表、内部公众代表等。

3．选择评估标准

公共关系目标是组织的期望效果，也是公共关系评估的基本标准，比如组织知名度和美誉度的提高指标。如果一个企业公共关系活动的目标是通过一项社会公益赞助活动来改善组织形象，那么评估的标准不只是大众传播媒体对这一活动做了多少报道，还应包括目标公众态度的变化。

4．全面实施评估

实施评估的过程实际上就是搜集信息、汇总资料的过程。通过实施评估，可以获取与此项公共关系活动有关的大量信息和资料，信息资料是评价效果的基本材料和依据。这里特别强调，要注意选择搜集评估资料的最佳途径。搜集评估资料可供选择的途径很多，主要依据评估目标以及评估标准来选择。资料搜集要全面、客观，要能反映公共关系工作各方面的情况，并尽可能做到准确无误。

5．撰写并提交评估报告

公共关系评估报告是将公共关系活动的结果提供给组织的一种正式的公正性文本。它是通过文字、图表或相应的其他形式来体现开展公共关系工作的成绩、经验、教训、建议等评估工作的成果形式。它具有业务性强、理论性强、经验性强等特点。撰写时要遵循科学性、公平性、真实性、针对性、完整性、及时性、客观性、独立性的原则。

公共关系评估报告的内容主要包括：评估的目的及依据、评估的范围、评估的标准和方法、评估过程、评估对象的基本情况、内容评估、分析与结论、存在的问题及建议、附件、评估人员名单、评估时间等。

企业公共关系活动是一个持续不断的过程，评估的目的是在总结经验、发现问题的基础上，为新的公关活动奠定良好的基础。

趣味阅读

慈禧的“公关术”

1898年，慈禧通过戊戌政变重新当上了老大。事情做得太出格，她内心并不坦然，为了让自己坐稳权位，她采取了一系列“公关”行动。

慈禧做的第一件事是宣布恢复科举，收买士子人心，她在诏书中说：国家以四书文取士，遵照先儒对经书的传注，阐发圣贤精义，二百年来培养了很多人才。近来治学为文的水准下降，各省士子写作时往往抄袭雷同，毫无根底，不是考试制度有什么问题，而是主考的人没有切实负起责任。“殊不知试场献艺，不过为士子进身之阶，苟其人怀奇抱伟，虽沿用唐宋旧制，试以诗赋，未尝不可得人。……嗣后乡试、会试及岁考、科考等，悉照旧制，仍以四书文试帖、经文策问等项，分别考试。”一句话，那些苦读经书、不问世事的人，我老太太保证你们依然可以通过科举获得高官厚禄，至于清国何时拥有蒸汽机、热兵器、议会、大学等现代文明，何时不再被西方人打得满地找牙，不关我事啦！

给了读书人一根骨头，还得给“愚民”一碗肉汤。“愚民”虽然未必认得多少字，干起造反的活来却轻车熟路。慈禧接着下了两份诏书。一份是下给司法部门的，一份是告谕百姓的。下给司法部门的诏书意思是：司法部门非常腐败，一是不及时审结案件，老是拖拖拉拉；二是设黑监狱，滥押无辜；三是丁役、胥吏索贿受贿，无故刁难，慈禧要求中央政府司法和各省督抚下决心解决这些问题。告谕百姓的诏书用意也非常明显，一是从侧面告诉老百姓，她自再度训政以来非常重视社会治安，许多盗犯已“就地正法”；二是表明她主观上不想杀人。

戊戌政变发生后，英国公使和其他外交团员对光绪皇帝深表同情，欧洲舆论也是同样的态度，慈禧在安内的同时，又搞起了“国际公关”。她借口自己的画像新成，数次邀请各国使节夫人入宫游玩，并赠送厚礼，希望她们多给大使们吹吹枕边风，支持自己的训政。

慈禧的“公关”不能说毫无效果，当时的清国，士子们梦寐以求的是考上进士做官，慈禧恢复科举，等于重新给了那些迂阔的读书人一个进身的机会，他们不可能不高兴；其时的老百姓普遍没有读什么书，又大多被土地束缚在一乡一村里，没有多少见识，朝廷稍给一点甜头，也可能感恩戴德；洋人呢，虽然能识破慈禧“公关”的用意，但国与国之间在乎的不是真挚的友谊，而是利益，只要慈禧与自己的国家不再敌对，洋人也不会与她为难。然而，有一点慈禧绝对没有想到，任何时代、任何社会都有一些像孙中山、黄兴这样的眼光超乎群伦的人，也就是我们通常说的先驱者，他们最能发现权力者的私心，最能洞察愚人者的本质，他们的持久努力终将一步步唤醒“沉默的大多数”，使其认识到专制制度的黑暗。

(资料来源：游宇明. 慈禧的“公共术”[J]. 中国经济时报, 2012-12-24)

四、公共关系评估方法

公共关系评估方法有很多，大致可以归纳为以下几类。

1．公关人员的自我评估

由于公关人员参与了活动的全过程，对活动的了解相对直接，通过他们对活动本身的策划及实施的期望与感受，从而形成对公共关系活动的一种效果的评估。这种评估方式是公关人员对自我的一种检查，从自身的责任心出发，这种评估的结果具有一定的可信度。

2．组织专家进行评估

组织公关方面的专家就公关活动效果进行评估。这种方法是通过专家调查、分析，对组织公关活动效果的较为客观的评定，同时还可以对组织今后的公关活动的开展提供有价值的咨询和建议。

3．根据新闻媒体报道情况来评估

即通过新闻媒体的报道和传播情况，来间接评价组织开展公共关系活动的效果。具体可以从下面四个方面来进行评估：

(1) 统计新闻报道的数量，推断本组织受传媒重视的程度；

(2) 分析新闻媒体的级别层次，推断本组织的影响范围；

(3) 研究新闻报道的方法，推断所产生的效果；

(4) 了解新闻报道后的反响程度和方向，推断组织在各类公众中的知名度和美誉度。

4．根据公众舆论来评估

根据公众舆论可以判断组织形象地位的变化情况。通过民意测验和舆论调查，借助“组织形象地位图”，检查组织知名度和美誉度的改善情况；借助“组织形象要素调查表”，检查组织形象要素的具体构成有了哪些进步；借助“组织形象差距图”，检查组织的实际形象与期望形象之间的差距是否有所缩小。

公共关系策划的成效不在于表面销售数字的增加，而在于关系网络的稳定和发展以及舆论影响的维持和扩大，其社会效应是整体的、长期的。因此，其效果的检测离不开民意测验和舆论调查，而且调查侧重于公众心理、态度、观点和行为的变化方面。

案例分析

雅之杰的儿童口腔健康大型义诊活动

一、活动背景

人食五谷杂粮，每天都是通过口腔来送入食物，再经过肠胃的消化，摄取其中维持生理机能的营养。人一旦患上口腔类疾病，不光咀嚼困难，连日常的语言沟通也会受其影响。成年人抵抗力比儿童稍强，尚且无法抵抗疾病的袭扰；儿童若是染上口腔疾病，更是痛苦不堪，全家亦担心不已。雅之杰口腔医院以此为契机，找准市场突破口，针对 2～16 岁未成年儿童展开此次大型义诊活动，力图塑造医院良好的白衣天使形象，为拓展市场迈出稳健的一步。

二、活动目的

(1) 提高雅之杰在消费者之间的口碑传颂率。

(2) 提升雅之杰的社会美誉度。

(3) 展示雅之杰在口腔类疾病诊断与治疗上的技术水平。

(4) 为医院的诊疗费用提供有力的价格支撑。

(5) 创造雅之杰品牌晋级的机会，增大与竞争对手的差异化优势。

(6) 为医院提高后续的盈利空间奠定良好的基础。

(7) 稳固长期在本医院就医的患者忠诚度，拓展其他患者到医院就医。

三、受益人群界定

(1) 医院周边地区各中小学学生。

(2) 社会弱势群体未成年子女。

(3) 残障儿童。

四、活动策略总纲

整个活动围绕公益性质展开，将医院“医者仁心”的组织文化理念以感性的行为方式表现出来，创造社会轰动效应，获取社会公众的广泛赞誉。通过医院现有的医疗技术力量，将原本商业色彩浓重的医院收费诊疗制度以人性化的慈柔形式在对儿童健康的关注与解决施行上，形成一个组织严密的公关营销体系，再以报媒深度挖掘此次事件辅之，让公众从侧面来知晓雅之杰，关注雅之杰，信任雅之杰，让雅之杰成为一个拥有广泛市场认知度的全新高新技术型医保机构。

五、活动策略学校执行部分

(1) 与医院周边地区各中小学负责人做好磋商工作，由学校负责联系该校学生家长，并让家长与子女同坐一堂，开展“口腔卫生知识教育”演讲。

(2) 免费为学校学生做身体健康检查，并将体检资料备案，寄送至学生家长手中。

策略亮点：通过学校出面邀请，更易将学生家长聚集在一起，解决了客户资源难以集中的难题；并从医院专家的专业知识演讲中，使学生家长们了解到口腔疾病预防的重要性，起到了对医院的印象建立、好感增强等多方面的效果。而将学生的体检资料寄送给家长，可把人性化的感知力发挥得淋漓尽致；贴心贴意的全程关怀让家长可及时地了解到自己孩子的身体状况，也可深化家长们对于医院的好感度，引发出信任度，最终促成学生家长安心将孩子送到雅之杰进行系统的口腔保健。

六、活动策略校外执行部分

(1) 借助国家或社会保障部门的帮助，将此次大型义诊活动的信息通过 DM 单直投的方式，传达给社会弱势群体，如低保户、残障人士、家庭低收入者等，引导这些人到医院为其免费诊疗，或上门为其义诊。但策略难点在于如果国家或社会保障部门对资料严格保密，将会使得外场执行策略 1 无法执行，其具体操作依形势而定。

(2) 在家庭低收入者集中区域，残疾人学校，开展外场免费咨询诊疗活动。策略亮点：在家庭低收入者集中区域，残疾人学校，开展外场免费咨询诊疗活动，可直接使界定人群受益，社会公益价值突显，为后面的软闻炒作铺垫蓄势。

(3) 在闹事街区开展外场大型义诊活动，如易初莲花，沃尔玛等人流相对较高的区域。义诊的受益人群不局限于儿童，凡有口腔疾患者皆可接受免费咨询诊疗。策略亮点：利用人口流量大等特点，将义诊与展示结合在一起，既做了一个面向大众的公关推广，社会公益性质也突显其中，使其成为了软闻炒作中不可或缺的一环。

七、公关行为

(1) 选择一家低保家庭，且子女正就读于小学阶段，由雅之杰口腔医院院长亲自登门慰问该低保家庭，赞助其子女由小学直至高中毕业的全部教育费用。

(2) 雅之杰口腔医院院长访问残障学校，捐助口腔保健类产品给学校残障学生。由义诊活动及公关行为引发的新闻，通过讲述雅之杰口腔医院院长创业的艰辛经历，对于“医者仁心”的理解，引出此次义诊活动的发起理念，最终将整个新闻落地，辐射到医院的方方面面。

思考题

1. 雅之杰的儿童口腔健康大型义诊活动的计划是如何围绕着组织的文化理念来展

开的？

2．雅之杰是如何围绕着公关的目标安排它的公关活动策略的？

(资料来源：管理资源吧.www.glzy8.com)

本章小结

公共关系“四步工作法”，即公共关系调查、公共关系策划、公共关系实施和公共关系评估。调查是策划的依据，没有策划就没有实施，没有实施就无从评估，没有评估就无法掌握公共关系工作的成效和经验，也就无法进行以后的公共关系工作。

总之，公共关系工作就是循着调查—策划—实施—评估这样一个基本程序展开的。从整个过程来看，上述各个阶段是紧密联系、环环相扣、不得间断的。每一个循环的结束，又是下一个循环的开始。

重点名词

公共关系调查　公共关系策划　公共关系实施　公共关系评估　知名度　美誉度

思考与练习

一、单项选择题

1．公共关系工作的一般程序是(　　)。

A．公关策划—公关实施—公关调查—公关评估

B．公关调查—公关评估—公关策划—公关实施

C．公关评估—公关调查—公关策划—公关实施

D．公关调查—公关策划—公关实施—公关评估

2．公共关系调查的准备工作，首先是确定主题，然后是(　　)。

A．确定公众范围　　B．确定工作内容

C．确定调查方式　　D．确定调查目标

3．公共关系调查人员在调查活动中必须遵循的最重要原则是(　　)。

A．时效性原则　　B．全面性原则

C．客观性原则　　D．尊重公众原则

4．下列不属于直接调查法的是(　　)。

A．个人接触法　　B．公众代表座谈法

C．文献分析法　　D．深度访问法

5．公共关系策划中主题的设计必须服务于目标，充分表现目标，这是公共关系策划的(　　)原则决定的。

A．目标导向原则　　B．可操作性原则

C．公众利益优先原则　　D．计划性与灵活性相统一原则

6．公共关系评估的主要内容包括(　　)。

A．活动过程与传播沟通情况的评估　　B．公共关系状态和专项活动的评估

C．工作人员绩效评估　　D．以上都正确

二、思考题

1．简述公共关系调查的内容、原则和常用调查方法。

2．公共关系策划的基本原则与程序是什么？

3．公共关系活动实施时应遵循哪些原则？如何有效实施公共关系计划？

4．简述公共关系评估的意义和主要内容。

三、案例分析

女总统的笑

马耳他女总统芭芭拉访问上海期间曾下榻锦江饭店。锦江饭店公关部的同志在接到任务后查阅了大量资料，进行了周密的准备。当芭芭拉一走进总统客房时，意外地发现化妆台上放置了全套“露美”化妆品、烘发吹风机和珠花拖鞋，房内还放置了一架昂贵的钢琴。面对这极为中意的一切，她笑了，并高兴地弹起了钢琴。临行时她亲笔留言：“在上海逗留期间，感谢你们给予我第一流的服务！”

思考：

1．上海锦江饭店公关部的人员采用哪种调查方法了解马耳他女总统的爱好？

2．这种调查方法的优点是什么？

第七章　公共关系传播实务

本章提要

公共关系传播是现代企业利用各种媒介，将信息有计划地与公众进行交流和共享的活动过程。从传播理论发展过程来看，传播意味着“共享”，它是传播者与受传者之间进行信息交流与共享的过程。

现代企业公共活动中，可以利用的传播媒介非常多，也各有所长。本章主要介绍以下几种常见的公共关系传播方式，即新闻传播、广告传播、语言传播、文字传播、实像传播、网络传播和手机信息传播。

学习目标

(1) 了解公共关系传播的常见形式。

(2) 了解公共关系新闻传播的重要性、特点及方法。

(3) 了解公共关系广告传播的形式及原则，掌握广告传播的一般程序。

(4) 掌握公共关系语言传播、文字传播、实像传播的特点及技巧。

(5) 了解公共关系网络传播的发展特点，及电子邮件在网络传播中的应用。

(6) 了解公共关系手机信息传播的特点。

案例导读

“舒肤佳”宣传推广医疗卫生理念

为了在山东省宣传推广医疗卫生理念，“舒肤佳”通过山东省爱卫会和山东健康教育所组织了“健康卫生三部曲(常常洗手、天天洗澡、处处打扫)”的理念宣传活动。借助新闻发布会和群众推广宣传活动达到了预期的效果。

来自山东全省 34 家主要媒体的 50 余名记者参加新闻发布会，在新闻发布会上，安排了济南市少年宫的合唱团现场表演了为活动特别创作的“健康卫生三部曲”歌曲。为新闻发布会增添许多乐趣，将会议的气氛推向了高潮。

群众推广活动于新闻发布会开始后的一个半小时后在济南市展开，在整个活动中，不仅有医学专家做现场咨询，济南市儿童合唱团和济南舞蹈队还分别进行了体现“健康卫生三部曲”的表演。该活动时间从上午 9:30 到 12:30，共举行了两天，估计有 2000 人参加。1 万个印有“健康卫生三部曲”标志的气球被派发给群众。

在活动中，由两个真人装扮的吉祥物出现在现场，它们在舞台上表演洗手、洗澡、打扫卫生等舞蹈动作，充分地向活动现场的观众传送了“健康卫生三部曲”的信息。这两个吉祥物的外形以舒肤佳香皂为原型，分别为粉红色和绿色，它们身上都有“健康卫生三部曲”字样的标志。

在活动的现场还布置了专家咨询台，有来自中华医学会和山东省的 15 名著名医师为现场的观众解答有关卫生习惯，肝炎、细菌性肠道传染病等方面的预防措施及早期治疗方法。在活动的舞台前还设置了一条长 12 米宽 1.5 米的“健康卫生三部曲—百万人签名”条幅供现场参加者签名。签名现场非常踊跃，许多人都争着以签名来表示对活动的支持。

思考题

1．试分析此次活动为“舒肤佳”树立健康卫生的专业形象起到了哪些作用？

2．如何将新闻报道扩大到各行各业及各个领域？

(资料来源：到客巴巴在线文档分享平台.http://www.doc88.com.公共关系案例集锦)

第一节　公共关系新闻传播

公共关系传播有时候可以通过策划新闻来达到良好的传播效果。所谓策划新闻，又叫媒介事件和制造新闻，是组织的公关人员利用记者对丁新闻的不断需求有计划、主动地制造出能够吸引记者报道的有新闻价值的事件，目的是引起新闻界和社会公众的注意，使组织的名字经常可以在新闻媒介中出现，从而达到提高知名度、树立组织良好形象的目的。

一、新闻传播的重要性

就现代企业来说，不仅要生产产品，而且要生产“新闻”。企业策划新闻的产物就是一次次对外公开的公关活动，借助这些活动不仅可以在企业界掀起阵阵狂澜，而且可以吸引新闻媒体的关注，或者占据报纸“头版头条”，或者出现在各电台的“黄金时段”。企业以极小的投入获得了巨大的回报，真可谓“四两拨千斤”。因此，成功地策划新闻，能够引起公众和新闻界的广泛注意，可以得到新闻媒介的争相报道，在公共关系实践活动中，对组织的知名度、美誉度的提高具有重要的作用。

1. 实行品牌战略的需要

市场竞争的加剧迫使组织，特别是营利性的组织，要想方设法提高组织及其品牌的知名度，从而获得更高的市场占有率。当今组织竞争最有力的手段之一便是实行品牌战略，特别是要创造自己的名牌，依靠名牌纵横四海。而一个名牌的形成，往往需要相当长的时间，这对急于壮大的企业来说，无疑是个难以接受的过程，为了缩短这个过程，必须充分利用高度发达的传媒。

2. 扩大广告效应的需要

当前大众传媒数量惊人，各类报纸、广播、电视和网络，如何使有限的广告资金产生“核裂变”的广告效应呢？传统的“大声吆喝”、“自卖自夸”的广告方式早已被广大受众所厌倦，如何吸引公众的视线，改变广告方式出奇制胜呢？比较而言，一种系统的一揽子传播计划或许会更加行之有效。这就是说，以往单一的广告形式已不再适合企业及其产品宣传的需要，广告活动的成功越来越要同公关、促销、新闻等手段相结合，综合运用多种传播媒介，而要实现这个目的，一个有效的途径便是“策划新闻”，强化广告效果。

3. 增强新闻竞争能力的需要

改革开放以来，我国大众传媒的数量急剧增长。然而，媒体数量的扩张并没有带来新闻资源的相应扩张，具有市场竞争力的新闻产品明显不足，这就为组织的新闻策划提供了可以利用的机会。特别是在以经济建设为中心的情况下，各个媒体对来自营利性组织的新闻重视有加，营利性组织的新闻的竞争是媒体竞争的一个重要组成部分。

☞名人名言：

“必须把人类的注意力作为一种具有经济价值的商品来看待。”

——托马斯·达文波特

二、新闻传播的特点

1．创造性

新闻传播的第一要义便是要出新，创新是新闻的生命，有新意的策划才有价值。无论是主题、报道方式、角度都要出新，即做到“人无我有”。

2．现实性

新闻是主观见之于客观的产物，它受到现实条件的制约，因此策划要可行则必须是在现有的条件下能够完成的。

3．客观性

策划新闻必须以客观存在为基础，决不能以假象或者以被扭曲了、肢解了的事物为策划依据。企业的策划行为有时以宣传、推销自己的产品或服务为目的。但是，这种“制造新闻”一定要以某种真实事件为基础，决不允许造假和欺骗。

4．系统性

策划新闻是一项完整的、系统的工程，它涉及多个领域，多个部门，是“多兵种的联合作战”，因此，要统一筹划，统一安排。

5．整体性

新闻是公共关系部门集体智慧的结晶，是公共关系部门甚至是组织的集体行动。实施新闻策划也要内外人员的配合、支持。

☞名人名言:

在新闻界，凡一件事能获得媒体的广泛关注和报道，记者就称之为“胶片杀手”。对于企业，最英明的做法当属“倾力于品牌之根本——产品”，以每一次产品技术的突破、革新，以及产品上所附加服务的强化来成为非凡的“胶片杀手”。

——华文公关 CEO 韩志锋《左公关右广告》

三、新闻传播的途径与方法

新闻具有不可重复性，因此策划新闻没有绝对的模式可以套用，完全需要公共关系人员根据组织的需要，结合实际，积极创新，但并不是没有任何规律可循。

1．根据社会公众热点来策划新闻

公众在不同时期，关注的“热点”问题也不相同。策划新闻者，要洞悉新闻媒体的运作规律，知道什么时间记者对什么新闻感兴趣，根据“热点”问题来策划新闻。但是，有时组织很难在一段时期内找到与公众所关注话题密切相关的内容，这就需要公关人员从不同角度和层次去挖掘。

应用案例

鸽子事件

美国联合碳化钙公司一幢 52 层高的、新造的总部大楼竣工了，一大群鸽子竟全部飞进了一个房间，并把这个房间当作它们的栖息之处。不多久，鸽子粪、羽毛就把这个房间弄得很脏。这件“奇怪”的事传到公司的公关顾问那里，公关顾问立刻敏锐地意识到：扩大公司影响的机会来了。于是，在征得公司领导同意后，他立即下令关闭这个房间的所有窗门，不能让一只鸽子飞走。接着，他设计并导演了一场妙趣横生的公共关系传播活动。

首先，这位公关顾问与动物保护委员会联系，请动物保护委员会能迅速派人前来处理这件有关保护动物的“大事”。

紧接着，公关顾问又给新闻界打电话，不仅告诉他们一个很有新闻价值的一大群鸽子飞进大楼的奇景，而且还告诉他们在联合碳化钙公司总部大楼将发生一件既有趣而又有意义的动物保护委员会来捕捉鸽子的“事件”。

很快，电视台、广播电台、报社等新闻传播媒介纷纷派出记者进行现场采访和报道。

动物保护委员会出于保护动物的目的，在捕捉鸽子时十分认真、仔细。他们从捕捉第一只鸽子起，到最后一只鸽子落网，前后共花了 3 天的时间。在这 3 天中，各种消息、特写、专访、评论等新闻体裁交替使用，既形象又生动，更吸引了广大读者争相阅读和收看。这些新闻报道，把公众的注意力全部吸引到联合碳化钙公司上来，吸引到公司刚竣工的总部大楼上来，结果，联合碳化钙公司总部大楼名声大振，而且公司首脑充分利用在荧屏上亮相的机会，向公众介绍公司的宗旨和情况，加深和扩大了公众对公司的了解，从而大大提高了公司的知名度和美誉度。同时，借此机会，将联合碳化钙公司总部大楼竣工的消息巧妙地、顺利地告诉了社会，使公众全盘地接受了这一消息。

通过公共关系传播活动，终于事半功倍地完成了向公众发布此消息的任务。

思考题

如果你是该公司的公关顾问，你准备如何处理这件事？

（资料来源：熊源伟. 公共关系案例[M]. 合肥：安徽人民出版社，1994）

2．借助公益活动来策划新闻

有些时候，社会组织通过借助公益活动来进行公关新闻传播，可以起到比广告收益高出几倍的效果。2013 年央视在春节期间发起了“陪父母看电影，过幸福中国年”公益活动，其中有张一白、佟大为、吴君如等导演与明星现身，“中国好声音”学员和孙悦、李玉刚等歌手助阵，同时形象大使谭晶和推广使者成龙也用公益广告片的方式表达自己对爱与亲情的理解，另外全国 500 多家电影院也参与此次公益活动。央视此次的公益活动，在宣传组织的同时也提升了组织形象。

3．借重大节日或纪念日来策划新闻

对公众来说，重大节日或纪念日是备受关注的焦点，新闻策划如果能以这些节日为契机，结合组织自身和产品的特点，定能收到很好的宣传效果。利用一些传统的、有影响力的节日庆典来制造新闻，往往可以成功地吸引新闻界的注意，起到宣传企业或产品的作用。20 世纪 50 年代，美国总统艾森豪威尔 67 岁生日这天，光临华盛顿的法国特使代表法国人民送上了两桶窖藏 67 年的法国白兰地酒，此举引起了两国各大报纸的纷纷关注，法国白兰地酒在美国销量大增。

4．借名人效应来策划新闻

借助名人与组织或其产品发生关系，进行组织新闻策划是常用的手段之一。名人是新闻单位关注的焦点，其行踪本身就具有新闻价值，让企业适时地与名人建立联系，可以为组织新闻宣传提供非常好的素材，对提高组织的知名度可以发挥重要作用。

公关故事

千里冰毛泽东诗词朗诵晚会

1991 年 12 月 25 日，北京人民大会堂举行了一场“千里冰毛泽东诗词朗诵晚会”，众多中央领导人出席，新华社以及全国各大报纸均报道了这一消息，举办单位也因此而扬名。承办这场晚会的是一个名不见经传的小厂——山东淝城县千里冰啤酒厂，起因是该厂获得一项地区奖，于是产生了在人民大会堂开新闻发布会，邀请中央领导同志出席，借机扩大宣传的想法。然而，由于获奖的级别太低，这个想法显得很不现实。但是经过策划后，新闻发布会被改为“千里冰毛泽东诗词朗诵晚会”，名称与毛泽东诗词“千里冰封，万里雪飘”相合，时间与毛泽东生日 12 月 26 号相连，整个晚会以缅怀为主题，引起了很大的社会反响，充分显示了企业新闻策划的魅力。

（资料来源：中华人民共和国文化部网站．http://www.ccnt.gov.cn）

5. 借新闻机构来策划新闻

一个组织如果和报社、电台、电视台等新闻机构联合举办各种活动，就能增加组织在新闻媒介中出现的机会。因为新闻机构参与了这一活动，自然会在自己的新闻媒介上报道这一活动，组织因此也得到和广大公众见面的机会，提高知名度。

应用案例

肥皂雕刻比赛

宝碱不仅是伯奈斯最大的客户之一，在历经30年的合作关系后，宝碱也成为它最忠实的客户。在双方合作初期，宝碱的麻烦很简单但是也很伤脑筋，当时的小孩不太爱干净，所以几乎都不用该公司的主要产品：象牙香皂。伯奈斯的解决方法听起来很容易："要设法让原本视肥皂为天敌的小孩开始喜欢使用象牙香皂。"

这个点子源于一名雕塑家写信给宝碱，向他们购买大块的象牙香皂，以代替石膏来制造雕塑时开始成型。伯奈斯逮住了这个主意所具有的宣传潜力，并且组成了一个委员会，这个委员会于1924年举行了一场全国肥皂雕塑比赛，比赛提供现金、奖品，并提供大量的媒体报道。从那年开始，参赛的雕塑家、建筑师以及其他艺术家各显神通，把重达1000磅的肥皂转化成栩栩如生的人物，例如肥胖的塔夫特、肌肉健美的林白、梦游仙境的爱丽丝或者是纽约的帝国大厦以及中古时代的战役场景。

注意力最后终于转移到了学童身上，他们收到了传单，被告知只需要准备下列物品，就可以参加比赛："一把拆信刀，两根橙色的棒子，一些细线。"传单中还建议青少年："使用剩下的香皂来洗手、洗脸和洗澡。只要每天洗澡一次，你将会爱上象牙香皂带给你的干净感觉。"

这个比赛连续举办了37年，直到1961年止，每年都吸引了数千名的参赛者，使用了将近100万块香皂。参赛者的年龄跨度从6岁至86岁。

伯奈斯的行销公式很简单：伯奈斯制造事件，事件制造新闻，而新闻则会造成大众"恰巧"对他所要推销的商品产生一种需求。

"除了上帝以外，公关顾问也是具有神秘吸引力的大师，"《国家》杂志在1927年的一篇报道中指出："伯奈斯还坚持——我们也必须同意他的看法——这个原则适用于所有的商品……所以，消费者将会很快乐地放弃只购买自己想要的东西的权利，而销售员之天堂王国就会降临人间。"

(资料来源：赖瑞·泰伊. 公关之父伯奈斯. 海口：海南出版社，2003)

第二节　公共关系广告传播

广告常分为商业广告和公共关系广告。

公共关系广告简称公关广告，又称组织性广告或声誉广告，是以广告形式来展示企业形象，增进公众对企业的整体了解，扩大知名度的宣传形式，是公共关系实务活动的重要组成部分之一。

一、公共关系广告分类

常见的公共关系广告包括组织广告和响应广告。

1．组织广告

组织广告主要宣传组织的价值观念，介绍组织的经营方针和业务范围，使公众对组织有一个整体印象和大概的了解，唤起公众对它的注意和兴趣。

2．响应广告

响应广告主要体现组织与社会生活各方面的关联性和公共性，对社会公共生活中的热点问题表示深切的关注，并以积极的姿态顺应社会的要求或愿望，以求社会公众的认同和支持。

应用案例

“支持光盘！避免浪费！支持打包！避免回收！”

“我们老板还说了，我们只谋财，绝不害命。免得我们到老了的时候，不好写牛逼的人生回忆录。”

(资料来源：西安. 泼妇鱼庄，2013 年宣)

3．创意广告

创意广告是组织或企业以自身的名义率先发起某种社会活动，或提倡某种有意义的新观念，并以此为主题的广告。

应用案例

央视 FAMILY 公益广告

广告讲述了一个非常感人的关于孩子在家庭中成长的故事。将组成 FAMILY 这个单词的每个字母都拆开，并且其中每个字母都代表着家庭中的每个角色。故事中的 F(爸爸)和 M(妈妈)在 I (孩子)小的时候细心呵护，可随着孩子的长大，当孩子有了自己的主见，却不断地与爸爸妈妈发生冲突，孩子企图挣脱束缚自由成长，这使爸爸妈妈伤心流泪。成年后，孩子体会到生活的艰辛，才发现爸爸妈妈早已老去，于是主动承担起家庭的责任，让年迈的爸爸可以依靠自己，替年老的妈妈遮挡盛夏的骄阳。

广告播放过程中，伴随播出的广告语：小时候，爸爸是家里的顶梁柱，高大魁梧的爸爸为整个家遮风挡雨，温柔贤惠的妈妈相夫教子。渐渐地，我长大了。少不更事的我早已想挣脱爸爸妈妈的拘束，再次顶撞了唠叨的妈妈。渐渐长大的我体会到了生活的艰辛，这时我发现，爸爸的背早已驼的不成样子，妈妈的身体也早已臃肿。是时候来尽一个子女的责任了，用一双手来保护整个家，做父亲的拐杖，让他有一个肩膀可以依靠。给母亲撑一把爱心伞，为她遮蔽夏日的骄阳。

最后出现了 Father And Mather I Love You 这段句子，结束时出现一行字：有家就有责任！

(资料来源：中央电视台公益广告. http://www.igongyi.cntv.cn/20130320/104992.shtml)

4．标志广告

标志广告通过文字和图像的方式来刻画组织或企业及其产品独特个性形象。

5．致歉广告

组织经营中发生了某些有损于公众利益的事，或是公众对组织产生了某些误解，刊登道歉性的、解释性的广告，以表示歉意，消除误解，从而得到公众的谅解。

6．祝贺广告

组织或企业新开张或同年纪念，或其他庆典，其他的组织或企业以同行身份刊登广告致以热烈的祝贺，表明自己愿与该组织携手合作、共同繁荣、正当竞争的良好意愿。

二、公共关系广告的基本原则

1．有明确的主题

任何一种形式的广告都必须有明确的、积极的主题，公共关系广告也不例外。公共关系策划中，要有明确的广告主题，其确定的主题一定要与公共关系策划的目标相一致。

2．注意传播面和传播效果

公共关系广告应该注意选择与主题和传播对象相适宜的传播方式，确定明确的、合理的传播面，同时进行传播效果的控制和评价。

3．坚持非牟利性和服务性

公共关系广告要始终坚持非盈利性和服务性。一方面要实事求是、真实可信，同时讲究科学；另一方面，要注意形式的独特，是否具有新颖和艺术美感。

应用案例

公共关系广告举例

公共场所禁烟广告——“为了使地毯没有洞，也为了使您的肺部没有洞，请不要吸烟。”

公路交通广告——“如果你的汽车会游泳的话，请照直开，不必刹车。”

新书广告——“本书作者是百万富翁，未婚，他所希望的对象就是本小说中描写的女主人公！”

汽车陈列室广告——“永远要让驾驶执照比你自己先到期。”

交通安全广告——“请记住，上帝并不是十全十美，它给汽车准备了备件，而人没有。”

某化妆品广告——“尽快下‘斑’，请勿‘痘’留。”

洗衣机广告——“闲妻良母！”

酸汁饮料广告——“小别意酸酸，欢聚心甜甜。”

印刷公司广告——“除钞票外，承印一切。”

鲜花店广告——“今日本店的玫瑰售价最为低廉，甚至可以买几朵送给太太。”

美容院广告——“请不要同刚刚走出本院的女人搭讪，她或许就是你的外祖母。”

(资料来源：网络资源，由作者整理)

三、公共关系广告策划的一般程序

1．规划公共关系广告的任务

首先要对公关广告目标进行规划，以此制定广告行动计划和方案。该任务的具体内容包括广告的设计制作、媒介购买和媒体发布、广告活动的组织实施等操作性、事务性活动的安排等。

2. 确定广告战略

公共关系广告战略决策内容应包括广告决策调研；分析、研究现有资源和条件；制定广告某个战略，如信息和媒体战略；制定广告战略实施行动计划；编制、确定广告预算；编撰广告策划书等。

3. 选择广告传播媒介

公共关系广告媒介即传播公共关系广告信息的载体。公共关系人员必须熟悉广告媒介的基本类型和特点，掌握确定广告媒介要考虑的因素，根据具体的公共关系广告目标，选择合适的公共关系广告媒介，才能有效地提高公共关系广告宣传的成效。

4. 检测公共关系广告的效果

检测公共关系广告的效果，包括对公共关系的广告效益，对公众产生的心理效益。由此产生对社会效益和经济效益的评价。常用的公共关系广告检测的方法包括调查法、统计法、比较法、指数法、等级法和评定法。

补充知识

关于“大创意”和“小创意”

广告创意里一直都存在着“大创意”和“小创意”的争论。所谓“小创意”是从纯艺术的角度出发，将广告创意看做单纯的艺术创作。古代绘画比赛有一个“踏花归来马蹄香”的典故，画家以几只蝴蝶围绕着马蹄翩然起舞来表现这一诗句，含蓄地把这一意境表现出来，这样最能够说明“小创意”的内涵。而“大创意”是从科学的角度出发，将广告活动中涉及创造的环节都称作创意，总结出战略创意、战术创意、主题创意、文案创意等形式。

(资料来源：赵国祥. 广告策划实务[M]. 北京：科学出版社，2009)

第三节　公共关系语言传播

语言传播是人们通过口传媒介进行面对面语言交流和沟通的行动过程。尽管语言是独立的、自主的，其他任何媒介无不是以语言为基础的，但语言又无法脱离思想而单独存在。

一、语言传播的特点

语言是人类社会产生最早、使用最普遍的一种传播符号，也是最基本、最实用、最节约、最简便的传播媒介。无论是一般人际交往还是公共关系实务活动，都大量采用语言的传播方式。作为公关人员必须掌握语言传播的以下几个特点。

1. 直接性和同时性

语言传播方式大多数用于人与人之间直接面对面的同时交流和沟通。相互沟通的两个或两个以上的传播主体，既可以借助语言面对面交流，也可以借助其他手段进行语言沟通，如电话、网络等。

2. 随意性和限制性

人与人之间可以在没有事先约定的时间、地点、场合下，机动、灵活、随意地运用语言进行交流。但传播主体如果相距遥远，在没有任何媒介的帮助下，就很难实现这种语言的交流和沟通，因此，语言传播往往受空间距离的限制。

3. 双向性和反馈性

语言沟通的主体必须至少在两个或两个以上的个体之间才能进行沟通，传播者与受传者在语言交流中，可以根据实际情况互换角色，从而产生双向的交流沟通过程和相互影响的沟通效果。交流双方在沟通过程中，还将通过对方的信息反馈，及时调整彼此的沟通内容和方式。

4. 情感性和主观性

由于语言沟通是面对面进行，传播主体往往会将传递的信息赋予一定的情感，使之能感染对方、影响对方。尤其在极私人的场合，传播者的感情色彩会表现得更加丰富，人情味会更加浓厚。因此，语言传播往往带有主观倾向，甚至出现信息失真或衰减情况。

二、语言传播的技巧

语言传播通常用于日常接待、会议交流、公务批判、游说劝服、演讲报告等方面。在公共关系实务活动中，要使双方语言交流通畅，必须掌握一定的技巧，才能达到良好的沟通效果。在语言传播中，要注意以下几个方面。

1. 对传播主体而言

(1) 明确语言传播的目的。语言传播是为了建立情感，还是为了征询意见？是为了消除危机，还是为了传递信息？目的不同，谈话的切入点也将不同。找准切入点是实现良好传播的开始。

(2) 分清和认定自己的角色位置。每个人都有自己不同的角色位置，作为公关人员还担任着传播角色。因此，公关人员需要知道“我是谁？”、“我要干什么？”，不要将个人的社会角色和传播角色相互混淆，尽可能让自己说话的内容、方式符合传播要求。

(3) 用心灵去沟通和交流。只有用真诚交换真诚，用心灵去呼唤心灵，才能在沟通中感染对方的情绪，打动对方的思想，影响对方的行为。

(4) 多用礼貌用语。在沟通中，应该尽可能多使用商量口吻，多选取敬辞、雅语等礼貌用语，不要“我”字当头，避免说“你或你们必须(应该、不能)怎样……”之类的话语。

2．对传播客体而言

(1) 了解传播对象基本情况。传播对象是个体、群体还是组织，属于国际公众还是国内公众，他们的学历、职业、年龄等情况，他们的价值观念、宗教信仰、性格取向、兴趣爱好等。了解传播对象的基本情况，在具体沟通中才能有的放矢。

(2) 尊重传播对象的人格。工作没有贵贱之分，无论对方从事何种社会职业，都要尊重对方。尊重不仅表现在运用语言恰到好处，还体现在非语言的使用上。

(3) 善于倾听对方的谈话。人际沟通是互动的过程，不要总是自己侃侃而谈。善于倾听是一种美德，更是一种修养。要给对方留下说话的时间，更不要轻易打断对方的谈话，或漫不经心地插话；要善于激励对方谈话的热情，用肯定的表情和姿态来表现出对对方的谈话感兴趣；要从对方的谈话中了解对方，并调节自己的谈话内容。

3．对传播内容而言

(1) 确定传播主题。谈话前要确定与对方传播的主题，哪些是要谈的，哪些是要避免或不能谈的，哪些视情况再谈；在交谈中，要围绕主题不失时机地形成自己的看法，或直截了当表明自己的意思，做到有的放矢，一语中的。

(2) 紧扣主题表达语意。谈话要始终做到不游离主旨、不拐弯抹角、不东拉西扯，始终围绕主题、紧扣主旨交谈，即使“节外生枝”，也要做到收放自如。

(3) 传播内容重于形式。传播的重点应该放在内容和实质问题上，避免华而不实和卖弄学问的交流方式，尽可能使用通俗易懂的语言。面对不同层次的传播对象要善于调整自己的表达方式和用语。

应用案例

苹果公司前CEO乔布斯的巧妙公关

“不用担心，即便是制造卡车，我们都一定会让它成为全球市场上性能最好的卡车。”——乔布斯回复美国科技博客Tech Chrunch记者史蒂夫·奥谢尔(Steve O’Hear)的邮件，后者说乔布斯把 Mac 比作卡车让他十分担心。

“每一个自杀事件都是悲剧，但富士康的自杀率是低于中国平均水平。我们正全力关注此事。你应该教育一下你自己，我们已经比这个星球上的其他任何公司做得更多了。”——乔布斯对于富士康员工自杀事件的回复。

“我尊重并佩服 Adobe。我们只不过选择不在我们的设备上支持 Flash 而已。”——被问及“您讨厌 Adobe 和他们的产品吗?”的时候，乔布斯如是回答。

“责备你自己的政府吧，德国不久前对电脑产品开征了新的版权税。”——乔布斯回复德国顾客抱怨 iPad 售价太高的问题。

“不，这只是在传闻出现几天后你感觉到的问题。请冷静，请休息，请放松，请享受家庭生活。这只是一部手机，并不值得你这样做。”——乔布斯回复 iPhone 4 出现的手机信号问题。

(资料来源：中国公共关系网. http://www.17pr.com.)

第四节　公共关系文字传播

文字传播是人们通过印刷媒介进行文字符号交流和沟通的行为过程。作为人们用来记录和传递思想的书写符号，既是人类社会信息交流最重要的工具和手段，也是公共关系实务操作中最基本的工具。

一、文字传播的特点

在公共关系所使用的传播媒介中，运用文字符号的媒介占了大多数，如果说语言是最具有说服力的传播工具，那么文字媒介则是最具有渗透力和扩散力的传播工具之一。其主要特点表现在以下几个方面。

1. 信息的准确性和保存性

文字传播资料的制作，一般需要字斟句酌，反复推敲修改，因此信息内容的表达更具有条理性、逻辑性和准确性。当这些资料被受众获得后，根据其需要还可以被长时间地保存，以备日后查考。

2. 传播的扩散性和渗透性

文字借助其他媒介的传播，往往突破了语言传播的时空局限性，宣传资料可以被寄往世界上任何一个地区和国家，而且可以扩散到很大范围的公众当中去。由于这些资料可以保存，使得文字传播的渗透性进一步增强，读者可以反复阅读，加深对信息内容的理解和记忆。但文字传播相比较语言传播，反馈性较差一些，一旦被保存还会降低它的宣传作用。

3. 理解的抽象性和差异性

文字本身是一种符号，用来理性表述一些内容，不同文化层次的人会对相同的文字做出不同的理解。因此，传播者在进行文字传播时，要注意受众的文化水平，根据其文化特点确定文字传播的风格。对于一般受众，要注意避免专业性太强或者晦涩难懂的文字表述，以免受众难以理解，或者产生理解偏差。

应用案例

诚招天下客　情满美食家

一双筷子上写着这样两行字："假如我的菜好吃，请告诉您的朋友；假如我的菜不好吃，请告诉我。"这两句富有浓厚情感的公关语言同"美食家"的名字一起传遍了整个杭州。这家普通的餐厅所处的地理位置并不十分理想，既不是车站、码头，又不是风景区、闹市区。7 年前，在餐厅刚刚开业时，这里生意清淡，门庭冷落。没有顾客的惠顾，就谈不上餐厅的生存，更谈不上餐厅的盈利。要使顾客青睐，餐厅就要有自身的吸引力。这个吸引力在哪里呢？"美食家"餐厅深深懂得：只有在顾客心目中树立起"美食家"的良好形象，才能招徕顾客的光顾。"美食家"的吸引力应放在一个令人亲切的"情"字上，依靠情感的传导来沟通顾客关系。只有把情感输入顾客心里，才能塑造"美食家"的形象。只有把诚心贴在顾客心里，才能建立"美食家"的信誉，从而产生一种"情感效应"，使企业获得良好的经济效益。

思考题

"假如我的菜好吃，请告诉您的朋友；假如我的菜不好吃，请告诉我。"这句话中所包含的公关思想是什么？

(资料来源：兰州商学院"公共关系学"精品课程. 公共关系案例集锦，2007. http://www.lzcc.edu.cn/Department/GongShongSch/jpkc-gggx/main.asp?cataid=245)

二、文字传播的技巧

在公共关系中，文字符号往往借助报纸、杂志、书籍、海报等载体进行信息深度传播，文字传播主要通过新闻稿、宣传资料、设计广告词、内部报刊等。使用好文字传播，应该注意以下几点技巧。

1．注意文字的刺激度

文字表达的精炼、浓缩、新鲜，对读者的吸引力是最大的。凡是文字作品都有标题，它对内容起到“点睛”的作用，而言简意赅、独特新颖的标题可以吸引读者“眼球”，刺激读者心灵。

2．注重文字形式的对比度

文字排列对读者的注意力也会产生重要影响。为了吸引读者的关注，公关人员常将宣传资料、招贴画、报刊等上面的标题进行加粗、加边框，或采用不同字号字体的方式，让读者产生强烈的对比感，加深理解宣传内容和活动。

3．注意文字出现的重复率

通常，一次性文字传播不可能引起多数公众的关注，而关注的公众往往也不可能完全理解文字所要表达的内容。因此，一个信息必须要经过反复传播去刺激公众的心理，在公众头脑中留下印象。但重复信息不等于重复文字，如我们熟悉的脑白金、娃哈哈、海飞丝的文字资料，经过一段时期传播后，文字上稍作改变，通过“变化的重复”，加深我们对内容的认识和理解。

4．注重文字的韵律性

为了使文字传播效果更加理想，公关人员还可以借鉴有节奏韵律的文学体裁，让文字在版面上美观实用，同时讲究文字的平仄、对仗、回旋、排偶和押韵等，使文字读起来朗朗上口，并富有音乐性和节奏感。

第五节　公共关系实像传播

实像传播就是人们通过物质媒介进行实像的传播行为过程。实像传播包括产品实样、图片资料、视听资料、装饰材料、人体展示等。

一、实像传播的特点

1．直观可信，反馈及时

通过实像传播可以传播大量语言和文字，给人的感觉既直观又可信。组织通过具体、形象的实像传播，不仅容易打动顾客公众的消费心理，还可以很容易地现场收集到公众反馈的真实信息，从而更好地改进产品的宣传方式，掌握产品的市场销路。

2. 手段多样，丰富生动

实像传播不是某件物品简单的陈列或展示，它常常要借助多种表现手段来使传播的物品变得生动形象、丰富多彩，如现场演示物品操作方式，同时对现场进行精心布置，通过光线、色彩、音响、场景等美化和强化手段，营造和烘托气氛。

3. 布置讲究，成本较高

实像传播非常讲究对物品的精心布置，如摆放位置，多维展示，陪衬材料的选择等，每一个程序和工作环节都不能有疏漏，为了使所展示的物品发挥综合性优势，大多还要结合使用语言和文字传播方式。实像传播组织难度大，需要花费大量人力、财力和物力，并动用社会组织各部门的力量，处理各项具体事项，成本相对比较高。

☞名人名言:

天底下最美丽的莫过于微笑。微笑不仅是商家包打天下的“秘器”，而且是进行公关传播的最佳语言。

——诗人　曾言

二、实像传播的技巧

实像传播在公关活动中主要用于样品展览、橱窗陈列、场所布置、推销活动等。另外，还表现在一个组织的旗帜、徽章、服装、基色、歌曲和工作用品等外形标志上。

为了使传播的内容和形式达到最完美的统一，公关人员还要懂得一定的操作技巧。

1. 尽可能让实像“活”起来

实像传播并不只是简单的产品陈列或图片展览，它通常借用多种手段来使产品变得丰富多彩、生动形象。图片资料只有二维形象信息，如果要展示三维形象，需要从不同方位、不同层次去制作，并配以文字说明和语言解说，从而使公众对信息有立体化的感受，尽可能让它“动”起来。总之，要使静态实像成为动态实像。

2. 烘托出良好的环境气氛

实像传播要借助于一定的环境场合，环境场合的好坏不仅影响公众心理需求，还直接影响实像传播的效果。因此，公关人员在实像传播中要注意进行产品装璜设计，操作表演的现场布置，用光线、色彩、音响等多种方式来强化效果。

3. 展示产品的细节过程

实像传播要尽可能全面细致地展示实物的细节和过程，吸引更多的消费者。当然，如果实物本身涉及商业机密、技术机密或市场秘密，则需要谨慎考虑。

4．让公众在消费中享受美感

在保证质量的前提下进行实像传播时，产品外在形式是影响公众是否消费的重要因素。在经济活动和商业活动中让公众对产品产生美感，最直接的效果就是产生和促成公众的消费行为。美感融合了人们的认知、情感和意图，不同公众对象就有不同的认知倾向、情感倾向和意图倾向。因此，公关活动中美感运用应注意采用不同方式，以充分调动不同公众的审美情趣。

第六节　公共关系网络传播

网络公关(Public Relations on Net)是指社会组织为了塑造组织形象，借助互联网络(Internet)为组织收集和传递信息，在电子空间中实现组织和公众之间双向互动式的全球沟通来实现公关目标，影响公众的科学与艺术。

一、网络传播的特点

1．传播范围广

网络无边界，不受地理区域的限制，网络信息可以传到世界各地，可以说是现代信息传播媒介中覆盖面最广的一种媒体。

2．超越时空，高度开放

网络可超越空间、时间限制，全天24小时向各国、各种族、各年龄层次的公众开放，不分日夜的提供他们所需要的信息。

3．实时高速

一旦企业或组织需要向公众传达新信息，可立即发布，不用在信息传递上花费时间成本。这使得企业在一定程度上克服了传统公关活动传播方式较慢、中间因素较多、企业对其控制力差等缺点。

4．低成本，高效率

不同于传统公关宣传方式，网络信息的发布不用在篇幅与印刷、传递成本上斤斤计较。组织可以在网络上储存大量的信息以便人们查找，完全不受篇幅的限制，同时费用低廉。这是网络作为企业公关媒介的另一强大优势。

5．互动性，个性化

网络使得组织和公众在公关活动中具有双向互动性。BBS、网上论坛为组织和其目标公众提供了进行直接交流的虚拟场所，便于实现公关的信息收集和监测职能。而电子邮件更是提供了与顾客或其他公众“一对一”交流的机会，方便企业与他们保持良好关系。在网站上，公众还可以自己定制个性化的信息，企业以定期发送电子邮件来提供信息，帮助人们从众多数据中选择他们需要的部分。

6．多媒体、多种形式的信息

企业利用 Internet 能为公众提供多种形式的信息，如电子版刊物、网络广播、网络电视节目等，企业网站上也可以利用多媒体技术来宣传企业及其产品和服务，视觉与听觉效果相结合，公众将得到更加丰富、生动、令人印象深刻的信息。

二、网络公关的常见形式

1．网上新闻发布

组织有重大事件发布或者是举行线下新闻发布会，也可邀相关媒体，或与媒体合作，同期举办网上新闻发布会或设立新闻专题，向更广泛的受众全面传达组织信息。由于网络信息容量大，不受篇幅限制，同时也可兼有音、视频等效果，并可即时与网民受众互动，因此，网上的新闻发布会可达到更佳的公关效果。如谷歌退出中国事件，通过网络发布新闻，费用低廉，但效果却因网络的可转载性而放大。

2．BBS 论坛或社区公关

一些比较专业的行业可以借助网络在网上形成社区圈子，公众通过这种社区化的交流与信息共享专业信息与经验等。这些社区的信息由于出自网民或业界领袖，往往对网民的影响比较大。因此，组织应该关注利用网上社区的形象公关以及有关社区的信息或活动对组织的影响，及时采取相应的对策。

3．举行网上公关活动

重要媒体或门户网站由于担当着重要的网络信息传播途径，人气比较集中，相对而言，在其平台上组织的各种活动比较容易引起网友的参与和互动。因此，一些组织还会选择这些网站开展公关活动或者为线下的活动作宣传。另一方面，网络媒体也通过这种途径，丰富其平台的内容，吸引更多的网络受众。

知识链接

2012 年度中国十佳网络公关公司

互联网拉近了人与人之间的距离，也让我们走进了地球村的时代。互联网就像是一湖水，任何一件事通过互联网都能引起波涛，关键在于能产生的波澜有多大，能影响多久。“2012 年度 CIPRA TOP20 排行榜——中国十佳网络公关公司”是一份最新的 2012 年度国内权威网络公关公司榜单，包含本土网络公关公司及在华设立分公司的外国公关公司。本次上榜公司如下，排名不分先后：

(1) 奥美公关：1995 年开始在中国大陆设立分公司，目前已成为国内最大的国际公关企业。

(2) 博雅公关：最早进入中国的国际公关公司之一。目前，博雅中国通过其在大中华区内的北京、上海、广州和香港办事处，为客户提供公共关系与传播方面的全方位咨询和服务。但是，博雅公关还没有自己的中文网页。

(3) 蓝色光标公关：业内俗称“蓝标”，1996 年由几位志同道合的年轻人共同创立，目前已经发展成为中国本土规模最大的专业公关代理公司之一，其成功运作的案例有 2001 年北京申奥政府公关、新联想的企业形象推广等，在微软的产品发布、迪士尼中文网站开通等公关活动的背后也闪现着蓝标的身影。

(4) 爱德曼(中国)：总部设于美国的爱德曼公司成立于 1952 年，是世界上最大的独立公关公司，在全世界拥有 40 多家分公司和 2000 多名专业咨询顾问。1985 年，爱德曼进入中国市场。

(5) 伟达公关：第一家在中国开设分公司的国际公关公司。

(6) 罗德公关：总部设于纽约的罗德公共关系有限公司，1989 年创立罗德亚洲公司，区域总部在新加坡，1996 年进入中国，是世界上最大的独立整合传播公司之一。罗德公关在中国北京、上海和香港设有办事处，为许多行业的著名跨国公司开展公关活动，具有在全国各地管理公关项目的丰富经验。

(7) 宣亚智杰：2004 年 1 月 1 日起，宣亚智杰公关顾问公司(PFT)开始启用新名称“博诚智杰公关咨询有限公司”，启动了全新品牌，建立了上海、广州、成都等分支机构。博诚智杰还编辑出版了一本公关行业杂志——《传播》月刊。

(8) 万博宣伟：全球最大的广告及市场营销集团 Interpublic Group of Companies (NYSE: IPG)中的一员，在中国大陆设有三个办事处。确保公关传播计划达到预期的效果是万博宣伟最为注重的公关传播理念。

(9) 嘉利公关：成立于 1996 年，现已发展成为中国最具影响力的本土公关公司之一。笑称要比别人跑快半步的嘉利公关总裁庞卓超，可以说是最早为自己的公关公司做公关的践行者之一。

(10) 凯旋先驱：总部设在纽约，是全球十大公关公司之一。香港先驱公关公司成立于 1980 年，与凯旋结盟之前是香港最大的独资公关公司之一。凯旋先驱在中国大陆、香港和台湾有 5 个办事处，开展公关业务已经有 20 多年的历史。“本热情，求精准”是凯旋先驱的价值观。

(资料来源：中国广播网. http://www.cnr.cn/life/gdxw/201304/t20130412_512346630.shtml)

三、强化网络公关意识

网络社会与现实社会有着诸多不同。这就使得人们在网络消费过程中形成的关系是一种信息关系。网络社会是一种特殊的社会，也可以说是现实社会的一种独特延伸，这使得网络公关意识具有鲜明的自律性、显著的诚信性、强烈的公正性和明显的多样性。

然而，网络公关在发挥其正向的优势作用的同时，作为一种新兴的传播模式，也出现了一些不符合网络公关准则的行为。因此，强化网络公关意识、提高网络消费者的品位已经迫在眉睫。具体可以从以下几个方面来做：

第一，要提高网络消费者的品位，必须在公共关系活动中引导公众树立网络消费者互相尊重的观念和行为。

第二，公共关系活动中必须注重引导公众树立合法合理的意识，这是网络公关意识和伦理观念建设不可或缺的部分。

第三，公共关系活动中必须引导公众树立优化意识。要引导公众与他人一道强化网络环境治理，净化、优化和美化网络环境，并自觉加以保护，使网络消费者感到赏心悦目。

第四，在公共关系活动中还必须引导人们树立安全意识。安全意识包括两个方面，即确保个人信息资源的秘密性，自觉抵制网络中文化殖民主义的侵蚀。

应用案例

大众汽车的网上推广策略

大众汽车为了推广 2000 辆最新款式甲壳虫系列——亮黄和水蓝，决定在网上发布销售信息。公司花了数百万美金通过电视和印刷媒体大做广告，推广活动的广告语为“只有2000，只有在线”。推广活动从 5 月 4 日到 6 月 30 日，根据大众公司商业部经理 Aragones 的介绍，网站采用 Flash 技术来推广两款车型，建立虚拟的网上试用驾车，将动作和声音融入活动中，让用户觉得他们实际上是整个广告的一部分。网上试用驾车使得网站浏览迅速上升，网站的每月平均流量为 100 万人。在推广的第一天，就有超过 8 万的访问量。在活动期间，每天独立用户平均为 47000 名，每个用户花费时间翻了一倍，达到 19 分钟，每页平均浏览 1.25 分钟。

网上试用驾车得到更多的注册用户，用户能够在网上建立名为“我的大众”的个人网页。在推广期间，超过9500人建立了自己的网页。他们能够更多的了解自己需要的汽车性能，通过大众的销售系统检查汽车的库存情况，选择一个经销商，建立自己的买车计划，安排产品配送时间。推广活动产生了2500份在线订单。

思考题

1. 试分析此次活动的成功之处。
2. 试分析网上推广策略与大众传播推广策略的异同点。

(资料来源：兰州商学院“公共关系学”精品课程. 公共关系案例集锦. 2007. http://www.lzcc.edu.cn/Department/GongShongSch/jpkc-gggx/main.asp?cataid=245)

四、电子邮件在公共关系网络传播中的应用

电子邮件是 Internet 为组织和公众提供信息传播、交流的有用工具，它的一些突出优点使它为国内外用户广泛接受，自然也成为公共关系活动中网络传播的一个重要手段。

1. 展开一对一交流

电子邮件是一种极为有效的交流方式，它正在取代电话成为许多公关咨询业人士的一对一交流的主要工具。利用电子邮件进行一对一交流的方式很多，组织既可以用它来和记者建立并发展良好的关系，也可通过它与某个组织的指定代表进行谈判。在以下情况中，使用电子邮件作为交流工具是最好的选择：当交流的对方更喜欢用电子邮件；当组织需要建立附加文件(如报告或图像)；当组织需要保留一份长期的、详细的交往记录；当组织需要尽可能地进行实时交流，而这种实时交流是电话难以提供的。

2. 发送地址列表

电子邮件用户软件提供了三种方式让你将同一邮件送至不同的接收者，即直接发送、抄送和密送。发送地址列表可以保证某商谈涉及的所有人员都有机会参与讨论；保证焦点小组的调查；确定讨论对象；与主要公众成员分享研究成果；向特定的公众成员定时传送他们特别关注的事件动向。

3. 邮递地址列表

邮递地址列表是由一个称为“邮件管理程序”的客户端软件操作的。该管理软件列表里有所有订户的信息。如果组织给这个软件发一封邮件，它能自动将组织的邮件发送给列表上其他所有成员，利用邮递地址列表发送邮件可以是互动的，也可以是单向的。同时组

织也可以通过登记加入或者直接把自己的地址加到邮递列表名单上，而不必给列表上的每个人单独发信。发到列表上的电子邮件会自动发送给列表上所有的人。邮递地址列表能让公众根据需要通过电子邮件方便地提取信息，组织也可以用邮递地址列表及时向公众发布新的信息，并且为公众提供一个讨论交流的场所。

4．电子新闻通讯

电子新闻通讯由于形式灵活、易于撰写，几乎适用于任何场合和目的，因而受到公众的普遍欢迎，因为他们总是愿意收阅类似的新闻通讯。通过在网页上登载与公共关系实务工作有关但又有不同倾向性意见的新闻通讯，访问者可能对新闻通讯中的一篇或几篇感兴趣，便会输入自己的姓名、电子邮件地址并选择想要收阅的新闻通讯。假如他们对某一题目不再感兴趣了，只要向网站的有关人员发一份电子邮件，取消订阅即可。

应用案例

加多宝微博连发四条“对不起”

广州中院一纸裁定，引发加多宝官方微博“泪奔”。

2013年2月4日下午，加多宝官方微博连发四条主题为“对不起”的微博，并配以幼儿哭泣的图片，隐晦抗议近日广州中院关于加多宝禁用相关广告词的裁定。四条微博发出后，立刻引发千万网友转发。

“对不起，是我们太笨，用了17年的时间才把中国的凉茶做成唯一可以比肩可口可乐的品牌。”

“对不起，是我们太自私，连续6年全国销量领先，没有帮助竞争队友修建工厂、完善渠道、快速成长……”

“对不起，是我们无能，卖凉茶可以，打官司不行。”

“对不起，是我们出身草根，彻彻底底是民企的基因。”

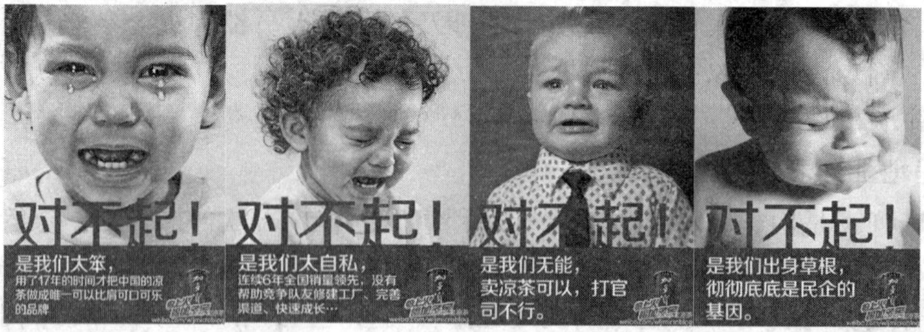

从下午 14:18 开始，加多宝官方微博即以“对不起”为主题，连发四条微博。加多宝营销团队一直被称做“极为强大”，而加多宝则一直通过营销方式为自己争取时间，最大化降低更名带来的损失。

(资料来源：中国公关网. http://www.chinapr.com.cn/templates/T_Second/index.aspx?nodeid=69&page=ContentPage&contentid=1855.2013.02.05)

第七节　公共关系手机信息传播

手机在一定程度上打破了传统大众传播平台上传播控制与传播层级的划分。手机的信息传播很大程度上是建立在人际传播的基础上的，其私人化和隐秘性的本质使得信任度高，传播效果明显。而互动性则使用户既是接收者又是传播者，单向的传播方式开始转变为网状的交互性模式。参与式的信息交流环境使手机用户处在信息传播权与信息接收权平等的位置上，而传播权的普及有利于公众能够得到更多更全面的多元化信息，品头论足、针砭时弊都变得简便可行。这些优势使手机在大众传播的模式中具有巨大的影响力。

一、手机信息传播的特点

准确而及时地把危机信息传播给公众对于稳定社会情绪、消除小道消息的不良影响、管埋机构做出应对措施有着全关重要的作用。手机信息传播是最新电信增值业务与传统媒体相结合的产物，与传统媒体相比，手机在信息传播的广泛、快速、便捷上有着得天独厚的优势。

1．受众众多

截至 2007 年 6 月，我国已有逾 6 亿移动电话用户，其中小灵通用户有 8000 万。手机信号较之传统媒体覆盖更加广泛。随着技术的革新与消费水平的提高，将有越来越多的人使用手机，这进一步促成了广泛的地域覆盖和实体覆盖。

2．迅速便捷

手机传播信息迅速便捷，比如传统媒介受地域和时间的限制，在危机事件前往往心有余而力不足，而手机由于摆脱了信息终端设备的束缚，几乎可以做到平行于危机事件传递信息。

3．贴身性

手机作为一种个人通讯工具，具有贴身携带的特点，受众可以随时随地接收信息，这就保证了受众可以在第一时间接收到信息，从而及早做出判断。

4．费用低

根据目前我国移动通讯部门的资费标准，发一条信息的费用不超过 0.1 元，这是传统媒体无法比拟的。

5．可转发性

广播电视的音画信息具有转瞬即逝性，而手机信息则可以保存并反复转发，这样信息接收者又变成了信息传播者，可以使信息迅速扩散。

二、手机媒体在公共信息传播中的优势

1．传播环境无壁垒

手机建立起了一种平面化、无层次、无壁垒的传播环境，形成了一种前所未有的社会层级划分。从这个意义上来说，诸如国务院各部门公开发言人名单及包括手机号码在内的联系方式，“市长短信”的出现，不仅代表着原本高不可攀或者隐秘的社会管理层级走向社会公众可以触及的领域，同时意味着迅速沟通的契机，一种公众信息自下而上、快速流通渠道的建立。

手机大大地拓展了现代人的生存空间，社会中离散个体的多元化和“去中心化”进一步消解了“大众”的概念，提供了媒介使用者发挥自我能动性的可能，传统传播中“中心—受众”二元结构因而受到了深刻的影响。

2．更具人性化

基于手机传播的特性，手机信息平台在引导舆论方面，比传统媒体更人性化，具有更强的亲和力，在一定程度上可以弥补其他大众传媒的不足。手机公共信息平台的作用，也并不只局限于特殊时期、特殊事件时的运用，事实上它更重要的意义在于通过制度化建设推动政府工作的改进，特别是政府的信息公开，促进信息社会的健全。

3．互动性强

作为一种高互动性、高参与度的媒体，手机在公共信息平台建设方面，其功能显然不是单向地提供政府信息，它也可成为公众意见的一个汇聚渠道，一个民意的调查渠道。

但手机媒体作为新兴的大众传播工具，也逐渐显露出自身的一些弊端和不足。如：“把关人”功能的弱化所带来的信息权威性和可靠性的质疑；手机大众传播信息的定向性违背了人际交流对于“安全”和“隐私”的需要；“手机病毒”和“手机流言”也是削弱手机信息有效性的重要因素。

总之，对于手机媒体，我们应对其进行合理的引导和有效监管，使这一媒介成为传播

公共信息、建立官方和民间的良好互动的渠道，在实现公共事务的民意参与、政府信息公开、失误救济和维权活动中起到积极作用，从而体现出手机媒体在应对公共信息传播中的特点和优势，使其扬长避短，趋利避害。

应用案例

手机信息传播在突发事件中的作用

准确而及时地把危机信息传播给公众对于稳定社会情绪、消除小道消息的不良影响、管理机构做出应对措施有着至关重要的作用。

2005 年中国东南沿海多次遭到台风袭击，就在台风来临之前，政府部门通过手机短信统一向市民发布最新信息，预告台风登陆的时间、地点和风力，同时将应对台风的常识发布给公民，收到了良好的效果。

2007 年厦门 PX 危机中，针对民众自发用手机短信形式所传播的具有误导作用的信息，厦门市政府接连两天用手机信息群发的形式告知缓建决定，并公布短信征集意见建议的方式，利用手机短信对民意进行了安抚和疏导。

2007 年以来，中国移动四川公司投资 1.5 亿元，为全省 5 万个行政村安装农业信息化专用终端——农村信息机，实现送信息下乡、进村、入户。这些农村信息机在第一时间将汛情传递给群众，群众在收到信息后及时准备，购买了饼干、矿泉水、蜡烛等物品。洪峰到来后，水、电、气被切断，事先储备的物品起了大作用。

危机发生时，公众对危机的恐惧心理可能引发更大的社会恐慌。“恐惧的心理比恐惧的到来更可怕。”要避免群体性的社会恐慌，唯一的办法就是建立公开、顺畅、权威的沟通渠道，建立突发事件新闻发布机制，2008 年面对突如其来的汶川大地震，政府果断决策，通过手机信息及时、全面、准确地告诉公众事实的真相，提高政府工作的透明度，满足公众的知情权，发挥了重要的公关作用。

(资料来源：网络新闻，由作者整理)

三、手机信息传播的策略

但是，由于手机用户数量巨大、传播者身份的匿名性以及相关法规的滞后，手机信息传播具有一定的缺陷。主要表现在垃圾信息、虚假信息和信息安全等方面。但是我们不应该因噎废食，应该积极探索解决办法，使手机这一新式媒介在信息传播中发挥更大的作用。

1．实行手机实名制

所谓“手机实名制”，即要求移动通讯运营商对用户的有效身份进行登记，加强用户的实名制管理，实行手机号码的实名制登记制度。说得通俗点，就是购买SIM卡时，必须凭身份证购买登记。这样对于发布不良信息的不法分子就可以追究其相应的法律责任。

2．清除垃圾信息

垃圾信息成为近年来消费者投诉的一个重要话题，大量的垃圾信息不但扰乱了手机使用者的生活和工作，也干扰了他们对事件的判断能力。目前，中国移动和中国联通都公布了自己的垃圾信息免费举报号码，体现了一个企业对社会的负责态度。

3．设立权威的突发事件手机信息发布平台

目前世界上很多国家都设立了专门的紧急事件特服号码，比如大家都很熟悉的美国的911、英国的999、我国的110等。在手机信息发布上也应该设立一个易记的、权威的号码，可以通过这些号码发布信息。

本章小结

公共关系传播，是指一个社会组织为了提高自身的认知度、美誉度、和谐度，借助传播的方式，所开展的传播活动及其传播管理。公共关系本质上是一种传播活动。公共关系的过程是组织主体与公众客体之间的一种信息传播活动和信息交流的过程。

公共关系传播可以根据不同的传播内容和要求，选择不同的传播媒介，常见的传播形式包括语言传播、文字传播、新闻传播、实像传播、广告传播、网络传播和手机信息传播等。

新闻传播通过策划新闻，引起新闻界和社会公众的注意，从而达到提高知名度、树立组织良好形象的目的。

广告传播以广告形式来展示企业形象、增进公众对企业的整体了解、扩大知名度的宣传形式，是公共关系实务活动的重要组成部分之一。

语言传播是人们通过口传媒介进行面对面语言交流和沟通的行动过程。

文字传播是人们通过印刷媒介进行文字符号交流和沟通的行为过程。

实像传播就是人们通过物质媒介进行实像传播的行为过程，包括产品实样、图片资料、视听资料、装饰材料、人体展示等。

网络传播和手机信息传播都是时代的产物，借助网络和手机信息达到更快捷、更广泛的传播效果。

重点名词

新闻传播　网络传播　文字传播　实像传播　语言传播　手机信息传播

思考与练习

一、思考题

1．简述手机信息传播的应用及特点。

2．简述新闻传播的特点及方法。

3．简述文字传播、语言传播、实像传播的特点及技巧。

4．简述广告传播的一般程序。

二、案例分析

不以服饰区别对待公众

某街区一家靓女时装店，专营各类布料高档、款式新颖的女式时装，颇受经济条件优越、喜欢扮靓的女士、小姐们的青睐。某著名报社记者小王偶然从母亲手里拿着的报纸中看到了这家店“新款”、“酬宾”的广告，打算在女友阿玲(在外地工作)过生日的时候买一套时装送给她。刚巧一天，小王参加社区劳动后风尘仆仆地从该店门前经过，看见同事惠娟和叶子在店里讨价还价买时装，顿时大喜，想进店询问两位同事一些事宜。但“天有不测风云”，门口保卫硬是拖住小王不得入内，原因是小王“衣冠不整”、“像个农民”、“不会买时装”等等。小王越解释，保卫越觉得他有“不轨”企图。双方吵闹，争执不下，引来许多人议论纷纷，直至公关部经理出面调停。

思考题

1．公关部经理出面调停，主要执行的是公共关系哪一项职能？

2．如果你是小王，若公关部经理未出面或调停不令您满意，您会采取什么行动或想法？

3．公共关系的工作步骤是什么？如果您是这位公关部经理将怎样实施这四个步骤，让小王和其他人由逆意公众转变为顺意公众，及时挽救声誉，树立好的形象？

第八章　公共关系专题活动

本章提要

专题活动是围绕一个明确主题而开展的特殊公共关系活动。它是企业或组织就某一方面的问题与公众进行的重点沟通。公共关系的目标需要通过一系列的专题活动来实现。

公共关系专题活动的实现形式非常多，按照不同的标准，可以划分为多个种类。本章重点介绍记者招待会、赞助活动、开放参观活动、展览会、仪式庆典等几种常见形式。不同的专题活动，在实现公共关系目标上基本一致，但是内容各有侧重，具体操作也各不相同。

学习目标

(1) 掌握公共关系专题活动的概念和基本特征；

(2) 了解记者招待会、赞助活动、开放参观活动、展览会、仪式庆典活动等几种常见的公共关系专题活动；

(3) 了解公共关系专题活动的特点、适用范围、策划和组织方法；

(4) 熟悉如何组织开展各类公共关系专题活动的操作要点和方法。

案例导读

可口可乐的“中国情结”

2002 年 8 月 8 日，全球品牌管理咨询公司与美国《商业周刊》合作，公布了全球 100 个最有价值的品牌。可口可乐战胜微软和 IBM，又一次登上榜首，成为名副其实的全球第

一品牌。在中国，可口可乐公司系列产品在软饮料市场的占有率达33%，81%的中国消费者知道可口可乐品牌。在整个中国地区，可口可乐雇用了大约1.5万员工，从董事长到工人都是中国人。

2003年2月18日，可口可乐(中国)饮料公司对外界宣布：正式更换包装、启用新标志。这是可口可乐公司自1979年进入中国市场以来首次改用中文新标志，目的是使它更贴近中国消费者的生活。

可口可乐非常重视对社会的回馈，在教育方面作了很多捐赠。到目前为止，可口可乐在中国各地兴建了50所希望小学，为贫困地区的100所农村小学捐赠了一套希望书库。1998年洪灾，可口可乐还捐赠了帐篷给希望小学。1998年3月，可口可乐公司前董事长格拉斯·艾华士访华，宣布向“希望工程”捐赠人民币500万元，专门用于资助失学儿童。1999年在中国青年基金会的发起下，可口可乐(中国)饮料有限公司设立了“可口可乐第一代乡村大学生奖学金”，资助包括北京大学、清华大学等55所大学在内的近700名大学生完成学业。这些大学生都来自偏僻的乡村，并且是第一代在村里考取大学的青年。奖学金金额为8千元，分4年提供。

思考题

1. 案例中所反映的这种类型的公共关系活动模式有何特点？
2. 开展这种活动时应注意什么问题？

(资料来源：兰州商学院《公共关系学》精品课程. 公共关系案例集锦. 2007版. http://www.2lzcc.edu.cn/Department/GongShongSch/jpkc-gggx/main.asp?cataid=245)

第一节　公共关系专题活动概述

公共关系专题活动也称公共关系特殊事件，它与一般日常的公共关系活动不同，必须有明确的主体，并紧密围绕主题开展活动，是实现组织预期公共关系目标的重要途径。

这类活动往往需要精心策划，精心实施，综合运用传播、沟通等方式，以达到应有效果。通过持续地开展各种专题活动，某一组织对社会的影响将产生累积效果，并逐步为其营造出良好的公共关系环境。

一、公共关系专题活动的含义与类型

1．公共关系专题活动的含义

所谓公共关系专题活动，是指社会组织为了实现某一明确目的，围绕某一特定主题而精心策划的专门性活动。公共关系专题活动是公共关系实务的主要内容之一，在公共关系工作中有着不可忽视的作用。

公共关系专题活动是社会组织与广大公众进行沟通、塑造自身良好形象的有效途径。因此，各类组织经常采用不同主题的公共关系专题活动来扩大影响，提高声誉。

2．公共关系专题活动的类型

公共关系专题活动的种类繁多，常见的有记者招待会(新闻发布会)、展览会、赞助活动、开幕(开工)等各类庆典、联谊活动、文艺演出、座谈会、签字仪式等。各类公共关系专题活动对于改善组织的公共关系状态有着极为重要的意义，它能使组织集中地、有重点地树立和完善自身形象，从而实现组织目标(几种常见的专题活动将从本章第二节开始详细介绍)。

二、公共关系专题活动的特征与要求

1．公共关系专题活动的特征

公共关系专题活动通常是以庆典、仪式、展览、招待、赞助、交流、联谊、会议等活动为载体，围绕特定主题而开展的特殊活动，一般具有以下特征。

(1) 针对性。公共关系专题活动是专门为实现某一具体目标而举行的，它具有明确的主题，整个活动的始终都要严格围绕这一主题进行。

(2) 传播性。公共关系专题活动本身就是传播媒体，活动的策划者把活动作为一个信息传播的载体，通过活动内容把信息传达给参与者或受众。

(3) 受益性。组织举办某一专题活动，投入一定的人力和物力后，总希望有所回报，同时，专题活动的参与者是付出时间代价而来的，活动的策划者也应该予以有效的回报。因此通过公共关系专题活动，应达到主客体双方满意、双方受益的结果。

(4) 规范性。专题活动是一个多环节、运作复杂的公共关系活动项目。要求有规范、完整的程序和步骤，讲究组织严密，安排得当，以保证活动有序开展，同时可以及时进行监控，从而保证活动质量。

此外，专题活动的特征还包括内容的丰富性、媒体的多样性、对象的广泛性等，这些特征的具体确定依据不同的专题活动而定。

2. 公共关系专题活动的要求

各类公共关系专题活动视目的不同其举办方式也不同，活动规模的大小、程序的繁简程度、开支大小等，都依活动对象和活动目的而定。它的基本要求有以下几点。

(1) 及时发出邀请。组织与目标公众应在事前进行协商，达成共识，确定活动细节，及时发出邀请。一般在邀请中需要明确活动举办的时间、地点、主体及内容、参加人员、活动程序、经费开支等。一些大型的、有影响力的活动还需要邀请相关媒体代表参加。

(2) 落实活动现场。公关人员应在组织领导决定之后，做好具体承办工作，如会场的布置、人员安排、物资准备等，力争使活动达到最佳效果。如果是参与者众多的大型活动，必要时可以在现场组织预演或彩排。

(3) 准时举办活动。活动要按规定的时间进行，客人入场时，要有专人负责接待引导，对贵宾要给予特别礼遇。活动主办方参加人员应自始至终精神饱满，给来宾提供尽可能周到的服务，不冷落任何参加者。同时，还要表现出应有的礼仪和风范，一般不要提前离场，以免使活动效果受到影响。

(4) 活动结束时要有明确说明。在不是本组织内的场所举办的活动，待正式的程序完毕后，主人可以在作别后离开，但公关人员必须在送走最后一位客人并结账后才能离开。必须有明确的活动结束说明。

应用案例

联合利华公司的中国本土化公关

企业简介

联合利华公司是世界上最大的跨国公司之一。由荷兰的尤尼麦格林公司与英国利华兄弟公司组成，成立于 1930 年，1997 年全球销售额超过 500 亿美元。联合利华公司在全球执行同样的准则——成为一个“本土化跨国公司”，在中国也不例外。1932 年，联合利华公司在上海开办了第一家工厂——上海制皂厂，生产“日光牌”香皂。1986 年，它重新回到中国投资建厂。截止到 1997 年，联合利华公司在华总投资超过 6.4 亿美元，投资行业为日用消费品和食品。1997 年以前，联合利华公司每年向中国政府交纳税收 5 亿元人民币。

为了达到本上化的目的，1998 年，联合利华公司针对中国市场酝酿了一系列重大的举措。经过详尽的调研分析后，联合利华公司针对存在的问题展开了一系列公关活动。

公关实施

1998 年 6 月，联合利华公司的两位总裁同时访问中国，表明了长期投资中国的态度，并通过以下举措完成既定公关目标——本土化。

✧ 会见

10 日下午，国务院总理朱镕基接见了联合利华公司两位总裁。会谈期间，联合利华公司表达了在中国长期投资的信心，同时就本土化进程中的一些问题与朱总理交换了看法。借此机会，联合利华公司向上海市市长徐匡迪通报了将总部设在上海的决定，并就联合利华公司资产重组问题与徐市长交换了意见。

✧ 宴请

联合利华公司的两位总裁在人民大会堂宴会厅宴请我国有关政府机构的负责人、中方合作单位代表及社会知名人士。全国人大、政协、中共中央统战、国家计委、经贸部、国家工商总局及轻工总局等有关部门领导人出席了盛大的宴会。同时，两位总裁借此机会宴请联合利华公司的退休职工，表达关爱之情。

✧ 公益活动

联合利华公司出资，资助 125 名贫困大学生的学习生活费用。这 125 名“联合利华希望之星”来自江西、陕西、云南、湖南和重庆市的三峡库区，每名学生每年获得 4000 元资助。

✧ 媒体宣传

6 月 10 日下午，联合利华公司在人民大会堂河北厅举行新闻发布会。两位总裁及来自北京 34 家新闻单位的 42 名记者出席了新闻发布会。会议期间，两位总裁透露了联合利华公司在中国进一步发展的设想并回答了记者感兴趣的问题。

同日，联合利华公司两位总裁在天安门前与中国少年儿童共同品尝“和路雪”，同时邀请在京主要新闻单位的摄影记者到现场采访。两位总裁以这种轻松、独特的方式“亮相”，巧妙地表达了联合利华公司对中国的友好与亲近。当日，联合利华公司两位总裁接受中央电视台“世界经济报道”栏目的专访，系统地阐述联合利华公司在我国发展的长远设想，全面地表达了本土化的意愿。

思考题

1. 本案例中的公关活动模式是何类型？在实际应用中应注意什么问题？
2. 公共关系只是公关部的事情吗？企业公关与营销有何关系？

(资料来源：栗玉香. 公共关系[M]. 大连：东北财经大学出版社，2009)

第二节　记者招待会

记者招待会又称新闻发布会，是以某一社会组织的名义邀请新闻机构有关记者参会，由专人来宣布有关重要信息，并接受记者采访的具有传播性质的一种特殊会议。政府、企业、社会团体或个人都可以举行。

一、记者招待会的准备工作

记者招待会开始之前，作为主办方需要做好活动准备的相关组织和安排工作，具体包括以下内容：

1. 明确主题

记者招待会的主题要视具体情况和需要来定。一般以企业集团的成立、新技术新产品的问世、经营管理方面的重大改革、重大的庆祝日或纪念日、特殊事件等作为贯穿于整个会议的主题。记者招待会切忌偏离主题或没有主题。

2. 选择召开时间

记者招待会的召开时间应尽量避开重大社会活动日，以免记者不能参加此次活动而去选择更重要的活动，这样会降低会议的新闻价值，影响会议的效果。在日程选定后，还应提前一周左右派专人发出邀请函。

3. 确定召开地点

一般可在宾馆、大饭店举行，如希望造成全国性影响，则可在首都或某大城市、经济发达区域、人员聚集区举行。

4. 确定应邀者范围

记者招待会主要邀请的是记者，有时还可以邀请一些知名人士及有关方面的专家，以提高会议的规格和会议内容的可信度。邀请记者的范围以信息接收者的范围来确定。

5. 准备会议所需资料

(1) 认真准备好记者招待会所需的文字、图片资料，包括主持人的演讲词、答记者问的备忘提纲、新闻统发稿，以及将要发布的新闻相关背景资料、论据资料、照片、录音、录像、幻灯片等。

(2) 由专人负责，落实出席记者招待会的人员，请示确定主要发言人，预先与各新闻单位联络沟通准备好会议所需要的资料。

(3) 准备请柬，请柬发出后，在会议前 3 天电话确定对方是否出席，重要人士最好在会议前一天再次提醒。

(4) 为出席的记者预备好文件袋，提前印制议程表及相关资料。

(5) 要有充足的工作人员负责接待。

(6) 事先检查扩音器、录像及投影等设备，保证不出故障。

(7) 记者招待会应守时、紧凑，遵守各项议程，不宜临时插入节目。

6．制定会议议程

会议议程一般按照以下顺序安排，即：来宾签到及分发会议资料，主持人宣布会议正式开始，发言人讲话，接受记者采访，主持人宣布会议结束。会后还可以安排参观或举行茶话会、酒会等其他招待活动。

知识链接

新闻发言人制度

组织机构的新闻发布制度是从国家的新闻发言人制度中衍生出来的。新闻发言人制度是当今世界大多数国家推行的一种基本的信息发布制度。这项制度的首创者是美国总统富兰克林·罗斯福。1933 年，罗斯福执政后为挽救严重的经济危机而采取了被称为“新政”(The New Deal)的施政纲领。此后罗斯福为了推动“新政”的顺利实施，就“新政”的推行情况定期约请广播电台的记者到自己的办公室或寓所，以“炉边谈话”的形式向社会发布新闻，从而开创了新闻发言人制度的先河。

我国政府 1983 年 4 月开始设立新闻发言人制度，国务院设新闻办公室和新闻发言人。此后每年的全国人大会议期间，全国政协会议期间和举行其他重大活动时都要举行大规模的中外记者招待会。这一体现公开性和透明度的行之有效的政治制度也在工商企业界和其他社会服务领域得到了普遍的推广。

(资料来源：百度百科. http://baike.baidu.com/view/1214131.htm)

二、记者招待会的注意事项和善后工作

1．记者招待会举办的注意事项

举行记者招待会要注意以下几点：

(1) 遵守各项会议议程，不得随意提前或滞后。

(2) 发言人的演讲要精练明确，不要拖三拉四，不能轻率地拒绝回答记者的提问。如遇到回答不了的问题时，应采取灵活的方式给予回答，以免引起记者的不满和反感。

(3) 会议主持人要充分发挥主持和组织作用。主持人应准确地把握住会议的主题，引导记者提问；要控制好会场气氛，维持会议秩序，掌握好会议时间(一般在 2 小时之内)，保证会议顺利进行。

(4) 不要随便打断记者的发言和提问，也不要以各种动作、表情和语言对记者表示不满。应表现出较高的涵养，以平静的话语和确凿的事实予以纠正或反驳。对于不愿公布和需要保密的问题应婉转地向记者解释原因。

(5) 所发布的消息必须准确无误，若发现有错误应及时予以更正。

(6) 设置签到簿，以便今后联系使用。

(7) 会议桌与餐桌要分清主次，排好次序，避免出现混乱和不愉快。

2．记者招待会举办的善后工作

招待会结束之后，还有一些善后工作需要完成，主要包括：

(1) 公共关系人员要及时广泛搜集所有到会记者在各种媒体上的报道，逐一进行归类分析，检查是否达到了预期目标，并检查是否有由于自身的失误而造成会议内容疏漏或报道失实，以便及时补救。其次，将有关媒体上的报道对照原拟主题，检查目标是否达到。

(2) 对照会议签到簿检查发稿率，并对稿件内容和倾向性作分析，以供日后选择邀请对象时参考。

(3) 搜集与会记者和其他与会代表的反应，检查发布会在接待、安排、提供方便等方面的工作是否有欠妥之处，以便今后改进。

(4) 对于因故未能参加会议的新闻机构，可提供有关背景资料、会议记录材料与图片、会议简报等，以便他们选用。

(5) 对专题活动做出评估总结报告，做好会后效果检测。

第三节　赞助活动

赞助是社会组织以捐赠方式，向某一社会事业或社会活动提供资金或物质的一种公共关系专题活动。赞助是一种对社会的贡献行为，是一种信誉投资和感情投资，也是企业赢得公众信赖、改善社会环境和社会关系最有效的方式之一。

一、赞助活动实施步骤

1. 明确赞助目的

组织每一次赞助活动，都应该有明确的目的，盲目帮助实际上是一种愚蠢的行为。常见赞助目的一般包括以下几个方面：

(1) 配合广告宣传，增强广告说服力和影响力。许多出现在各种体育比赛和文艺演出场地周围的组织名称或产品商标就是通过赞助在做广告，以配合组织在其他媒体上进行的广告宣传，表明组织实力，加强对公众的视觉冲击。

(2) 承担必要的社会责任，树立良好的组织形象。社会组织除了本企业盈利目的之外，还必须承担一定的社会责任和社会义务，即通过支持社会公益事业来表明自己是社会的一员，为社会贡献力量，主观上能树立企业良好的形象，客观上也促进社会进步。

(3) 联络公众感情，改善社会关系，扩大影响力。组织所提供的赞助资金或物质能使目标公众直接受惠，可以有效建立和培养组织与目标公众的良好感情，从而改善组织的社会关系，扩大知名度，提高美誉度。

☞名人名言:

如果说公关就是借力造势，将品牌或产品依附于某个特定事件向消费者或其他目标群传递信息的话，那么，赞助就是这一思想最直接的体现形式。

——华文公关 CEO 韩志锋《左公关右广告》

2. 选择赞助对象

组织提供赞助时，可以主动选择赞助对象，也可以根据公众请求决定赞助对象。选择赞助对象时一定要与企业自身状况和发展战略相适应，通常可以选择的赞助对象包括：

(1) 赞助体育运动。各种形式的赞助活动中，赞助体育活动是最常见的形式。由于体育的影响面巨大，公众的参与性极强，且大多不受政治因素和民族情绪影响，社会组织可以通过赞助各类体育活动，增强广告效果，扩大自身的社会影响力，从而取得巨大的经济效益。

(2) 赞助文化活动。社会组织通过赞助文艺活动(如电影拍摄、演唱会、文艺演出等)，赞助文化活动(如学术交流活动、文化古迹保护等)，培养与公众的良好感情，促进文艺事业繁荣和发展，同时极大提高组织知名度，创造良好的社会效益。

应用案例

2013年青歌赛背后的商业赞助商

每一个成功娱乐节目的背后，都站着一个高端的广告赞助商。立白洗衣液与“我是歌手”，加多宝与“中国好声音”，特步与“天天向上”……作为央视第一歌唱选秀节目的青歌赛自然也不例外，连续两届被“蓝色经典·天之蓝”品牌独家冠名。

第十五届青歌赛开赛以来，洋河股份官方微博对青歌赛进行了密集报道，其关注热度甚至超过青歌赛官方微博。在青歌赛的直播中，主办方也给予了天之蓝各种丰厚的商业回报。主持人开场口播、中奖信息公布、评委打分等各个环节，都有天之蓝的品牌元素。有网友开玩笑说歌手没记住几个，天之蓝倒是刻骨铭心了。

“天之蓝”二度联姻青歌赛

以品牌进行事件营销，主要得益于事件的影响力。2010年第十四届青歌赛，金银牌得主无人问津，天之蓝品牌却大放异彩，成为全国知名的白酒品牌，深受商务、政务及中产阶级喜爱。对天之蓝品牌而言，无疑是一场成功的事件营销。

第十五届青歌赛天之蓝品牌再次选择独家冠名。在青歌赛30年发展史上，天之蓝是继五洲、隆力奇之后第三个连续冠名的商业品牌。本届青歌赛除了冠名品牌天之蓝，还有海澜之家、农夫山泉、劲霸男装、隆力奇等赞助商。

青歌赛给“天之蓝”带来了什么

本届青歌赛进行了大刀阔斧的改革，侧重专业性、严肃性和权威性，娱乐元素较少。品牌与品牌的合作，需要内在的关联度。青歌赛从来都不是大众娱乐节目，它有着特定的收视群体。天之蓝作为一款中端白酒产品，它的消费群体与青歌赛的受众有重合处。天之蓝的品牌诉求是：“世界上最宽广的是海，比海更高远的是天空，比天空更博大的是男人的情怀。洋河蓝色经典，绵柔的，洋河的。”巧合的是，另外两家赞助商海澜之家与劲霸男装，其品牌诉求对象也是时尚男性、成功人士。

赞助商与青歌赛无形中营造了这样一种场景：穿劲霸男装、海澜之家，喝蓝色经典·天之蓝，看CCTV青年歌手电视大奖赛，这不正是时下中产阶级、时尚白领、商务人士的一种生活情调吗？

对于这样一款成熟的，有着深厚市场基础的产品，青歌赛带给它的已不仅是知名度，更是美誉度。

(资料来源：http://www.chinadaily.com.cn/hqcj/zgjj/2013-05-15/content_9033997.html)

(3) 赞助教育事业。教育事业是一种效益长远、有利于全民族素质提高的事业。对教育事业的赞助有利于教育事业的发展，使社会组织树立良好的形象；有利于企业人才招聘和培训。常见赞助方式有成立基金会、设立奖学金、捐助教学设施、资助科研项目等。

(4) 赞助社会慈善和福利事业。这是社会组织与社区、政府搞好关系，赢得社会声誉的重要途径。如对弱势群体的物质援助、对重灾区的救灾活动等，这些赞助最能体现组织所承担的社会责任和道义，体现组织的高尚风格和品质，赢得社会的好感。

(5) 赞助各种纪念、展览和竞赛活动。社会组织通过赞助重大的节日庆典活动、大型公益展览活动、社会培训、知识竞赛等，使组织在某一区域获得一定的知名度和美誉度。

3. 制定赞助计划，实施赞助方案

根据组织决策和自身经济实力，制订详细赞助计划，写明活动主题，传播方式，赞助对象的范围及形式，确定经费预算。受助方和赞助方签订合约后，应根据合约内容有计划、有控制地进行活动，并有专人负责实施各项赞助方案。

4. 测评赞助效果

赞助活动结束后，组织可采用自我评价和专家评价相结合的方式，对赞助效果进行调查和评定。可以对照计划检查预定目标的完成情况，也可以收集社会公众、新闻媒体和受助者的看法，找出差距，评定实际效果，写出总结或报告，并存档备查，作为以后赞助活动的参考资料。

应用案例

北京 2008 赞助商在行动

作为世界性的体育盛事，2008 年北京奥运会不仅是提升中国国际地位和形象的盛大体育赛事，对于企业来说，也是一个百年难遇的营销机会和巨大无比的传播舞台。纵观各大奥运赞助商在北京 2008 奥运期间的表现，不能说争奇斗艳，起码也算是五花八门。

吃——金龙鱼

“为健康中国加油！”是金龙鱼打出的口号，实在！有劲！

金龙鱼的奥运参与计划的实际行动之一，嘉里粮油通过和中国青少年发展基金会联系，在天津、太原、石家庄、郑州、济南五个城市，分别捐建了 5 所金龙鱼希望小学体育室，在上海，首届嘉里粮油上海高东企业群趣味运动会开幕，家庭趣味运动会，让当地居民感受到奥林匹克的脉动，金龙鱼还将在全国举办“金龙鱼奥运社区行”的活动，通过在居民社区中展示奥运历史、举办奥运知识竞赛、签名征集等活动使得奥运精神得以更广泛的普及。

穿——恒源祥

作为北京奥运家纺用品唯一赞助商——恒源祥，借奥运会的“绿色”理念，恒源祥把企业的行为也和奥运会结合起来，树起了“治理睡眠污染”这个企业使命。恒源祥很用心地研究奥运产品开发，其特别制作的“奥运珍藏内衣”在宁波“首个奥运包装上市”。

行——大众汽车

上海大众是 2008 北京奥运会的赞助商，德国大众很显然是在配合这个四年一遇的盛会，在北京国际汽车展上，不论是朝气的 Cross Polo 抑或活力的 Cross Touran，都将运动寄予到汽车之中，称与奥运精神一起发扬光大。

用——中国移动

中国移动把奥运与产品相联系，特别是北京移动领跑了中国移动在全国范围内为奥运加油的亲民运动，并支持主办“北京国际长走节”，让老百姓感觉到奥运全民参与的热烈气息。

思考题

1．策划活动中如何抓住体育精神与企业文化的同质性？

2．如何以企业行为带动社会行为，使品牌得到更大范围的传播和认同？

(资料来源：人大经济论坛. http://bbs.pinggu.org/thread-164922-1-1.html)

二、赞助活动的注意事项

在赞助活动中应注意以下问题：

(1) 积极寻找机会，为企业创造一个鲜明、突出、慷慨大方的形象。这种机会能发展企业与消费者之间互利互惠的双边关系。

(2) 考虑受资助者的声誉和影响。要认真研究和确认被赞助的组织、个人或社会活动是否具有良好的社会声誉，是否有积极、广泛的社会影响、保证赞助活动取得良好的社会效益。

(3) 估算出每个项目的资金，确定赞助规模以及一致性和连续性，预测公关活动对创造企业形象、提高知名度的影响程度。

(4) 形式上要新颖，要有突破创新点。

(5) 随时跟踪新闻媒介的动态和消费者的反响，及时将有关情况反馈给企业决策者。

(6) 用企业现有的宣传和营销手段支持赞助活动。

第四节　开放参观活动

开放参观活动是将组织内部有关场所和作业程序对外开放。它可以让公众亲眼目睹组织整洁的环境，先进的工艺，现代化的厂房设备，有条不紊的工作秩序，科学的管理制度，高素质的员工及为社会所作的贡献等，还可以通过厂史资料向公众全面、立体地展示组织的过去、现在和将来。

一、开放参观活动的特点

1. 真实性

开放参观活动最大的特点就是真实性，它以事实说服公众。常言说得好："耳听为虚，眼见为实。"开放参观活动往往比任何强大的宣传手段都更具说服力。如前苏联切尔诺贝利核电站发生事故后，中国香港各界纷纷表示担忧，担心我国广东大亚湾不安全，一时满城风雨。为此，香港选民代表参观大亚湾核电站，现场介绍安全情况，结果风波很快平息。

2. 价值性

开放参观活动可增加组织的透明度和扩大组织的知名度，争取公众的理解和支持。开放参观活动还可以有助于消除人们对组织的不解和疑虑，改善社会关系。

3. 多样性

开放参观活动根据主题要求，可采用的方式有现场观摩、介绍、实物展览等。开放参观活动让公众参观现场，以目击为主。在参观前可先利用电影、电视录像、幻灯片等作简要介绍，使公众对组织有大致了解，还可以用图片、模型、产品陈列等形式对开放参观活动起补充说明作用。

应用案例

杭州电子科技大学第五届"后勤开放日"之参观食堂活动

2008 年 5 月 16 日，由后勤服务总公司饮食服务中心、校膳食管理委员会主办的第五届"后勤开放日"之参观食堂活动在杭州电子科技大学下沙校区各大食堂举行。

食堂开放活动为同学贴近食堂、了解膳食管理工作提供了机会。当天，来自各学院的学生代表和现场报名的同学，在各食堂经理的带领下，分批参观了食堂的操作间，详细了解了食堂的管理、工作流程及食品安全卫生等各方面情况。各食堂经理热心为同学解答疑问，并表示随时欢迎同学们来监督、交流。

后勤开放日活动作为该校传统活动之一，充分发挥了联系学生与后勤的桥梁作用，增进了学生对学校饮食服务的了解，受到学生的一致好评。

思考题

结合案例，谈谈开放参观活动对组织有什么作用？

(资料来源：http://www.doc88.com/p-192575901918.html)

二、开放参观活动的组织程序

1．确立主题

任何一次对外开放参观活动，都应确立一个明确的主题。通过活动要让参观者留下怎样的印象，取得什么效果，达到什么目的，这些问题都需要提前确定。组织对外开放参观活动通常是要强调组织的优良工作环境，表明组织是社区理想的一员，或体现组织服务社会和造福周围公众的作用。

2．安排时间

开放参观的时间最好安排在一些特殊的日子里，如周年纪念日、组织开业、组织获得特殊荣誉的纪念日等。在喜庆的日子里进行参观，可能增添公众的兴趣，获得更强的开放效果。同时，要有足够的准备时间。规模较大的开放参观活动需要3～6个月的准备时间，如果要准备大规模的展览、编印纪念册或策划其他特别节目，则需时更多。

要合理安排对外开放时间，尽量避开节假日。考虑到气候因素，较理想的开放日一般以晚春和早秋为宜。

3．成立专门机构

如想让开放参观活动办得尽善尽美，可以成立专门的活动筹备委员会。通常，委员会成员由组织领导、公共关系人员、行政和人事部门等人员。如果主题是强调服务或产品，则还要有营销部门人员。

4．准备宣传工作

开放参观活动相关的各种宣传工作也非常重要。活动主办方可以提前准备一份简明易懂的说明书，发给参观者。正式参观前放映电影、录像或幻灯片进行介绍，可以帮助参观者了解组织的概况。此外，还可在参观结束前，赠送参观者一份纪念性的小册子，这些小物件可能会成为十分有用的传播媒体。

5．划分参观线路

提前划分参观线路，防止参观者越过参观所限范围，以免出现不必要的麻烦和事故。通常，由向导陪同按照预先设定的参观路线引导参观者参观并做必要解说，回答参观者的提问。也可设置较明显的路标为参观者引路，并安排专人在参观者可能感兴趣的地方做集中讲解。

6．做好服务接待工作

对参观者应热情周到地做好接待工作，要安排合适的休息场所，准备茶水、饮料、点心等物品。对于户外参观活动，还需做好医疗、安全卫生等方面的准备。

7．征求意见

参观结束后，可通过公众意见簿或留言簿等形式，征求公众对组织的意见、建议等。有条件的话，还可召开参观者座谈会，请他们发表观感，提出意见，以便于组织改进工作。

第五节　展　览　会

展览会是通过实物展示表演以及文字、图片、图表、视听资料宣传组织的一种专题活动，也是组织公共关系专题活动中经常使用的一种形式。通过让公众在现场体验来感受组织的文化内涵和产品服务，达到宣传组织、促销产品的目的。

一、展览会的特点

(1) 直观、形象、生动，并有较强的传播效果。展览会上往往使用实物展示，同时使用多种传播媒体，如照片、录像、投影等媒介和网上互动媒体，这些实物和媒体的复合性传播常常能获得令人满意的效果。

(2) 提供了某一类组织与公众进行直接交流沟通的平台。展出中的实物示范、产品操作、提供的服务、描绘的前景、专人现场的讲解，可以使公众产生浓厚的兴趣，或激发购买欲望而采购，或就特定的问题进行深入探讨，进行商业洽谈，达成合作，给公众留下较深刻的印象。

(3) 展览会往往成为新闻媒体的报道对象。举办展览会一般都有鲜明的主题，通过展览来显示组织服务或产品特色。展览会的举办，往往传递着最新的信息，会对公众产生较大的影响。组织可以利用这个机会制造亮点、热点，彰显特色，扩大影响；还可以和新闻界进行广泛接触，广交朋友，增进了解，为组织树立良好形象。

(4) 举办展览会已成为一个经济增长亮点。许多地方尤其是大城市都在搞会展经济，这主要是利用会议和展览来实现增加城市特色、地方亮点和热点，推动和搞活流通，增加经济收入等目标。如能结合自身特点精心实施，组织可实现名利双收。

二、展览会的类型

展览会的类型从不同的角度可归纳为以下几种：

1．按展览性质分类

(1) 宣传展览会。宣传展览会是通过实物、图表、模型等来宣传某一观点、思想、信仰、组织成就等，只展不销，如交通安全展览会。

(2) 贸易展览会。贸易展览会是通过展览，促进产品的销售，开拓产品市场。成熟参展商能够拥有企业参展的准确定位的能力，他们对展览会的价值具有几乎一致的价值观，主要集中在“信息传播价值”、“第三方认证价值”、“体验价值”、“理念价值”、“精神领袖价值”等五方面。

2．按展览内容分类

(1) 综合性展览会。综合性展览会是全面介绍一个国家、一个地区或一个组织的情况，要求总揽/纵观全局，内容全面，有一定的整体性和概括性，给观众留下完整的印象，如“世界博览会中国馆”。

(2) 专题性展览会。专题性展览会是围绕某一专题、某一专业或某类产品举办的展览会，要求主题突出，内容集中，有一定的深度。

应用案例

第八届中国盆景展览会

2012 年 10 月 20 日第八届中国盆景展览会在陕西安康开幕，本届盆景展持续到 27 日。展览会共展出来自全国 85 个城市的 950 件精品盆景，本届盆景展览会以“寻梦中国盆景，相约美好安康”为主题，旨在弘扬中国盆景文化，加强东西部盆景交流，促进盆景事业发展。

(资料来源：西安新闻网-西安晚报，2012-10-21)

3．按展览举办场地分类

(1) 室内展览会。大多数展览会都在室内举行，既显得庄重，又可不受天气影响，举办时间较灵活，长短皆宜。但室内展览会的设计布置较烦琐、复杂，花费较大。

(2) 露天展览会。露天展览会的设计布置比较简便，费用也少，但受天气的影响大。一般较贵重、精致的展品适于室内展览，而农副产品展览、花展、特色饮食展销、大型机械展览通常在露天举办。

4．按展览会规模分类

(1) 大型展览会。大型展览会通常由专门的单位主办，参展单位报名参加。其规模一般很大，参展项目多。

(2) 小型展览会。小型展览会的规模较小，一般由组织主办，展品也是自己生产的，展览地点通常选择在各类建筑的门厅、图书馆、会议室等，或专辟陈列室、样品室等。

此外，展览会还有长期与短期、定期与不定期、混合与单一之分。组织可根据自身的情况，选择适当的展览会类型，以取得更好的效果。

应用案例

潘婷——爱上你的秀发

创始于 1837 年的宝洁公司是世界最大的日用消费品公司之一。1999 年 5 月，宝洁旗下的著名洗发水品牌潘婷打算于当年 8 月在上海及浙江市场全面推出其最新的护发产品——潘婷润发精华素，从而带动一种全新的护发新理念，即从简单护发到深层润发的重大改变。为配合该产品的发布需要策划及展开一系列既新颖又有力度的公关活动。

在策划活动之前，宣委会进行了详尽的市场调查。由于潘婷润发精华素产品是美发领域的一项新突破，且其上市的时间 1999 年又正是新旧世纪交替的特殊时间段，再加上 10 月 1 日又是我国建国 50 周年的大日子，宣委会最后决定举办名为“潘婷——爱上你的秀发”中国美发百年回顾展活动。

“潘婷——爱上你的秀发”中国美发百年回顾展于 8 月 25 日在上海图书馆一楼展厅举行。展览会的开幕式暨潘婷润发精华素上市会非常隆重，宣委会安排在展厅外悬挂了巨幅的宣传横幅以提高影响力及吸引力。来自上海、杭州、温州及宁波的八十多位媒体代表参加了活动，其中包括大众媒体、商业/消费类媒体、生活及美容美发等不同类型的媒体，更囊括了上海所有 6 家电视台及浙江省各城市的 4 家电视台，盛况空前。

另外，展会还特别邀请了在 1999 年中国服装表演艺术大赛系列活动中荣获潘婷优雅气质奖及最佳秀发奖的戴洁小姐及梁馨小姐共同出席开幕式活动，并邀请她们参与了不同时代发型与服饰的表演。

本次展览会内容丰富，不但向参观者展示了从明末清初到现代社会的发型变化及美发、护发技术，还特别制作了一部反映我国各个时代不同发型及美发技术变迁的纪录片，该片是我国首部全面展示中国近代美发史的片子，具有极高的观赏性和教育性。为了增加展览会的生动感，更在展览会现场还原了三、四十年代的旧上海美发厅场景，吸引了成千上万的观众驻足观赏。

活动结束后，宣委会分别致电与所有与会媒体进行交流，以不断改进今后的工作。中央电视台 2 套的生活栏目选用主办方的素材，在庆祝祖国建国五十周年的一系列回顾报道节目中，特别制作了一档长达十五分钟的有关美发、护发专题的节目，产生了相当大的社会影响。

(资料来源：http://www.doc88.com/p-516934256841.html)

三、展览会的组织实施

举办展览会是一项综合性很强的复杂工作，需要精心地策划、组织、协调，要有充足的经费。为使展览会能取得实际效果，需要抓好以下几个环节的工作。

1．明确展览目的

举办展览会前，需要明确举办展览会的目的，必须明确是要取得宣传效果，还是要取得一定的经济收益，或者是二者兼要。由于展览工作十分复杂，对展览目的要有明确的、符合实际的界定，最好量化指标。这样做将使公关人员的工作更有针对性，便于效果评估。

确定目的的同时要进行需求性和可行性分析，经过分析论证，认为确有必要举办，同时又切实可行时，才可以进入决策程序，避免盲目行事。

2．确定展览主题

在目的确定后，公关人员要明确展览主题，围绕展览主题去精心设计展览的内容和选择形式，并精心组织准备。对投入的人力、物力、财力和展览效果要做到心中有数。要精心挑选、制作展览所需的影像、照片、图表、文字、解说词等，使各部分既紧密围绕主题又充分展示个性，并有提高整体展览效果的作用。

3．确定展览会类型、参展单位和参展项目

第一，要明确举办什么类型的展览会，是大型还是中小型。第二，要确定在何时、何地、何种场合，以什么展览方式、什么单位参加、展出什么展品，可能的目标公众是谁。第三，明确参展的产品、项目的要求及费用预算等。

可以根据展览目的和展览主题来组织参展单位和参展项目，邀请方式可以用发邀请函或采用广告招展等形式。

4．明确展览会总负责人和总设计人

各项任务要做到分工明确、责任到人。总设计人要负责构思整个展览的结构、设计会标及文本安排，协调整体布局和各部分之间的衔接，注意采用现代展览技巧，使展览会新颖、生动，给公众留下深刻的、良好的印象。

5．有针对性地搜集和选择参展项目

如果项目多时可以进行归纳、汇总，把所有参展的展品做出符合主题要求，符合内在逻辑结构的排列组合，使展览会达到展出主题鲜明突出，富有展览特色，结构严谨，整体效果好的目的。

6．选择展览场地

展览场地选择时要考虑交通便利，方便参观者前来观展；场地的质量要好，如环境的协调性和安全性，设备的先进性，辅助设施的完善配套(如停车场)等。要考虑参观高峰时路线能否畅通无阻，指示标志要明显，在紧急情况下容易疏散，预防事故发生。

7．预测参观者的类型和数量

展览会主办方可参照往期类似展览会资料，或者根据此次展览会的规模、宣传渠道、举办地等信息预测参观者的类型和数量，同时保证有足够资源和空间满足前来参观者的需求。

8．培训展览工作人员

注意挑选整体素质较高的人员参加展览工作。理想的展览工作人员一般应熟悉展览业务工作，尤其是熟悉参展项目产品的专业知识，以便为公众提供优质服务；要善于交际，注意礼节，能得体地与公众进行交流；仪表得体，举止端庄大方，语言流畅。为保证展览会顺利进行，可在布展前对参加人员进行本次展览的专业知识培训和公共技能培训。

9．成立新闻发布机构和确定新闻发言人

要指定专人负责与新闻界进行联系，制订新闻发布计划，邀请记者采访、报道，要组织人员撰写新闻稿，及时向社会公众传播有关展览会的信息，扩大整个展览会和参展单位的影响，确保展览会收到预期效果。

10．做好接待服务工作

要设立专门的接待地点或人员，准备休息室，划定停车场地及行车路线指示牌，在醒目处要绘制出展览会平面布置图，在展览会场入口处设置签到处、咨询处、服务台、引导人员。

11．准备好宣传材料

一般需要准备展览会的会标、会徽、纪念册，关于参展单位、参展项目的宣传手册，以及产品介绍单、目录表、传单、光碟等，供展出时分发或参观者购买。

四、展览会的经费预算和效果评估

对展览会的经费开支要事先作好预算安排，有计划地分配使用，防止浪费和超支。主要的开支项目大体上有场地使用费、设计制作费、设备租用费、工作人员酬金、差旅费、纪念品及宣传品制作费、联络交际费、展品运输费、贵重物品保险费等。经费筹集可考虑主办者拨付的筹办费，参展单位的参展费，广告收入，门票收入，出售资料收入，其他辅助收入等。

经费收支一般应达到平衡并略有结余，如果考虑组织的战略利益则另当别论。评估工作应列入总体计划之中，在展览会开始策划时就同时考虑。可以通过设置公众留言簿、公众座谈会、现场采访或现场问卷调查的方式获取公众评价信息，同时统计参观人数、类别、级别、范围、销售额、成交额、意向投资额等来做评估指标。

第六节　仪式庆典活动

庆典活动是组织利用自身或社会环境中的有关重大事件、纪念日、节日等所举办的各种仪式、庆祝会和纪念活动的总称，包括典礼仪式、纪念活动、节庆活动和其他活动。通过庆典活动，可以渲染气氛，强化组织的影响力；也可以广交朋友，广结人缘；成功的庆典活动还可能具有较高的新闻价值，从而进一步提高组织的知名度和美誉度。

庆典活动的组织一般要先确定庆典活动的形式，然后根据形式制订详细的计划，最后具体实施，如邀请嘉宾、安排程序等。庆典活动要取得满意的效果，需要首先要吸引新闻媒体的关注，可采用“策划新闻”的方法；其次要注意构思的奇特、新颖等。作为公共关系人员，对外是组织的代表，对内需要进行决策，理应通晓重要庆典的规范要求和庆祝仪式。

一、开幕典礼

1. 开幕典礼的含义

开幕(开业)典礼又称开幕式，是指组织为第一次与公众见面的、具有纪念意义的事件而举行的庄重而又热烈的活动形式。它包括企业开张之喜，机构成立揭牌，重要工程开工，展览会、博览会、运动会、文艺会演第一次拉开序幕，以及第一次向公众开放等。

一个热烈、隆重的开业典礼能为组织创造良好的社会形象，能给公众留下美好的第一印象，树立良好形象。开业典礼往往也是组织的各种文化素养及各种能力的综合体现。组织开业庆典活动，应遵循“热烈、隆重和节约”的原则。这也是组织能否顺利发展的重要前提。因此，公共关系人员应该重视并精心安排好这一活动。

课外阅读

这就是英国

宁静的午后，温暖的红茶，舒适的躺椅，清新的微风——走在熙熙攘攘、人流如潮的伦敦街头，你很难找到如是这般在文学作品中常见的英伦风情。2012 年 7 月 27 日的伦敦奥运会开幕式演出中，人们看到的是一幕幕田园风情或黑白记忆，是一幕幕家居场景或街头随拍，忽如经典话剧一般，忽如潮流大片一般，就是不太像人们脑海中认定的奥运开幕式。在奥运会时隔 68 年之后重返伦敦，它的大幕徐徐拉开，是如此的富有创意，是如此令人耳目一新。

作为人类文明历史上的一个重要篇章，作为现代工业革命的发源地，英国有着太多津津有味的话题。世事变迁，今天的英国虽然只是如今这个多彩世界中的一抹亮色，但它却依然散发着自己独特的光芒。

连日来的烈日骄阳，让人们意识到伦敦已经话别“雾都”；来往人群更多穿的是 T 恤牛仔，让人们逐渐忘却了传统的英式礼帽手杖；但往来穿梭的依然是英伦特有的红色双层大巴，随处可见的依然是笨重粗圆的铁皮邮筒。英国在追随潮流的节拍中，依然不时敲击着自己的鼓点。

牧歌中的炊烟，莎士比亚的诗句，桀骜的披头士，劲爆的摇滚，经典的 MINICOOPER，007 的敏捷身手，还有憨豆先生的幽默——这是一场处处充满英伦元素的大 PARTY，这是一幕轻松愉快而又惊喜搞怪的大型真人秀，这就是英国奉献给世界的伦敦奥运会开幕式。

如果说，北京奥运会开幕式是一件完美无缺的青花瓷，那么伦敦奥运会开幕式就是一部浓缩厚重的不列颠百科全书。但其实，我们没有必要将今夜的伦敦与四年前的北京之夜相比，因为这里本就不是北京，这里是伦敦。

“一千个人眼中，有一千个哈姆雷特。”无疑，2012 年伦敦奥运会的开幕式在全球亿万观众心中也有万般品评。然而无论如何，人们会记住：这里是伦敦奥运会，这就是英国！

(资料来源：潘治. 新华网. http://2012.sina.com.cn/dt/other/2012-07-28/070022169.shtml)

2. 开幕典礼举办程序

公共关系人员作为开幕典礼的具体设计者和组织者，为办好开幕典礼需要做好准备工作、开幕仪式和结束工作。

1) 开幕典礼的准备工作

(1) 拟定出席典礼的宾客名单，并发出请柬。首先要拟出宾客的名单，一般可以包括政府主管部门或有关部门的负责人、社区负责人、知名人士、社团代表、新闻记者、同行业代表、员工代表和公众代表等。名单须经领导审定，然后按名单发出请柬，最好提前两周寄出(本地一周前送达)，以便对方早作安排。活动前三天再次电话核实，贵宾要在活动前一天再核实一次。请柬的印制应尽量精美，邀请语言应诚恳并精确无误，请柬中要写明活动事由、时间、地点、方式等。

(2) 拟定开幕典礼的程序。其程序一般为主持人先宣布典礼开始，介绍重要来宾，接着组织领导人或嘉宾致贺词、致答词，然后进行剪彩、参观、座谈或宴请招待等。

(3) 确定致贺词、致答词人名单。应事先确定致贺词、答谢词人的名单，并为本组织领导人拟写开幕词、致答词。开幕词、贺词、答谢词都应言简意赅、热情庄重，能起到密切感情、增进友谊的目的。

(4) 安排接待服务事宜。应事先指派专人负责签到、接待工作，并确定剪彩、放鞭炮、摄影、录像等有关服务人员，要求他们各负其责，在典礼开始前准时到达指定岗位。

2) 安排开幕仪式

(1) 专人负责签到接待。宾客接到后，有专人请他们签到。宾客签名后，由接待人员引到备有茶水、饮料等的接待室，让他们稍事休息并相互认识。本组织有关人员应在此陪同宾客交流。

(2) 典礼开始。先由主持人简单致词，宣读到会来宾，然后由客方致贺词，主方致答词。

(3) 进行剪彩。一般可由主方负责人和宾客中地位较高、名望较大者同时进行剪彩。剪彩者要求服饰端庄整齐，步履稳健，全神贯注。剪彩时，应神态庄严地一刀剪断彩带，待剪彩完毕时，转身向四周观礼者鼓掌致意。

(4) 答问。在剪彩过后，由主方负责人回答记者或嘉宾提出的各类问题。

(5) 安排助兴节目。在开幕式进行过程中，为营造热烈欢快的喜庆气氛，可安排一些必要的助兴节目，如小型歌舞、专题表演等，在允许燃放鞭炮的地区，还可燃放鞭炮、礼花、礼炮等。这些节目要视具体庆典的内容而定。

3) 开幕典礼的结束工作

(1) 组织参观。典礼仪式结束后，可安排来宾参观本组织的工作现场、生产情况、服务设施及产品、商品陈列等，以使上级、同行业和社会公众了解自己。

(2) 征求意见和题词。可以举行短时间的座谈或请来宾在留言簿上留言，以征求各方面的意见、建议。还可以准备笔墨纸张，请来宾中地位高且擅长书法者题词以作纪念。

(3) 必要时还可安排宴请招待，或赠送有纪念意义的小礼品，以密切关系，表示谢意。要使庆典仪式达到预期目的，公关人员应周密计划，不辞劳苦地进行充分准备，热情冷静。为避免差错发生，签字准备、接待、放炮、摄像、扩音、分发礼品都应由专人负责，并提前到达指定岗位，并加强过程监督和检查。

二、纪念活动

1．节庆活动

节庆是为节日或共同的喜事而举行的、表示快乐或纪念的庆祝活动。百里不同风，千里不同俗。各国甚至一个国家的不同民族和地区都有自己独特的节日和庆祝活动。节庆日是开展公共关系活动的极好时机，要想恰到好处地开展节庆活动并达到预期效果，要注意以下几点：

(1) 要区分公共关系节庆活动的重点。各国各民族的节庆节日名目繁多，大体可分为法定节日、民间传统节日两大类。法定节日除宾客所在国的国庆日，可向其表示庆贺外，亦可酌量安排一些电影、文艺招待等活动。其他的法定节日，无论是我国或他国的节日一般由国家、政府首脑或军事首长主持，组织的公共关系部门，则不必另行安排庆祝活动。

民间传统节日，除各国基本相通的元旦外，世界各国都有各自传统的民间节日和宗教节日。如欧美国家的“复活节”、“感恩节”，伊斯兰教的“开斋节”，佛教的“浴佛节”等。重要的民间传统节日和宗教节日，应列为节庆活动的重点。

应用案例

第十二届中国安康汉江龙舟节

2012年6月16日至6月18日第十二届中国安康汉江龙舟节在陕西安康城区举行，活动由安康市委、市政府及省体育局、省文化厅、省旅游局、省商务厅、省教育厅、省广播电视台、西安音乐学院主办。本届龙舟节的宣传主题是“繁荣汉水文化，凝聚发展合力，建设美好安康”。龙舟节期间，还有龙舟大游行、开幕式、西部企业家同学会、走进安康座谈会、招商项目和旅游推介会、贫困地区教育发展论坛等10项活动相继展开，并由西部网对第十二届安康龙舟节的盛况进行现场直播。

整个节庆活动紧紧围绕“繁荣汉水文化、凝聚发展合力、建设美好安康”的主题，全面实现了勤俭办节、精细办节、安全办节的总体要求，达到了弘扬汉水文化、提升安康影响、扩大对外开放、凝聚各方力量的重要作用。节会期间，安康市以文化搭台、经贸唱戏的办节宗旨，通过深入洽谈签约项目19个，总投资85.65亿元，其中签订合同项目15个，引进资金50.03亿元。两天中共吸引78.2万游客，实现旅游综合收入3.28亿元。特色产品暨美食展上，185家企业集中推介40大类500多种安康名优产品，三天来现场销售1200余万元，签订销售合同1.3亿元。贫困地区教育扶贫论坛让更多高层专家对安康教育扶贫方面的成果有了充分认识并给予了肯定，进一步坚定了教育优先发展理念，增强了将教育成果转化成为区域加快发展的强大活力。

思考题

该活动为举办地和举办方带来什么样的收获？

(资料来源：西部网. http://finance.cnwest.com/node_35566.htm)

(2) 开展节庆活动，要富有传统特色。例如，目前许多宾馆、酒店的公共关系部，在春节期间按我国的传统方式，给宾客吃“年夜饭”，组织员工向他们“拜年”；在中秋节邀请宾客赏月，品尝月饼等。

(3) 要不失时机地开展节庆活动。节庆开展公共关系活动，并非局限于餐饮、旅馆等组织的公共关系部门，其他组织的公共关系部门也可视自己服务的公众，因地、因人制宜，开展相应的活动，只是要从本组织的实际出发，量力而行、讲究实效。

2．周年纪念活动

每个社会组织都有值得纪念的日子，可以逢整年开展各种纪念活动，借以向公众宣传自己的发展和成就，密切与公众的关系，提高知名度。不过，并非每年都要搞纪念活动，逢五逢十等可着重开展，而五十年、百年应大庆。

许多组织的周年纪念活动是以召开隆重的庆祝大会形式进行的，会上邀请政府领导人、社会名流、新闻记者和其他各界代表参加，赠送各种纪念品，同时举办组织发展史展览，放映公共关系影片、录像片或幻灯片，会后通过新闻媒体和自办刊物广泛宣传。

应用案例

可口可乐百年庆典

可口可乐饮料诞生100周年庆典之际，可口可乐饮料公司向全世界发布各类可口可乐的信息，使人们了解可口可乐不仅历史悠久，而且已向太空时代迈进，是领导着今日世界技术高度发展的饮料行业。对这些机遇的把握大大增强了企业的竞争力。

为了策划好美国可口可乐公司100周年纪念日专题活动，可口可乐公司使出了浑身解数，仅用4天的时间，可口可乐公司就用最盛大最壮观的庆祝活动来装点公司总部所在地亚特兰大；14000名工作人员分别从办理可口可乐业务的155个国家和地区飞往亚特兰大，302辆以可口可乐为主题的彩车和30个行进乐队从全国各地迂回取道开进亚特兰大，夹道欢迎的群众多达30万人，公司向这些群众免费供应充足的可口可乐。

亚特兰大市长安德鲁和可口可乐公司总裁戈伊祖艾塔一起引导游行队伍，其后是1000人的合唱团和60种乐器的交响乐队，他们高唱着可口可乐的传统颂歌——“我愿给世界买一杯可口可乐”；亚特兰大市洞穴状的奥姆尼中心四周竖立着巨大的电视屏幕，通过电视屏幕，观众们可以看到在现场举行的可口可乐公司的百年庆典场面。为了响应可口可乐公司“跟上浪潮”的最新广告口号，伦敦的典礼策划者准备一次推倒60万张多米诺骨牌，这一活动把亚特兰大、伦敦、里约热内卢、内罗毕、悉尼和东京连接起来，各个地点的通讯卫星相互联系，当多米诺骨牌天衣无缝地一浪一浪倒下去并在伦敦到达终点时，全世界可口可乐公司的职员都欢呼起来。

"新"、"奇"、"特"其实并不只是对周年庆典活动的要求，其他类型的专题活动也应该以此为策划的出发点。在这里，有一点要特别注意，那就是在追求"新"、"奇"、"特"时，不能忽视了公众的心理承受能力，不能引起公众的反感，否则将会事与愿违。

(资料来源：http://www.doc88.com/p-381775125765.html)

第七节　其他活动

专题活动的种类很多，如前几节讲到的仪式庆典活动、展览会、记者招待(新闻发布)会、赞助活动和开放参观活动等，都是常见的专题活动，除此之外，还有如会议组织、举办酒会、来访接待等多种形式。

一、会议组织

会议是在一定目的指导下进行的有组织、有控制的活动，是通过将有关人员集中起来交流信息、商讨对策、解决问题的一种工作形式。

会议的种类很多，往往依据组织者的目的而定。常见的有工作布置会议、政策研讨会议、经验交流会、新产品发布会、联欢会、座谈会、股东年会、各类代表会议等。

会议规模可大到国际性会议、全国性会议，小到地区性会议、行业会议、组织内会议等；参加人数多的有可达几百万人参加的群众大会，少的则有两三人的碰头会；时间长的会议经年累月，短的几分钟或几十分钟。但归纳起来有一个共同特点，那就是会议召开者利用会议这种形式来传递信息，进行意见沟通，并希望取得共识后付诸行动，以实现某种目的。因此，会议也成为现代公共关系的常见形式之一。

二、来访接待

现代社会人们的交往更加注重信息的交流，注重实效。组织为自己的生存和发展，也需要与社会各界广泛交流，因而做好来访接待工作的重要性也日益提高。来访可分为主动邀请客人访问和被动接受客人访问两种。

主动邀请客人访问，是指组织主动邀请公众(主要是外部公众，也有的大型组织邀请分部人员来参观访问组织总部)参观本组织，实地了解组织的环境设施、工作条件、产品和服务、成就展览等。主动邀请客人访问，可提高组织的开放程度，可以使组织和公众直接沟通。

被动接受客人访问，是指组织应某些公众要求而被动接受的访问。既有一般性的参观、学习、取经类的访问者，也有来提改进工作意见和建议或要求组织帮助解决问题的人。

接待来自各方面的客人是公关部门一项非常重要的经常性工作，也是一项十分复杂的工作，涉及的问题很多。接待工作做得如何，会直接对组织形象造成影响。因此，应采取各种有效措施，努力提高组织的接待工作水平。

三、酒会

酒会，是一种经济简便与轻松活泼的招待形式。它起源于欧美，一直被沿用至今，并在人们公关社交活动方式中占有重要地位，常为社会团体或个人举行纪念和庆祝生日，或联络和增进感情而用。具体而言，酒会，是便宴的一种形式，会上不设正餐，只是略备酒水、点心、菜肴等，而且多以冷味为主。

公关人员要在工作和社交中取得更大的成功，就应该掌握酒会礼仪，学会利用酒会的形式来达到扩大交际、广交朋友的目的。就酒会礼仪而言，公关人员应注意掌握酒会的类型、酒会的特点、酒会的筹备、用餐的形式、交际的方式等多方面的知识。

酒会深受欢迎，得以不断延续和推广，主要是由于自身有易被他人接受的诸多特点，具体体现在：

(1) 何时到场一般可由宾客自己掌握，不一定非要准时到场；

(2) 自选菜肴。宾客可根据自己口味偏好去餐台和酒吧选择自己需要的点心、菜肴和酒水；

(3) 不排席次。酒会上用餐者一般均须站立，没有固定的席位和座次，主人最好设置一些座位，以供年长者及疲惫者稍作休息之用；

(4) 自由交际。酒会具有较强的流动性，宾客之间可自由组合，随意交谈。

应用案例

比服务本身更重要的是公关

案例背景

提起麦当劳，人们就自然会想到汉堡包、炸薯条。熟悉它的人，还会联想到遍布全球众多国家的多家连锁店，联想到地球上每天都有人正在品尝着一模一样的汉堡包、炸薯条和苹果派。麦当劳是怎样一步步成长为全球餐饮业的霸主呢?

成功策略

毋庸讳言，麦当劳以其优良品质、快捷服务、清洁环境和物有所值而闻名，这些既是其品牌个性，又是它长期奉为经典的经营信条。根植于此，麦当劳的形象广受世界各地人们的喜爱和欢迎。

然而更为重要的是麦当劳与众不同的公关策略。

最近，北京的麦当劳食品有限公司推出一项新举措，在所属57家麦当劳餐厅内代售公交月票。麦当劳在对北京发售月票网点的调查后知晓，北京有600多万人使用月票乘公交车，而发售月票的网点只有88处，乘客深感不便。于是他们便“拾遗补缺”干起了“代售月票”的营生，为广大乘客创造便利条件。此举一推出就吸引了大批食客络绎而来。

其实，这种“好人好事”麦当劳做了不少并且一直在做。早在2011年高考前夕，在麦当劳宽敞明亮的餐厅里就坐着不少手拿书本只要一杯饮料就呆上好几个小时的考生，面对此景，麦当劳不但未赶他们走，反而特意为这些学子延长了营业时间。

无偿地为学子学习延长营业时间，为普通公众代售公交月票，两则案例都是麦当劳自找麻烦，如此做法，不能不让人由衷地感叹赞赏，其实这正是麦当劳与众不同的高明之处。这些做法在别人看来，唯恐避之不及，麦当劳却视为己任，这就是一个跨国企业在中国“讲述”的一系列平凡而可贵的经典商业故事。在这种独创思维支配下采取的营销举措，无疑给我们留下了极为深刻的现实启示。

案例点评

实际上企业为公众服务一个很重要的方面就是方便公众，而公众对于为他们便利着想的企业，不论大小都是照顾的。古人云“处处留心皆生意”，说的就是这个道理。麦当劳留给我们的一个最重要启示就在于：任何一个行业都可以凭借方便公众而创造竞争优势。

(资料来源：http://www.canyin168.com/glyy/yxch/yxal/201201/38322.html，2012.01.20)

本章小结

公共关系专题活动指组织为塑造自身形象围绕某一公共关系主题，有计划、有步骤地组织目标公众参与的集体行动，是组织与公众沟通的有效途径。

公共关系专题活动常见的形式有：记者招待会、展览会、赞助活动、仪式庆典活动，开放参观活动等多种形式。

社会组织一般会在内部发生值得庆祝的重要事件时，在人们共同庆祝的重大节日里举行隆重的仪式庆典活动。

开放参观活动是社会组织邀请内外公众(主要是外部公众)参观本组织的工作条件、环境设施、成就展览等。

公关赞助活动是企业或其他社会组织以无偿提供资金、物质进行帮助或支持的方式发起、组织、参与某一有广泛群众基础，同时能获得一定的形象传播效益的社会活动。

展览会是一种综合运用各种传播媒介、手段推广产品，宣传组织形象和建立良好公共关系的大型活动，它通过实物、文字、图表来展示成果，图文并茂，给公众以极强的心理刺激，从而加深公众的印象，提高组织和产品在公众心目中的信誉。

记者招待会是政府、企业、社会团体和个人把各新闻机构的有关记者邀请来，宣布某些重要消息，并让记者就此提问，然后由召集者回答的一种具有传播性质的特殊会议。

重点名词

公共关系专题活动　展览会　开放参观活动　记者招待会　赞助活动
仪式典礼活动　来访接待

思考与练习

一、单项选择题

1. 赞助(　　)。
   A．是一种可以获得效益的投资，而不仅仅是一种慈善事业
   B．是一种慈善事业，而不是一种可以获得效益的投资
   C．不是一种慈善事业，也不是一种可以获得效益的投资
   D．仅仅是一种慈善事业
2. 从性质上看，可容纳多家不同产品进行同时展销的是(　　)。
   A．专项展销会　B．综合性展销会
   C．大型展销会　D．中型展销会
3. 组织公众前来组织参观有一个主要的目的就是(　　)。
   A．扩大组织美誉度　B．促销
   C．提高工作水平　D．增强员工或家属的自豪感
4. 策划具有新闻价值的事件又可称之为(　　)。
   A．新闻发布会　B．制造新闻
   C．撰写新闻资料　D．撰写新闻稿

5．把展览分为综合性和专题性的两种类型的标准是(　　)。

A．内容　　B．时间　　C．地点　　D．人员

二、多项选择题

1．常见的典礼、仪式有(　　)。

A．法定节日庆典　　B．某一组织的节日庆典　　C．签字仪式

D．受勋仪式　　E．开业典礼

2．新闻发布会的主要发言人应该是(　　)。

A．当领导的　　B．头脑机敏的　　C．漂亮的

D．口齿清楚的　　E．具有较强口头表达能力的

3．社会组织开展赞助活动的目的有三个，即(　　)。

A．扩大知名度　　B．增强信任度　　C．促销产品

D．扩大影响　　E．提高美誉度

4．展览会的特点是(　　)。

A．高效性　　B．复合性　　C．综合性

D．新闻性　　E．双向性

三、判断题

1．开业庆典是提高组织知名度、扩大社会影响的公共关系活动。　　(　　)

2．新闻发布会应在重大节日和有重大社会活动时举行。　　(　　)

3．展览活动不可以一次展出许多行业的不同产品。　　(　　)

4．企业实施社会赞助的目的就是扩大知名度、增强信任度和提高美誉度。　　(　　)

5．公共关系要求组织做好基础工作，只要基础工作做好了，一切公共关系问题便随之迎刃而解。正所谓“酒香不怕巷子深”。　　(　　)

四、思考题

1．试述公共关系专题活动的作用和特征。

2．如何举办记者招待会？

3．怎样办好展览会？

4．开幕典礼要做哪些工作？

5．开放参观活动的注意事项有哪些？

6．某医科大学毕业生自主创业，在社区办了一家上门服务的便民诊所，请为这家诊所策划一个开业典礼。

应用案例

百度被“黑”事件

事件背景

2010 年 1 月 12 日早上 7:00 左右 www.baidu.com 开始突然出现无法访问故障，域名无法正常解析。至 9:30，太原、天津、郑州、烟台、长沙、成都、沈阳等全国各地均出现百度无法正常访问现象。10:45，百度官方表示，由于 baidu.com 的域名在美国域名注册商处被非法篡改，导致百度不能被正常访问，公司有关部门正在积极处理，并提出 www.baidu.com.cn 能够正常访问。自 11:00 起，各地网络开始恢复对百度的正常访问。

12: 51，对于百度被黑事件，CEO 李彦宏在百度 i 贴吧上，以“史无前例”表达了自己对于事件的震惊。当日下午 6 点，百度发表正式声明，称目前已经解决了大部分登录问题。对于部分中国网友基于义愤报复性攻击其他外国网站的做法，百度称“我们并不鼓励这样的做法，请大家保持冷静。”

事件点评

作为国内最大的网络搜索平台，百度的突然被“黑”显然在网民中引起轩然大波。从应对角度来看，百度方面的公关作法近乎完美，即在第一时间对事件做出回应；快速运用技术手段对问题进行技术处理；迅速制定应急方案，积极引导广大网友使用 www.baidu.com.cn 进行正常搜索；CEO 李彦宏借助于网络发表自己对于事件的看法，消除广大网友的猜疑与疑虑；而对于广大网友克制性的提醒，显示了百度的大度与事件应对的全局观。如此系统的公关应对策略，保障了问题的顺利解决，得到了广大网友的好评。

(资料来源：中国公共关系网. http://www.17pr.com/viewnews-117265.html:2010-2-19)

第九章 公共关系专职机构和专业人员

本章提要

通过对本章的学习，一方面使学生对公共关系部、公共关系公司及公共关系社团的优缺点、类型及机构设置、公共关系人员的素质及培养能全面了解，从而利用公共关系机构更好地开展公共关系工作；另一方面使学生熟悉公关人员的日常业务、素质要求、培养方法，从而把握公共关系行为主体的特征，全面了解公共关系部、公共关系公司及公共关系社团的情况，知道公共关系人员的基本素质、公共关系人员的培养及职业道德标准。

学习目标

(1) 掌握公共关系部的主要职责、设置类型、内部分工与人员配备。
(2) 了解公共关系公司的优势、类型、机构设置及工作方式。
(3) 了解公共关系社团的特征、工作内容。
(4) 熟悉并掌握公共关系人员的基本素质、公共关系人员的培养及职业道德。

案例导读

徐厂长是怎样搞公共关系的?

徐厂长在一次工作会议上听到了“公共关系”这个词，觉得很新鲜，他也学着别人的经验，搞起公共关系来。他认为搞公共关系必须有漂亮的女孩子，其他条件都不重要。于是，就从厂内外找来 6 名漂亮的女孩子，成立了一个公共关系科，由办公室负责，纳入办公室编制，任务是接待外来人员。这些公共关系人员平时除了搞接待，十分清闲，开始在办公室聊天、打毛衣，后来甚至干脆打起扑克来，行政办公室主任十分恼怒，把意见向上反映，徐厂长也觉得公共关系起不了什么作用，但同时，他也听到别的厂设立公共关系部门以后，对场内效益起了很大的作用。于是，他灵机一动，要求公共关系部也搞业务，不搞接待了。为了调动公共关系人员的积极性，干脆在公共关系部门搞起承包制，让这个部门脱离办公室独立，与办公室平起平坐，称为“公共关系部”，自负盈亏。公共关系部人员有两人怕丢掉“铁饭碗”，主动退出；其余四个人的主要任务是采编和推销商品。一段时期后，厂里供销科的意见很大，说公共关系部抢了他们的“生意”；加上公共关系部有几份合同因不懂业务被人骗了，损失了几万元，其中一名公共关系人员因涉嫌受贿，被司法部门传讯。徐厂长一气之下，把公共关系部撤掉了，并感叹地说：“公共关系，骗人之术”。

思考题

1．徐厂长认为搞公共关系必须要漂亮的女孩子，其他条件都不重要，这样做对不对？为什么？

2．徐厂长是怎样理解公共关系职能和任务的？他的理解对不对？为什么？

3．请指出公共关系部门在厂里职能部门中处于什么位置，是一种什么类型的隶属关系。

4．要求公共关系部搞承包，负责采购和推销，这样做符不符合公共关系部的设置要求，为什么？

(资料来源：黄禧祯，刘树谦．公共关系学通用教程[M]．北京：北京理工大学，2009.)

第一节　公共关系的专职机构

一、组织内部的公共关系部门

1．公共关系部的地位与职能

1) 公共关系部的地位

公共关系部(Public Relation Department)作为经营管理的一个环节，在于对各种内外人际关系的协调管理。组织的公共关系部同组织内部的其他部门一样，是一个重要的职能部门。公共关系部在组织内充当多种角色：是信息收集发布、分析的信息情报部门；也是组织对外整体形象策划部门；也是组织决策参谋部门；更是组织对外的“宣传部门”，关系的“外交部门”。

在组织中，最高领导层越重视公共关系部门的工作，公共关系部就越能发挥它的作用。

2) 公共关系部的职能

通常公共关系部主要从事四类公关工作：

(1) 长期工作，主要有：组织整体形象的策划、调整、传播、评估，管理组织的无形资产。

(2) 日常工作，主要有：监测组织环境，搜集组织内外公众的各种意见，接待投诉；撰写组织有关情况和活动的新闻稿、演讲稿；同各种传播媒介及其记者、编辑保持密切联系；协同影视制作方面的人员拍摄、整理、保存资料片；设计、筹划、监测组织的各种宣传品和馈赠品；注册互联网上本组织的域名，设计网络上的主页，管理电子信息；了解竞争对手的公关活动情况，并加以分析；同印刷厂保持密切联系，同主管部门、政府有关部门的人员保持联系；培训公关工作人员；同有业务来往的公关公司、广告公司保持密切来往；同公共关系社团，如公共关系协会、公共关系研究所等机构保持密切联系。

(3) 公共关系的定期活动，主要有：组织记者招待会；组织内部的听证会；编辑、联系印刷组织的内部刊物；参加各种管理会议，了解组织内部的管理状况；参加各种销售会议，了解组织同外界的商业联系情况；同所在社区的代表接触，随着时代发展，还应关注互联网上的“虚拟社区”，同网络公众联络；协助拟写为董事会准备的组织年度经营报告；组织安排全体人员的集体娱乐活动；总结、评价公共关系活动的效果。

(4) 公共关系的专题活动，主要有：组织安排各种大型庆典活动；处理危机事件；筹划、安排“制造新闻” 活动；组织、举办展览会；筹划、安排公关广告，协助专业人员拍摄有关组织情况的录像或影片；安排来宾参观访问，组织新产品介绍会；安排筹款、赞助活动。

以上四类工作不是独立分开的，而是日积月累、层层递进、相辅相成的。同时各组织的具体情况不同，应以适应本组织发展为标准酌情变通处理。

2. 公共关系部设置的原则

一般说，公共关系部的设置应遵循如下原则：

(1) 精简原则：在组建组织内部的公关部时首先要考虑这一原则。这意味着公关部下属的二级机构要精简，不要臃肿，公关部的人员岗位和编制要精简，不要因人设岗而导致人浮于事。组织的公关部的规模可大可小，大者几千人甚至上万人，小者 3～5 人甚至只有 1 人。在确定公关部的规模时，一般要考虑组织本身规模、组织内部各职能部门的职能分配、组织对公关部的要求、组织的公众特点等情况。

(2) 效能原则：公关部是专门开展公共关系工作的组织机构，它的每一项工作都可能涉及组织的声誉和形象。因此在设立公关部时，一定考虑让公关部充分发挥其效能，行使其职能。这就要求一方面要界定公关部的职责和权利，要让公关部门拥有其职责范围内相应的人、财、物的决策权，以保证其工作的主动性和积极性；另一方面要合理设置公关部内部的二级机构，使整个公关部能有效地整合起来，形成整体效应，发挥最大威力。

(3) 灵活机动原则：公关部的工作既包括日常性的信息收集和整理分析、公众来访接待、常规公关宣传等工作，也包括一些临时性大型专题活动的组织和临时性突发事件的处理。这就要求组织在设立公关部时，充分考虑这两种不同性质工作的特点，使组织的公共关系部能适应客观环境变化和组织工作的调整，保持高度的灵活性和应变能力。

3. 公共关系部的组织结构模式

公共关系部的组织结构模式是灵活多样的，组织内部的公关部可用不同标准进行分类。

1) 按公关部在组织内部的位置来分类

(1) 最高领导直接负责型。这是一种比较理想的模式，对公共关系工作的开展最有利。公关经理直接向总经理报告工作，对总经理负责；也有的由最高领导(总经理)直接兼任公关经理。其组织结构如图 9-1 所示。

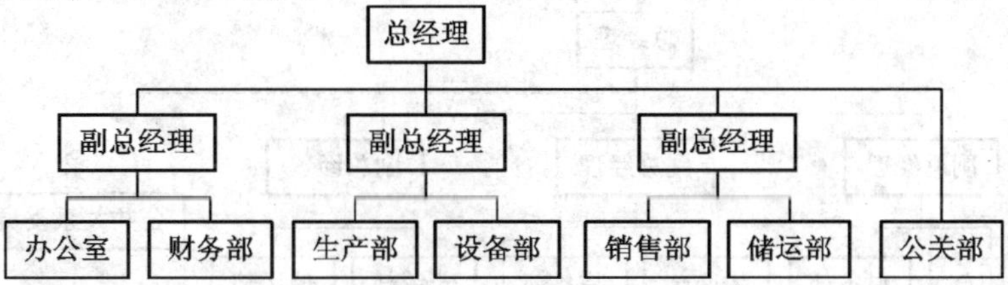

图 9-1　最高领导直接负责型

(2) 部门并列型(最高领导间接负责型)。在这种模式中，公关部是组织的一个二级职能部门，与生产部、财务部等业务部门处于并列地位，公关经理向其主管领导报告工作。其组织结构如图 9-2 所示。

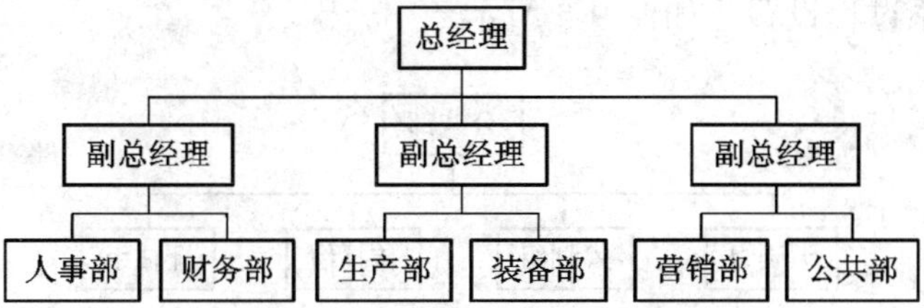

图 9-2　部门并列型

(3) 部门附属型。在这种模式下，公关部只是组织二级部门下的一个附属机构，也即组织的三级机构。公关部可能隶属于销售部门、广告宣传部、外事部或行政办公室。其结构如图 9-3 所示。

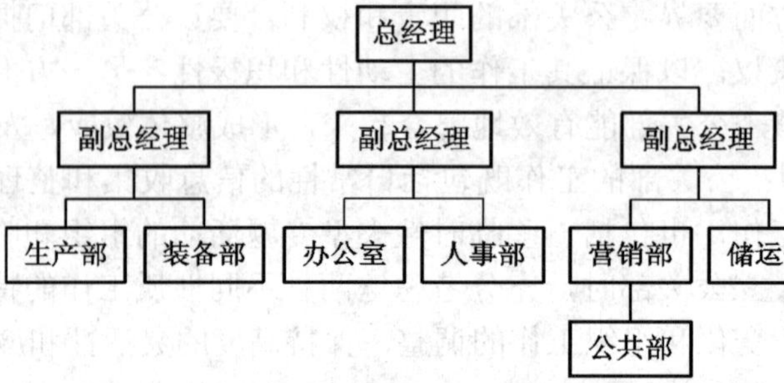

图 9-3　部门附属型

(4) 公共关系委员会型。有的组织不设常设的公关部门，也没有专职的公关人员，而是成立一个公关委员会，负责组织的重大公关事务，一些日常工作则分散到各职能部门。公关委员会的成员一般包括最高负责人及各位副职、各职能部门第一负责人及相关人员，其组织结构如图 9-4 所示。

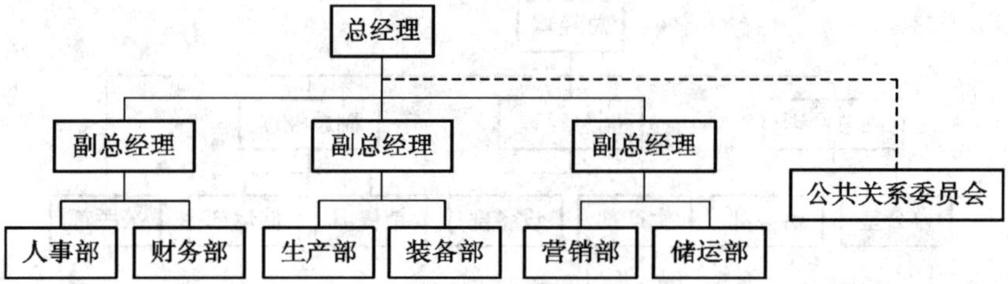

图 9-4　公共关系委员会型

注：图中虚线表示公关委员会为非专职职能部门，即非常设固定机构。

2) 按公关部的内在结构来分类

(1) 按公共关系过程设置，如图 9-5 所示。

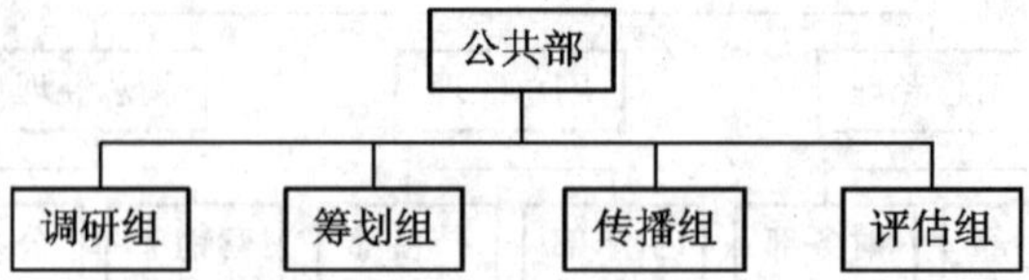

图 9-5　按公共关系过程设置的公共关系机构

(2) 按公共关系对象设置，如图 9-6 所示。

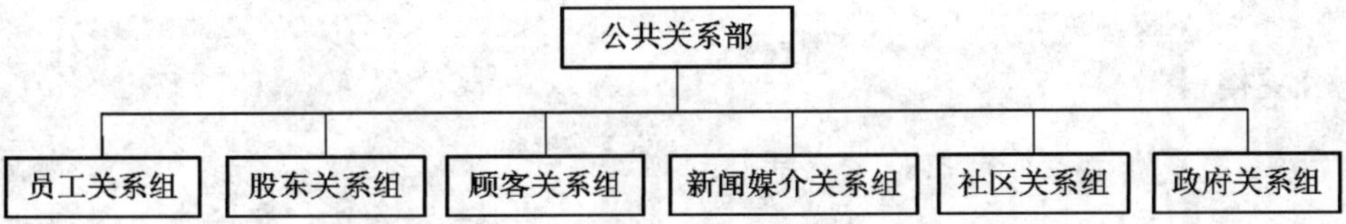

图 9-6　按公共关系对象设置的公共关系机构

(3) 按公共关系手段设置，如图 9-7 所示。

图 9-7　按公共关系手段设置的公共关系机构

4．公共关系部的内部分工和人员配置

公共关系部的内部通常分为三个方面，大致需要五类人员：

1) 公共关系部的内部分工

对内关系：主要负责员工关系、部门关系、干群关系、股东关系等。这些关系需要配合经理部门，财务部门、特别是人事部门、工会等组织去协调处理，主要运用公共关系的专门技术，如编制公司刊物，年度报告，组织股东年会，进行员工调查等，进而增强员工的归属感。

对外关系：主要负责顾客关系，政府关系，社区关系，媒介关系等。这些关系应设专人或比较固定的人负责，有利于组织关系网络的稳定发展。

专业技术制作：公共关系的许多方法和技术都专门化了，因此可根据所采用的手段和技巧进行分工。

2) 公共关系部的人员配备

通常需要五类人员：编辑、拟稿人员；调查、分析人员；公共关系活动策划人员；公共关系活动的组织人员；其他专门技术人员。

5．公共关系部的优势

公共关系部作为组织内部公共关系机构，与组织外部公共关系机构相比较，有着自己的优势：

(1) 能够最大限度地发挥组织内部各种因素的作用，提高公共关系工作的成绩和效益。

(2) 能够充分提高公共关系工作的针对性和及时性。

(3) 有利于保持公共关系工作的连续性和稳定性。

(4) 有利于节约经费开支。

☞公关格言:

上善若水，厚德载物；公关美德，源远流长。

——中国公关策划第一人：余明阳

公关故事

著名公关人和事——鲁肃

最早的公关是从人际传播开始的，沟通、树立形象、推销、化解危机……公关的发展也伴随着历史而暗潮涌动。古人的公关能力完全不输现代人。

如果评选东吴集团第一的公关先生，鲁肃的得票数应当最高。根据史料记载，“肃体貌魁奇”，按现在的话来说，典型的大帅哥。也对，PR 起码相貌中上。

当然，肃兄非绣花枕头，其公关能力的确了得。当刘表挂掉后，鲁肃立即根据实际情况提出新的公关策略，那就是联合刘备，日后北抗曹操。他先跑去劝刘备与孙权结盟，又对诸葛亮说：“我是诸葛瑾的好友。”正一手，反一手，全是高手。赤壁之战后，他又劝说孙权将荆州借给刘备，继续巩固孙刘联盟。

最牛的一次公关行为，应该是和关公的单刀赴会。在实行温和的公关策略无效后，他用了复合的方法，外交会晤加军事威胁，穿插着利益说服等，从多点进行全方位的立体式公关，堪称教科书级别的公关手腕!

诸葛亮算得上是亚军，草船借箭、七擒孟获、智算华容道，PR 智慧卓然。他以真诚为信条，以沟通为手段，也是公关界的执行高手。

在那个乱战的年代，论公关优秀人才还有好几个，比如毛遂也是好公关，而苏秦连横六国，把六个国家忽悠到了一起更是威猛。那个时代的 PR，一张大嘴巴，走遍天下都不怕。

(资料来源：韩晓娟　史上著名的公关人和事　杭州日报. 2013-04-07)

二、专业公共关系公司

1．公共关系公司的优势

尽管组织内公共关系部越来越多，但公共关系公司(Public Relations Company)仍然在社会上不断得到发展，这是因为公共关系公司具有一般组织内公共关系部难以竞争的优势：职业水准高；分析问题客观；建议容易为人们所重视和接受；社会关系广泛；机动性强。

2．公共关系公司的工作内容

依照公共关系公司的专业分工，与客户合作的时间长短，以及委托的特点和要求等，公共关系公司的工作内容主要有：

(1) 充当对外关系的联系人或协调者；

(2) 提供公关咨询；

(3) 短期专项服务工作；

(4) 长期综合服务工作；

(5) 提供公关工作人员的培训服务。

3．公共关系公司的类型及机构设置

1) 公共关系公司的类型

公共关系公司的结构模式是多种多样的，从不同的角度观察，可划分为不同的类型。

(1) 从服务项目看，有综合性的公共关系咨询服务公司，也有专项公共关系咨询服务公司。

(2) 从经营方式上看，有独立经营的公共关系公司，也有与广告公司合并的公共关系公司。

(3) 从规模大小可分为单一型和集团型公共关系公司。

2) 公共关系公司的组织机构

公共关系公司的组织机构并不是一个固定模式，但大致有如下组成部分：行政部门；审计部门；专业部门；国际业务部门。

图 9-8 为我国珠海经济特区公共关系公司专业部门设置。

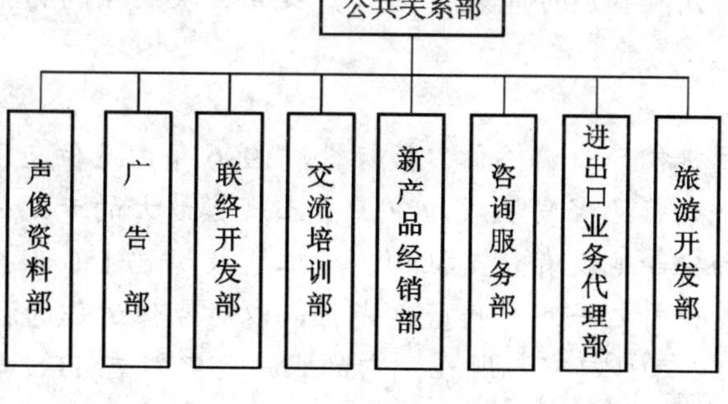

图 9-8　公共关系公司专业部门设置

4．公共关系公司的收费方式

公共关系公司通过为客户提供服务，满足客户需求，取得一定的利润报酬。实际操作中，常见的收费方式有：

(1) 项目收费；

(2) 计时收费；

(3) 综合收费；

(4) 项目结果分成。

思维拓展

知名公共关系公司介绍

1．奥美公司

奥美公司是指1980年成立于美国纽约的奥美公共关系国际集团(也简称奥美公关)，是世界十大专业公关公司之一，它和奥美广告等姊妹公司分享同一企业品牌。1995年开始在中国大陆设立分公司，目前已成为国内最大的国际公关企业。奥美公关从事于建设和保护品牌形象的事业，并且协助客户进行改革。奥美公关服务范围涵盖业务增长、企业变革、资金筹集、危机管理、领导地位定位、行政总裁来访安排、媒体关系、技巧开拓、产品销售、结盟关系拓展、员工和政府关系等等。

2．博雅公关

博雅公关是指1953年成立的美国博雅公共关系有限公司，是全球最大的公共关系和传播咨询公司之一，也是最早进入中国的国际公关公司之一。1986年博雅公关和新华社合作成立了中国第一家专业公关公司——中国环球公关公司。目前，博雅中国通过其在大中华区内的北京、上海、广州和香港办事处，为客户提供公共关系与传播方面的全方位咨询和服务。

3．蓝色光标

蓝色光标公关顾问机构，业内俗称“蓝标”，1996年由几位志同道合的年轻人共同创立。8年的时间，蓝色光标已经发展成为中国本土规模最大的专业公关代理公司之一，在上海、广州、成都、西安等地设有分支机构，员工总数超过150人。上海蓝色光标，是上海地区口碑最好的公关公司之一；广州蓝色光标，以对媒体运作的深刻了解而著称。

“蓝标”从运作IT客户起家，现在，它的客户已经覆盖IT、电信、金融、汽车、家电、快速消费品等商业企业及政府机构和院校、媒体、协会、基金会等非政府组织。其成功运作的案例有2001年北京申奥政府公关、新联想的企业形象推广等等，在微软的产品发布、迪士尼中文网站开通等公关活动的背后也闪现着蓝标的身影。

(资料来源：中国公共关系网. http://www.17pr.com/viewnews-47102.html)

三、公共关系社团

公共关系社团属非官方社会组织。公共关系社团泛指社会上自发组织起来的、非营利性的从事公共关系理论研究和实务活动的群众组织或群众团体。它主要从事公共关系理论研究、学术探讨、咨询服务、选举推广、教育培训、竞赛评比、网上服务、国际交往等活动。主要包括公共关系协会、学会、研究会、俱乐部等组织。

1. 公共关系社团的类型

目前，按公共关系社团的性质和主要职能划分，主要有综合型社团、学术型社团和行业型社团三种。

(1) 综合型社团，主要指国家级和各省市、地县和乡镇各级的公共关系协会。其任务主要包括联络会员、规范本行业的职业道德和行为准则、专业培训、普及教育联谊活动、编辑和出版公共关系信息交流刊物、公关网站服务等。中国公共关系协会是我国国家级综合型社团。

(2) 学术型社团，主要包括公共关系学会、公共关系研究会、公共关系教学研究会和公共关系研究所等学术团体。这类社会任务主要致力于公共关系教育与科学研究活动，这类社团除了聘请少量专职人员负责日常工作外，还聘请著名学者、教授、专家、顾问担任其理事、研究员、客座教授。

(3) 行业型社团，主要包括社会各界的各行各业、各部门成立的公共关系社团，这类社团一般从属于各行各业的行业协会。其主要任务是适应行业公共关系发展需要而开展相关的形象建设、对外宣传和专业培训等活动。

2. 国内外主要的公共关系机构

(1) 中国环球公共关系公司；

(2) 中国公共关系协会；

(3) 国际公共关系协会；

(4) 国际公共关系咨询公司；

(5) 泛太平洋公共关系联盟；

(6) 泛美公共关系协会联盟；

(7) 欧洲公共关系联盟。

知识链接

中国公共关系协会

中国公共关系协会，英文名称为 China Public Relations Association，缩写为 CPRA。中国公共关系协会成立于 1987 年，是经国家民政部核准登记的国家一级非盈利的社团组织，具有独立的法人资格。业务主管单位是国家新闻出版总署。协会自成立以来，遵守中华人民共和国宪法、法律、法规、政策，遵守社会道德风尚，引导和教育会员爱国、敬业、诚信、守法，致力于开拓和发展中国的公共关系事业，积极开展国际与台港澳地区公共关系交流、合作，弘扬中华民族文化，积极开展行业自律、资源整合、人才培养、理论研究和国际交流与合作等方面的工作，对促进中国公共关系事业的发展起到了重要的推动作用。

中国公共关系协会的宗旨是：提供服务、反映诉求、规范行为。加强行业企业的社会责任感，倡导行业自律，充分发挥为会员、为企业、为政府、为社会服务的桥梁、纽带作用，维护行业企业的合法权益；促进中国公共关系事业的发展，联络国内外公共关系组织、相关机构和人士，增进相互了解、发展交流与合作，为促进社会主义政治、经济、文化的繁荣与发展，为促进社会的和谐，实现中华民族伟大复兴作出应有贡献。

(资料来源：责任编辑 王群. 中国公共关系唯一官方网站 www.cpra.org.cn)

第二节　公共关系专职人员

应用案例

周恩来杰出的公关艺术——文以传意胜似有声

1941 年 1 月，国民党反动派制造了震惊中外的皖南事变。新四军军部及直属部队九千余人在北调途中突遭国民党袭击，大部分壮烈牺牲，军长叶挺被扣，副军长项英等遇难。

为了向国民党统治区人民和全世界揭露国民党反动派的这一罪行，周恩来在《新华日报》上发表了他的手书题词。

题词共两条。在第二版占六栏位置的是“为江南死难者志哀”。在第三版占五栏位置的是一首诗：“千古奇冤，江南一叶，同室操戈，相煎何急。”这满含悲愤的25个字，产生了震撼人心的强大力量，一下揭穿了皖南事变的实质，表达了对国民党顽固派最强烈的抗议。报纸躲过了国民党严格的新闻检查制度，一清早就冲破了山城的浓雾，传遍了全城，送到了读者手中，轰动了整个重庆。

这天的报纸，上午就在市内销完，每份后来增卖到五角，在社会上产生巨大的反响。毛泽东从延安致电周恩来说：“收到来示，欣慰之至，报纸题字亦看到，为之神示。”

周恩来进行文字宣传的公关艺术，处处闪耀出迷人的光彩。周恩来在近半个世纪政治生涯的磨炼中，亲自宣传的公关艺术可谓出神入化，炉火纯青，世人为之倾倒。

(资料来源：艺侠. 周恩来的公共关系艺术[M]. 上海：上海文艺出版社, 2009)

公共关系人员(PR Practitioner)，简称“公关员”，又有公共关系从业人员、公共关系专业人员和公共关系官员等名称。从狭义上讲，是指从事公共关系职业的专职人员。我国劳动与社会保障部为公共关系人员下的定义是：专门从事组织机构公众信息传播、关系协调与形象管理事务的调查、咨询、策划和实施的人员。从广义上讲，凡从事公共关系理论研究、教学活动和公共关系实际工作的人员，都是公共关系人员。

一、公共关系人员基本素质与基本技能

由于公共关系职业化的发展，公共关系活动自身对公共关系从业人员的基本素质提出了越来越高的要求，伴随着这种要求，如何培养和提高公共关系人员的职业素质也就成为一个重要的问题。加之公共关系工作涉及知识面广，公共关系行业竞争日益激烈，这就对公共关系从业的人员技能方面提出了更高的要求。这些共同构成了“公关素养”。

1. 公共关系人员的基本素质

公共关系人员的素质，首先应该是一种现代人的全面发展的综合素质。如现代人的思维方式、现代人的知识结构、现代人的观念意识等。其次应该结合公共关系职业的特点，指以公共关系意识为核心，以良好的心理为基础，以综合的公共关系专业知识结构为表现

形成的一种整体职业素质。我们从公关意识、心理素质、知识结构三方面论述公共关系从业人员的基本素质。

1) 公共关系人员的公关意识

如前所述，所谓公共关系意识就是将公共关系原则内化为内在习惯和行为规范。它是一种现代经营管理思想、观念和原则，它是公共关系实践在人们思维中的反映。公共关系意识是公共关系人员应具备的基本素质的核心。公共关系意识主要包括以下几个方面的内容：塑造形象的意识；服务公众的意识；沟通交流的意识；危机意识；创新意识。

2) 公共关系人员的心理素质

心理素质指的是健全的人格、良好的心态、健康的心理，这是公关人员做好公关工作的必要条件。心理素质是职业素质的基础，根据公关工作的特点，公关人员应该具有以下几个方面的心理素质。

第一是开放的心理。开放的心理素质包含两层意思：

(1) 思想解放、不保守，善于接受新事物、新知识、新的思维方式和生活方式；心胸开阔，宽容大度，善于求同存异，化敌为友，寻求共识。

(2) 自信的心理。俗话说“自知者明、自信者强”。充满自信的人敢于面对挑战，敢于追求卓越，敢于胜人、超越。不自信的形象是卑微、平庸的。卢梭曾说：“自信心对于事业简直是奇迹，有了它，你的才智将取之不尽，用之不竭。一个没有自信的人，无论他有多大的才能，也不会有成功的机会。”当然，自信不是盲目自负，而是建立在周密调查，全面掌控情况的基础上。

第二是热情的心理。公关工作是一种需要满腔热情去投入的工作。因为其行业特点决定，没有时限、范围的规定和固定的服务对象，需要公关工作者全身心地投入。没有热情，对人对事提不起兴趣的人做不好公关工作，再则，热情能激发智慧的火花，产生想象力和创造力。大学生真正具备了这种热情的心理，才会充满激情，才能使服务工作常做常新，才能使自己和从事的事业不断创新。

总之，公关人员最佳的心理表现为：乐于并善于与人交往，心气平和，充满自信而不自负，待人友善热情而不是天真，以魅力吸引公众，展示公关人员的良好形象，以利于公关工作的开展。

3) 公共关系人员的知识结构

公共关系工作头绪繁多，涉及面广，要求工作人员具有广博的知识，做一个“通才—专才”型人才和“杂家”。但现代社会科学技术突飞猛进，知识更新速度加快，一个人毕其一生，所学也极为有限，因此，具有怎样合理的知识结构，才能适应实际工作的需要，就成为重要的问题。公共关系人员的知识由以下几方面构成：专业知识；辅助知识；相关学科知识。

2. 公共关系人员的基本技能

知识是能力的基础，但不等于能力。能力是可以胜任某项工作的主观条件。公共关系是一项实际操作能力很强的工作。1999 年，国家劳动与社会保障部提出公共关系的职业能力特征是：较强的口头与书面语言表达能力；协调沟通组织内外公众的能力；调查、咨询、策划和组织公关活动的能力。公共关系人员的基本能力，大致可以概括为五个方面的能力。

(1) 表达能力，包括书面表达能力和口头表达能力，“能说会写”是公共关系从业人员的基本能力。从事公共关系工作，要与各类公众打交道，要求公关人员能清晰无误地传播信息，和公众进行言语沟通。

应用案例

“但津博士给雷纳尔教授的电报”

雷纳尔教授是一位研究心脏移植的专家，但津博士是他的助手和搭档，两人多年来配合默契，成就斐然。雷纳尔教授回家乡法国里昂探亲时受到里昂市长的诚恳邀请，希望他能留在里昂从事心脏移植研究，并承诺为他建造一所条件超过美国实验室的实验室。雷纳尔久居他乡，十分思念故土，也想用自己所学的知识报效祖国，所以他当场就答应了市长的邀请。然而，就在当天晚上，他接到但津博士的电报，整页电报只有一句话：“一颗活着的心脏跳动在玻璃瓶里等您回来呢！”就是这句话促使雷纳尔教授不顾与市长的约定，立刻果断地回到美国的实验室。雷纳尔的行为完全在但津博士的意料之中，因为他深知，活的心脏，对研究心脏移植的专家雷纳尔的吸引力远大于任何物质的诱惑。可见但津博士已经掌握了说话的奥秘：要用打动人心的语言与人沟通才能达到最佳的沟通效果。

(资料来源：公共关系学精品课程. http://jpkc.hkc.edu.cn/2009/gggx/index.asp)

(2) 交际能力，是指通过人际交往传递信息、增加了解、强化感情的能力。缺乏人际交往能力的人，往往在工作和生活中诸事不顺，困难重重。社交能力是各方面能力的综合体现，如推销本组织的能力，与人相处的能力，吸引、改变、影响他人的能力，还包括通晓并遵守社交场合的礼仪规范能力。

(3) 组织能力，是指有计划、有步骤、有目的地开展和完成某项具体活动的能力。公共关系活动往往和组织活动分不开，如各类庆典活动、组织新闻发布会、新产品推广等。公关人员要自始至终合理统筹、合理安排，圆满完成组织活动的任务。

(4) 应变能力，是指应付突发情况的能力。世界上任何事物都处在千变万化之中，公关工作莫不如此。公共关系人员会经常遇到一些突发事件，公关人员必须在突发事件中处乱不惊，紧急应变，这就要求公关人员必须具有驾驭环境、坦然应变的能力。例如：光大实业公司董事长王光英飞赴香港创办光大实业公司时，一下飞机就被记者包围。其中一位女记者有意问道："你带了多少钱？"这一问题比较尖锐，不理睬不礼貌，如实回答又不可能，支吾其词也不行。王光英凭借自己丰富的知识和阅历，巧妙地借用社交界的有关习俗答道："女士们不能问岁数，男士们不能问钱数。小姐你说对吗？"一句妙语使窘迫顿解。

公关故事

海里布和济公的故事

海里布是个猎人，一次去海边森林打猎时看到一条小蛇被海浪冲到岸上，已经奄奄一息，海里布把她放进水里。不久，海里布又来到这片海边森林打猎，发现那条被他救活的蛇向他游来，并且开口说话："你是我的救命恩人，父亲请你去我家做客。"接着就不由分说地带海里布来到她的家——龙宫，她的父亲龙王盛情款待了海里布之后，还要送给他一切他想要的宝物。龙王说："女儿是我们最疼爱的孩子，你是她的救命恩人，就是我们全家最尊贵的客人。我请你挑选一切你想要的宝物以表达我们全家感激之情。"海里布声称自己是个打猎的，又无妻室，无需宝物。龙王见海里布执意拒绝，就劝他接受一块能懂鸟的语言的石头，并忠告，无论遇到什么情况，都不能说出石头的秘密。

一天海里布在打猎时，听见从他头顶上飞翔的鸟群的对话：今天傍晚，有一股巨大洪峰冲到这里，将把这一带村庄变成海洋。海里布听到这一信息后立刻跑回村里动员乡亲们撤离村庄，去附近的山头上躲避洪灾。没有洪灾经历的乡亲们无论如何不接受海里布的劝告，眼看时间不多了，为了乡亲们得救，他不得不说出石头的秘密。当全村人齐聚山头时，他们的村子已经一片汪洋，他们中间没有海里布，而汪洋中一座石头山慢慢露出了水面。

济公是一位酒肉穿肠过的和尚，虽然常常不守戒律，但是颇有一副济世救难的菩萨心肠。一天他坐在灵隐寺大殿后面闭着眼睛捻素珠时，忽然算到，某时某刻将从天外飞来一块巨大的石头落到灵隐寺后面的村子上，于是他急忙跑进村动员乡亲们暂离村庄，乡亲们以为这疯和尚又和他们打趣，自然不信他的劝告。正在无计可施的时候，他听到了村头锣鼓喧天，一打听才知道，村头一户人家嫁姑娘，迎亲的花轿进村了。济公灵机一动，意识到机会来了。他急忙跑到村口，把正要上轿的新娘抢过来就跑，新娘的家人和全村的乡亲们都气愤地跟着追，济公看到全村人都跑出了村庄，就准备停下来挨揍了。此刻天突然暗下来，一阵大风，卷起一片飞沙走石，一个巨大的石头黑压压地飞下来正好落在村子中间，乡亲们这才对济公感恩戴德，并为刚才对他的误解而忏悔。

两个好人，怀着同样良好的愿望，因为应变能力的不同，便出现两种截然不同的结果。

为了他人的安危牺牲自己，其境界高尚，精神可歌可泣，勘为世人楷模。然而，我们更希望在解救他人的同时，也能保全自己，这就需要济公的那种处变不惊和随机应变的能力。

(资料来源：公共关系学精品课程. http://jpkc.hkc.edu.cn/2009/gggx/index.asp)

(5) 创新能力，是指公关人员在公共关系工作中具有创新的思维，工作内容创新，手段创新。任何一种公共关系工作都要求公关人员充分发挥思维创造能力，设计出具有新意的公共关系活动，吸引公众，激发公众的兴趣，使公关工作富有新意。

应用案例

创意的魅力

“9、9、9”这是在“情系三湘”98 湖南赈灾晚会的舞台上传出的声音，八位捐款代表举起写着“9”字的牌子，八个“9”，“九十九万九千九百九拾九元九角九分”主持人报出总数，就在这时会场响起了一个响亮的童声：“还有我！”一个孩子高举一块有“+1分”的牌子。

整整 100 万元。这是四川沱牌曲酒集团的捐款一幕。“9”字象征极限，而沱牌八个“9”，寓意着为灾区无私的爱心，“9”字象征圆满，更表现沱牌令消费者高度的满意，在整个捐款仪式最“闪光”的则是“还有我的 1 分钱”。虽然 1 分钱杯水车薪，但积累就是多数，体现了团结的力量，凝聚力的作用，也不失时机地表现了沱牌曲酒集团坚韧、团结与同心协力的企业精神。再细细品味这捐赠仪式，不由赞叹：创意是一种美。

(资料来源：张亚 朱春辉. 公共关系原理与实务[M]. 北京理工大学出版社，2012 年 6 月)

二、公共关系从业人员的职业道德和职业准则

道德是一种社会意识形态，是人们调整自身及相互关系的思想意识和行为准则。一个社会要有一个社会的基本道德，一个行业也要有一个行业的道德准则。公关工作也必须具有一定的职业道德，以约束公关人员的工作过程，规范其职业行为。

早在 1923 年，美国公共关系学专家爱德华•伯内斯就在他的第一本公共关系著作中提出了公关从业人员的职业道德问题。此后，各国的公关协会、国际公关协会，制定了公共关系的职业道德和行为准则。在众多的职业准则中，《国际公共关系道德准则》的影响最大。我国也制定了相关的职业道德准则。

1．公共关系人员的职业道德

公关工作的性质决定了公关人员必须具备良好的道德品质。公关人员的“德”主要包括以下几个方面：

(1) 高度的社会责任感。即考虑问题时，不仅要重视所在组织的利益，而且还要重视公众利益，对整个社会负责。

(2) 公正。对于自己所服务的社会公众要一视同仁，平等相待，不能厚此薄彼。

(3) 与人为善，诚恳待人，守信用，不谋私利，作风正派。

(4) 埋头苦干，有奉献精神。公关人员在工作中，要不怕困难，知难而进，有为公关事业献身的精神，这样，才能克服工作中的重重困难，在公关事业上有所建树。

(5) 知法、守法、用法。公关人员要知法、守法，还要懂得运用法律保护组织的权益。除具有法律意识外，还应在遇到有违法乱纪的行为时，能勇敢地站出来予以揭露、控告或制止，决不能听之任之，更不能同流合污、知法犯法。

2．公共关系职业准则

在所有的公关道德准则中，《国际公共关系道德准则》无疑是影响最大的。很多国家直接采用此准则，或以此为范本制定自己的职业道德准则。

中国公关专业人员 10 项职业准则(《公关咨询业专业服务规范(指导意见)》第五十一条，2004 年 7 月 1 日起正式生效)：(1) 服务意识；(2) 教育引导；(3) 公正公开；(4) 诚实信誉；(5) 专业独立；(6) 保守秘密；(7) 竞争意识；(8) 利益冲突；(9) 社会效益；(10) 行业繁荣。

劳动和社会保障部在《公关员》2004 年新版职业标准“职业守则”中的规定：(1) 奉公守法，遵守公德；(2) 敬业爱岗，忠于职责；(3) 坚持原则，处事公正；(4) 求真务实，高效勤奋；(5) 顾全大局，严守机密；(6) 维护信誉，诚实有信；(7) 服务公众，贡献社会；(8) 精研业务，锐意创新。

三、公共关系人员的招聘、培训和考核

招聘、培训和考核公共关系人员，是我国当前开展公共关系工作和发展公共关系事业的一项任务。对公共关系人员的招聘、培训和考核直接关系到公共关系工作的正常开展。

1．公共关系人员的招聘

1) 招聘公共关系人员的原则

目前我国各类大专院校为社会培养了一定数量的公共关系人才，但与社会对公共关系人才的需求相差甚远。因此，公共关系人员的基本来源是从各行各业中招聘选拔的。招聘时应遵循以下原则：

(1) 任人唯贤原则。任人唯贤古已有之，在目前各行业中也应遵守。在招聘公共关系人员时应坚决摒弃走后门、“任人唯亲”的恶习，要根据应聘者的素质、特点、能力来选择。

(2) 平等、竞争、择优原则。凡是符合条件的人员都应有权应聘，可以通过举行公开性竞争考试，采用多种形式全面测验应聘者的综合素质。通过竞争、淘汰，可保证录用公共关系人员的质量。还可按综合打分的方式，为应聘者排列名次，鉴别优劣，选择合格者。

2) 招聘公共关系人员的程序

招聘公共关系人才应符合一定的招聘程序。招聘程序概括如下：

(1) 招聘信息发布。可以通过广告、职业介绍中心、大专院校、个人推荐、内部或外部递补等途径和方式发布招聘信息。

(2) 求职申请。应聘者提出应聘申请，申请书内容应包括个人信息、教育培训信息以及过去的职业和工作经历等基本信息。

(3) 面试。由招聘者选择时间、场所对应聘者进行面试。一般来说，面试中应注意求职者以下几个方面：身休外表仪态、知识水平、智力水平、沟通技巧、应变能力等。

(4) 测试选拔。可分为智力测验、能力测验、水平测验和人格测验几类。

(5) 录用决定。通过面试和测验，可以获得比较充分的信息，通过对这些信息的分析，可以做出最后的录用决定。一旦做出录用决定，应尽快通知被录用者本人，并签订劳动合同。

2．公共关系人员的培训

公共关系工作绝不是“美女”加“交际”，公共关系工作是一项复杂的、高级的智力劳动。尤其随着改革开放的深入开展，社会上对公关人才，尤其是高层次的公关人员需求越来越多，因此，通过多种途径培养公关人员就显得更加重要。

1) 公共关系人员的培养目标

公共关系人员培养以确定培养目标为前提。根据公共关系工作的需要，对不同的公共关系人员应该有不同的培养目标。一般来说，培养目标大致可以分为：一是通才型公共关系人才；二是专才型公共关系人才；三是通才-专才型公共关系人才。

2) 公共关系人员的培养途径

目前我国公共关系人员的培养途径主要有以下几种形式：

大专院校的正规培养；短期培训；其他培养途径。

3．公共关系人员的考核

公共关系从业人员的考核是指专门的公共关系组织机构(各类公司)对其成员的考核以及社会组织对本单位公共关系人员的思想品德、职业道德、工作作风、工作态度、业务水平、工作能力、工作业绩等进行的全面评价。以便人尽其才，人尽其职，合理分配报酬，充分调动公共关系人员的积极性。

1) 考核的内容

对公共关系人员的考核，归纳起来可分为德、能、勤、绩四个方面。

2) 考核的方法

对公共关系人员考核的方法有多种，关键取决于考核的目的，没有适合一切目的的通用方法。在考核中要坚持科学性原则，要做到客观、公正。常见的方法有：

(1) 分级法。即将公关人员按工作成绩最优的至最劣的排序。可设立五个等级，优、良、中、差、劣。排在最优的可以给予奖励，对最劣的进行处罚。

(2) 量表评定法。即以一种标准化的等级量表为工具，采用组织评、群众评、自己评等多种途径，对公关人员进行全面评定的方法。

(3) 评语法。即大家最常见的书面鉴定。其特征是采取多种方法征求有关人员对被考核人员的意见，并组织进行分析、讨论，最后做出公平、正确的评价。

(4) 工作标准法。是根据从事各个职务的公共关系人员的各项具体要求(包括工作的质量、数量、时间期限、工作方法等)制定工作标准，并以此标准去衡量公关人员的优劣。

(5) 清单法。即事先拟就一份考核清单，以明确的评语与被考核者的工作实际相对照，让考核者选择。考核者只要打勾或打叉，即可填好清单，方便易行。分析统计后得出最终结果，以定优劣。

除上述方法外，公共关系人员的考核方法还有很多，如行为锚定评分法、因素评级法等。各种方法都有优劣，而且考评的侧重点也不尽相同。因之要有的放矢、有选择地运用考评方法。

知识链接

公共关系人员全国统一鉴定

为保证公关行业的规范发展，劳动和社会保障部于2000年12月3日举行了全国首次公关员职业资格统一鉴定。2003年6月，国家职业资格工作委员会公关专业委员会在劳动和社会保障部职业技能鉴定中心的指导下，组织专家对《公关员国家职业标准》进行了修订。新版标准共设五个等级，在原有的初级公关员、中级公关员和高级公关员基础上，增设了“公关师”(国家职业资格二级)和“高级公关师”(国家职业资格一级)，对五个等级的申报资格提出了明确的要求，同时，在“公关师”和“高级公关师”的考核办法上作出了新的规定，除技能知识闭卷考试外，还增加了专业技术报告和答辩的专家评审考核。

案例分析

把自己放在哪里？

在我所有的采访记录中，最失败的一次就是采访萧乾老人。

在采访萧老之前，对这位名人的敬意已心存已久。除了因为看过他的译文、散文、随笔，喜欢他笔端流露的轻松优雅又不乏智慧的气质，更因为这位前辈颇具传奇色彩的记者生活，令我十分羡慕。而他身为记者所具有的卓越眼光和文采，更令我敬佩不已。还在上中学的时候，就读过萧老的一篇随笔，大致内容是讲二战时，他在被攻陷的柏林看到德国人民排成长队，从废墟中拾砖头，他问那些德国人在干什么，德国人回答说：“我们在重建家园”。萧老在文章后面评道：“这是一个不会被打败的民族。”

我记得当时我是被这句话深深地打动了，并想：如果有一天我能做记者，我应该也能做到发现这种隐藏在平凡现象背后的伟大灵魂，是萧老向我展示了一个优秀记者的境界。

在朋友引导下，终于有机会去拜访萧老，所以事先立誓要给萧老留下一个好印象。萧老的家是凌乱随意的，他本人也很随和亲切，一件灰布棉袄托着一张弥勒式的笑脸，实是极易让人感到轻松愉快的老人。

当时太紧张了，我那么想给萧老留下一个好印象，以至于不知该从何说起，从何做起来表现自己。

我的朋友见我迟迟不开口，就陪着萧老聊天儿，而我还没想好该怎样和萧老拉近距离，后来有这样和那样的事情分散了萧老的注意力，来不及多谈便不得不告辞了。

这是一次毫无结果的采访。因为自始至终我都没有做一个访问者该做的事，而我又是以访问者的身份去的。这种错位我想也使萧老难以处理——我既不是热切的要了解他，他又何必自我表现呢？

事后分析这次失败，我想其中一点在于我失去了平常心。有时候，我们面对我们特别想结交的人，总免不了要刻意表现一番，希望对方能注意到自己。但假如事先已经确定了他是被关注的对象，那么你关注他才是符合常理的。反过来，则不合常理，于是，我们的自我表现只会事与愿违。

若真心想去了解一个人或接纳一个人，首先让他知道我们对他多么的感兴趣，总是比让他先知道我们是多么的值得结交更保险些。假如当初告诉他我上中学读那篇随笔的感受，告诉他我非常希望了解他二战期间的生活，以及他作为记者的感悟，我想也许会听到不少传奇的故事，对我做个好记者也会有诸多的启发。

但我当时没有好好想一想，该把自己放在哪里才最合适。

思考题

1．从公共关系角度分析“我”采访萧乾老人失败的原因。

2．谈谈你对“若真心想去了解一个人或接纳一个人，首先让他知道我们对他多么的感兴趣，总是比让他先知道我们是多么的值得结交更保险些”这段话的看法。

3．这一案例引发了你的什么感想？

(资料来源：黄禧祯，刘树谦．公共关系学通用教程．北京：北京理工大学出版社，2009)

本章小结

公共关系的专职机构包括组织内部的公共关系部门、专业公共关系公司、公共关系社团。组织的公共关系部同组织内部的其他部门一样，是一个重要的职能部门，从事四类公关工作：长期工组、日常工作、定期工作、专题工作。公共关系部的设置应遵循精简、效能、灵活原则。公共关系部的组织结构模式是灵活多样的：最高领导直接负责型、部门并列型、部门附属型、公共关系委员会型。公共关系部的内部通常分为三个方面，大致需要五类人员。公共关系公司的结构模式从不同的角度观察，可划分为不同的类型；从服务项目看，有综合性的公共关系咨询服务公司，也有专项公共关系咨询服务公司；从经营方式上看，有独立经营的公共关系公司，也有与广告公司合并的公共关系公司；从规模大小可分为单一型和集团型公共关系公司。公共关系社团属非官方社会组织，泛指社会上自发组织起来的、非营利性的从事公共关系理论研究和实务活动的群众组织或群众团体。按公共关系社团的性质和主要职能划分，主要有综合型社团、学术型社团和行业型社团三种。

公共关系专职人员简称“公关员”，又有公共关系从业人员、公共关系专业人员和公共关系官员等名称。基本素质包括公关意识、心理素质、知识结构。基本技能包括表达能力、交际能力、组织能力、应变能力、创新能力。公共关系从业人员要遵从职业道德和职业准则。公共关系人员的招聘以任人唯贤、平等、竞争、择优为原则。招聘程序是招聘信息发布、求职申请、面试、测试选拔、录用决定。公共关系人才培养以确定培养目标为前提，这类培养目标一是通才型公共关系人才，二是专才型公共关系人才，三是通才—专才型公共关系人才。目前我国公共关系人员的培养途径主要有：大专院校的正规培养，短期培训，其他培养途径。对公共关系人员的考核，归纳起来可分为德、能、勤、绩四个方面。在考核中要坚持科学性原则，要做到客观、公正。常见的方法有：分级法、量表评定法、评语法、工作标准法、清单法。其他考核方法还有很多，如行为锚定评分法、因素评级法等。

重点名词

公共关系部　公共关系公司　公关员　公关社团

思考与练习

一、单项选择题

1．公共关系意识的核心是(　　)。

A．塑造形象的意识　　B．沟通交流的意识

C．服务公众的意识　　D．真诚互惠的意识

2．组建公关部是有效开展公关工作的(　　)。

A．行动保证　B．组织保证　C．成功保证　D．重要保证

3．公共关系部是(　　)。

A．服务部门　B．领导部门　C．生产部门　D．销售部门

4．公关从业人员应该具备的基本素质的核心是(　　)。

A．公关的基本理论与实务知识　　B．公关从业人员的心理素质

C．公关从业人员的知识与能力结构　　D．公关意识

5．公共关系协会等公共专业性社团组织，是非官方、非营利的(　　)社团组织。

A．集体　B．大众　C．自发　D．群众

二、多项选择题

1．公关部在组织中充当的角色为(　　)。

A．组织的信息情报部　　B．组织的社会情报部

C．组织的决策参谋部　　D．组织的社会调查部

E．组织的宣传外交部

2. 公共关系社团的特征是(　　)。
A. 复杂性　　B. 广泛性　　C. 松散性
D. 服务性　　E. 非营利性

3. 公共关系的组织机构分为(　　)。
A. 组织内部的公关部　　B. 社会上的公关公司　　C. 信息咨询公司
D. 各种类型的公关社团　　E. 广告设计公司

4. 社会组织内部设置公关部的优势是(　　)。
A. 充分发挥专业作用　　B. 服务及时　　C. 节约费用
D. 了解本组织状况　　E. 保持公关工作的连续性和稳定

5. 公关公司的工作方式包括(　　)。
A. 向委托人提供公关咨询　　B. 短期专项工作　　C. 专业技术服务
D. 职工培训服务　　E. 长期综合工作

三、判断题

1. 公关部的组建是由组织自身状况和公众特点以及组织与公众之间联系的状况决定的。(　　)

2. 公关人员活动中的主要方面，就是权衡和处理好特殊公众和其他公众的关系。(　　)

3. 自信是对公关人员职业心理素质最基本要求。(　　)

4. 公共关系公司通过为社会提供无偿服务，满足客户需要，并取得一定盈利。(　　)

5. 公共关系对提高个人素质，使其适应现代社会发展有着积极的作用。(　　)

四、简答题

1. 公共关系从业人员的基本素质包括哪些方面的内容？
2. 如何看待公关社团在我国社会生活中的作用？
3. 一个健全的公关部应有哪些人员组成？
4. 公共关系部在组织内的职能角色是什么？

第十章　公共关系礼仪

本章提要

组织开展公共关系，经常要举行各种各样的活动，需要公共关系工作人员面对面与公众进行沟通和交流，公共关系工作人员也需要拜访媒体公众或者某些首要公众。一个公共关系工作人员在社会交往的过程中，交往的技巧和能力固然重要，但仪表和礼节同样不可忽视。良好的仪表仪容、得体的礼节及言谈举止，会给对方留下美好的第一印象，有助于获得对方的信赖和尊重，也有助于创造一种自然、和谐的交往气氛。

本章介绍公共关系礼仪的含义、特点、作用，使学生认识公共关系的仪容礼仪、交往礼仪，培养学生最基本的公关礼仪技巧。

学习目标

(1) 掌握公共关系礼仪的含义、特点及其作用。

(2) 理解公共关系仪容礼仪、交往礼仪。

(3) 能够运用所学礼仪知识，灵活处理和应对各种交际场合的情况。

案例导读

金先生的礼仪出了什么问题？

风景秀丽的某海滨城市的朝阳大街，高耸着一座宏伟楼房，楼顶上“远东贸易公司”六个大字格外醒目。某照明器材厂的业务员金先生按原计划，手拿企业新设计的照明器材样品，兴冲冲地登上六楼，脸上的汗珠未来得及擦一下，便直接走进了业务部张经理的办公室，正在处理业务的张经理被吓了一跳。

“对不起，这是我们企业设计的新产品，请您过目。”金先生说。张经理停下手中的工作，接过金先生递过的照明器，随口赞道：“好漂亮啊！”并请金先生坐下，倒上一杯茶递给他，然后拿起照明器仔细研究起来。金先生看到张经理对新产品如此感兴趣，如释重负，便往沙发上一靠，跷起二郎腿，一边吸烟一边悠闲地环视着张经理的办公室。当张经理问他电源开关为什么装在这个位置时，金先生习惯性地用手搔了搔头。虽然金先生作了较详尽的解释，张经理还是有点半信半疑。谈到价格时，张经理强调：“这个价格比我们预算高出较多，能否再降低一些？”金先生回答：“我们经理说了，这是最低价格，一分也不能再降了。”张经理沉默了半天没有开口。金先生却有点沉不住气，不由自主地拉松领带，眼睛盯着张经理，张经理皱了皱眉，“这种照明器的性能先进在什么地方？”金先生又搔了搔头，反反复复地说：“造型新、寿命长、节电。”张经理托辞离开了办公室，只剩下金先生一个人。金先生等了一会，感到无聊，便非常随便地抄起办公桌上的电话，同一个朋友闲谈起来。这时，门被推开，进来的却不是张经理，而是办公室秘书。

思考题

请指出金先生的失礼之处，并说明原因。

(资料来源：张亚. 公共关系——原理与实务. 北京：北京理工大学出版社，2012)

第一节 礼仪概述

俗话说：“有礼走遍天下，无礼寸步难行”。“礼”是人们在长期生活实践中约定俗成的一种行为规范。当今社会，社会组织面对纷繁复杂的各种关系和矛盾，需要运用协调沟通的手段广交朋友、减少摩擦、联络感情、增进友谊，为组织营造良好的社会竞争环境，以达到组织的最终目的。

一、礼仪的含义

礼仪是指人们在社会交往中由于受历史传统、风俗习惯、宗教信仰、时代潮流等因素而形成的，既为人们所认同，又为人们所遵守，以建立和谐关系为目的的各种符合交往要求的行为准则和规范的总和。简言之，是人们在社会交往中共同遵循的行为准则和规范，具体表现为礼貌、礼节、仪式等。

1. 礼貌

礼貌是指人们在相互交往过程中应具有的相互表示敬意、友好、得体的气度和风范。

2. 礼节

礼节是指人们在社会交往过程中表示出的尊重、祝颂、致意、问候、哀悼等惯用的形式和规范。礼节是待人接物的规矩，属于礼仪行为规范。这些规矩往往约定俗成、相沿成习的。

3. 仪式

仪式是指在特定场合举行的、具有专门程序、规范化的活动，如发奖仪式、签字仪式、开幕式等。公关礼仪指在开展公关活动中所必须遵循的行为准则和规范。

礼仪是人类文明的结晶，是现代文明的重要组成部分。它体现的宗旨是尊重，既是对人也是对己的尊重，这种尊重总是同人们的生活方式有机地、自然地、和谐地、毫不勉强地融合在一起，成为人们日常生活、工作中的行为规范。这种行为规范包含着个人的文明素养，也体现出人们的品行修养。

知识链接

礼仪和礼节的区别

礼仪和礼节的区别具体表现在以下几个方面:

(1) 礼仪是一种行为规范，而礼节则是这种行为规范的具体表现形式。比如在举行婚礼仪式时，夫妻互拜、互赠礼物，主持人、证婚人讲话就属于礼仪的一种具体礼节。

(2) 礼仪具有相对的稳定性，而礼节则随着时代的变迁，人们思想道德观念的改变而有所变化。中国是一个礼仪大国，远在奴隶社会和封建社会时期就非常重视礼节，并把礼节作为约束人们的行为和安邦治国的一个重要手段。统治阶级要人们“非礼勿视，非礼勿听，非礼勿言，非礼勿动”。随着社会的进步，人们思想观念的变化，有很多礼节已被逐步淘汰。但礼仪则变化较小而具有相对的稳定性。

(3) 礼仪一般是在比较正规的场合下运用，而礼节则是人们日常交际中也要运用的一些具体规则。很明显，礼仪是针对公关交际活动的整体而言的，礼节不仅在正规交际场合中常用，在非正规交际活动中也常用。例如，公关交际场合中常用的握手、问候就只是一种具体礼节。礼仪对个人而言，是一个人道德水平、文化修养、交际能力的外在表现。对社会而言，是社会文明程度的尺度，是人际交往的通行证。

二、礼仪的特点

1. 礼仪的规范性

礼仪的规范性就是它不仅约束着人们在交际场合的言行举止，而且也是人们在一切交际场合必须采用的通用“语言”。这种“语言”是衡量他人、判断自己是否自律、敬人的一种尺度。礼仪的规范性本身所反映的实质就是一种被广泛认同的社会价值取向和对他人的态度。任何人要想在交际场合表现得合乎礼仪，都必须对礼仪的基本要求和规范无条件地服从，要“有所为，有所不为”。

2. 礼仪的时代性

礼仪是时代的产物。时代总在不断前进，礼仪也不是一成不变的，它必然随着科技发展和社会的进步而不断发展。如现在流行 QQ 聊天、电台电视台点歌、手机拜年等许许多多礼仪新生事物。随着时代发展，传统礼仪还将会出现许多新形式、新内容。从本质上来讲，礼仪是一种社会历史发展的产物，具有鲜明的时代特点。礼仪是在社会生活中逐渐形成、发展并完善的，不是完全脱离特定社会生活、历史背景一蹴而就的。同时，由于社会的发展、历史的进步，人们在社会交往过程中一定会碰到新问题、新情况，因此，这也要求人们不断调整和变化礼仪交际手段和方式，从而与社会同步，与社会生活相协调。

3. 礼仪的差异性

由于人们所处的文化背景、风俗习惯等不同，因而会产生不同的礼仪文化。我国是一个多民族的国家，每一个民族都有自己的人情习俗和宗教信仰，因此也有其独特的礼仪文化。另外，即使同一种礼节，在不同场合也有不同的含义。因此必须注意礼仪的差异性。

4. 礼仪的沿习性

礼仪的沿习性指礼仪形成本身是个动态发展过程，是在风俗和传统变化中形成的行为规范。在这种发展变化中，表现为一种继承和发展。我们今天的礼仪形式就是从昨天的历史中继承下来的，有很多优秀的还要继续传承下去。而那些封建糟粕，则会逐渐被抛弃。所以交际礼仪的沿袭和继承是个不断扬弃和社会进步的过程。

世界上任何事物都是发展变化的，礼仪虽然有较强的相对独立性和稳定性，但它也毫不例外地随着时代的发展而发展变化。社会交往的扩大，各国民族的礼仪文化都会相互渗透，尤其是西方礼仪文化引入中国，使中华礼仪在保持传统民族特色的基础上，发生了更文明、更简洁、更实用的变化。

☞**公关格言：**

一个人事业的成功，25%靠他的专业知识，而75%则要靠他的人际关系处理技巧和为人处世的能力。

——美国著名学者：卡耐基

三、礼仪的作用

随着市场经济的迅速发展，人际交往日趋频繁，交际礼仪成了人们社会生活不可缺乏的东西。讲究礼仪、注意礼貌、遵守一定的礼仪规范，已成了现代文明社会生活的一项重要标志。在现代生活中，人们之间的相互来往更加注重礼仪。

1. 礼仪可以调节人际关系

亚里士多德说，“一个人不和别人打交道，不是一个神就是一个兽”。不管你是什么人，只要你生活在社会生活中，你就必须和别人交往，既然要与别人交往，你就要有人际交往的艺术。礼仪可以促进人们的社会交往，改善人际关系。当你不小心踩了别人一脚，若不闻不问，对方肯定会不耐烦甚至会发火。若说上一句“对不起”，对方就有可能原谅。礼貌礼仪是人们沟通思想的桥梁，是联络感情的纽带，是化解矛盾的润滑剂。可见，礼仪在处理人际关系，以及发展健康良好人际关系中，是有重要作用的。

2. 礼仪可以提高自身修养

礼仪是一种高尚、美好的行为方式，它可以净化人的心灵，陶冶人的情操，提高人的品位，完善人的修养。通过一个人对礼仪的运用程度可以看出这个人的教养高低、文明程度、道德水准等。学习礼仪、运用礼仪，有助于提高个人修养。一个人讲究礼仪，会使自己心胸豁达，谦虚诚恳，遵守纪律，乐于助人。在礼仪的熏陶下，人们的修养会不自觉地提高，匡正缺点，成为一个道德高尚的人。

3. 礼仪可以塑造良好形象

这里所指的形象包括个人形象和组织形象。言谈举止，表现了一个人的道德水平、文化修养。一个公关人员在社交场合的行为举止，不仅仅是一种私人行为，更会产生一定的对外影响。一个公司、企业、社会团体的代表在对外场合的言谈行为，不仅关系到本公司、本社团的形象，影响到买卖交易的成败，有时甚至会影响到国家的荣誉。从个人的角度来看，一是有助于提高人们的自身修养，二是有助于美化自身、美化生活。

当你身处异国，你是中国人的代表，你的言谈举止，代表了我们国家的形象。为了维护个人、单位、国家的对外形象，我们都应当学习礼仪知识，了解、重视并遵守国际上通用的礼节与礼仪规范。礼仪是企业文化、企业精神的重要内容，是企业形象的主要附着点。从某种程度上讲，掌握礼仪作为一种无形资产，已经成为参与激烈竞争的附加值。

4．礼仪促进社会主义精神文明建设

加强精神文明建设其中一个重要的内容就是思想道德建设，而礼仪在提高人们的道德修养，规范人们的行为，防止和减少各种丑恶现象的发生，净化社会风气等方面起着十分重要的作用。首先，礼仪能培养人们良好的道德品质，讲究礼仪既是人际交往中增进友谊、联络感情的行为，也是一个公共道德修养的外在表现。其次，礼仪对社会能起到净化和美化的作用，因为它不仅反映了社会的精神面貌和文明程度，还可以形成一种具有约束力的道德力量。规范人们的行为，使人彬彬有礼，谈吐不俗，养成守纪律、有礼貌、自觉遵守公共秩序的良好习惯，培养待人有礼、助人为乐的社会公德和优良品质，追求高尚的精神境界。

5．礼仪有利于加强国际交往

改革开放以来，对外交流日益频繁，国际交往中，既有各国来旅游、访问、工作、经商的，也有我们走出国门的，这就要求我们尊重各国的风俗习惯、民族特点，在相互交往中注重礼仪。这对加快我们与国际市场接轨的步伐，增强国际竞争力，进一步扩大对外开放，将会起到积极的促进作用。

四、礼仪的基本原则

礼仪，是人们在相互交往中在言行上表现出来的谦逊和恭敬，反映出人们具有自尊和尊敬他人的意识。好的礼仪遵循以下原则：

1．互相尊重原则

礼节是人们在社会交往中形成的一种固定的交往形式，其目的在很大程度上是为了表示礼貌、客气和尊重。所以，公关交往中的一切礼节，必须坚持互相尊重的原则。如客随主便是尊重主人，主人请客时说您自便也是为了尊重对方(客人)；按时出席庆典活动也是尊重对方盛情相邀的美意。中国有“礼多人不怪”的俗语，但这种礼节必须建立在相互尊重的基础之上，否则，礼节就很难达到推动相互交往、增进友谊的目的。

2．文明礼貌原则

孔子说，“礼者，敬人也”，敬人是礼仪的一个基本原则。礼节，是一种社会文明交往方式的约定俗成，因而，任何礼节必须体现文明、礼貌的原则。在公关活动中，一切礼节都应举止端庄、客气，显得彬彬有礼，给人以文明、有教养的印象。如在社交场合，不要做一些异乎寻常的动作，不放浪形骸，大嚷大笑。与人谈话要保持适当的距离，防止唾沫飞溅到别人的脸上或食品桌上。讲究语言美，多用文明礼貌语言等。

相关链接

(1) 1991年年底，中美开始进行知识产权谈判。一开场，美国人就仗着财大气粗来了一句："我们是在和小偷谈判。"吴仪没有丝毫含糊，立即顶了一句回去："我是在和强盗谈判。请看你们博物馆里的展品，有多少是从中国抢过去的。"吴仪的出色表现甚至令对手都不得不表示赞叹。美国首席谈判代表卡拉·希尔斯女士称："吴仪既是国家利益坚定的维护者，又是坚韧的谈判者，她的智慧和充分准备给我留下了深刻的印象，她善于劝说并有说服力。"

(2) 美国代表团访华时，曾有一名官员当着周总理的面说："中国人很喜欢低着头走路，而我们美国人却总是抬着头走路。"此话一出，语惊四座。周总理却不慌不忙、面带微笑地说："这并不奇怪。因为我们中国人喜欢走上坡路，而你们美国人喜欢走下坡路。"美国官员的话里显然包含着对中国人的极大侮辱。在场的中国工作人员都十分气愤，但于外交场合难以强烈斥责对方的无礼。如果忍气吞声，听任对方的羞辱，那么国威何在？周总理的回答让美国人领教了什么叫做柔中带刚，最终尴尬、窘迫的则是美国人自己。

(资料来源：李祚，张东. 公共关系学[M]. 中国劳动社会保障部出版社，2007)

3．灵活宽容原则

随着人类经济、文化交流的日益扩大、地区之间、民族之间以及国家之间的交往越来越频繁，礼节在一定程度上出现相互渗透、同化的倾向，许多以往的礼节已大大简化或变得明显地富有弹性。所以，在注重礼节、不失礼节的前提下，在礼节上适当的宽松、灵活的态度，便于打破呆板气氛，会更有利于社交活动的开展。对不同民族，地域之间风俗、礼节上的差别，不可大惊小怪，不应有先入为主的偏见。对不同的礼节、习俗要采取尊重、兼容的态度，并尽量入乡随俗。

4．适度原则

凡事过犹不及，人际交往要因人而异，要考虑时间、地点、环境等条件。如果施礼过度或不足，都是失礼的表现。比如，见面时握手时间过长，或是见谁都主动伸手，不讲究主次、长幼、性别；告别时一次次地握手，或是不住地感谢，不免会让人厌烦。

5．真诚原则

交际礼仪的运用基于对他人的态度，如果能抱着诚意与对方交往，那么你的行为自然而然地便显示出对对方的关切与爱心。唯有真诚，才能使你的行为举止自然得体，与此相反，倘若仅把运用礼仪作为一种道具和伪装，在具体操作礼仪规范时口是心非，言行不一，弄虚作假，投机取巧，或是当面一个样，背后一个样，有求于人时一个样，被人求时又一个样，将礼仪等同于“厚黑学”，都是违背交际礼仪的基本原则的。

公关故事

程门立雪

二程是洛阳伊川人，同是宋代著名儒学家。二程学说，后来为朱熹继承和发展，世称“程朱学派”。杨时、游酢向二程求学，非常恭敬。杨游二人原先以程颢为师，程颢去世后，他们都已四十岁，而且已考上了进士，然而他们还要去找程颢继续求学。故事就发生在他们初次到嵩阳书院，登门拜见程颐的那天。

相传，一日杨时、游酢来到嵩阳书院拜见程颐，正遇上这位老先生闭目养神，坐着假睡。程颐明知有两个客人来了，他欲不言不动，不予理睬。杨、游二人怕打扰先生休息，只好恭恭敬敬，肃然待立，一声不吭等候他睁开眼来。如此等了好半天，程颐才如梦初醒，见了杨、游，装作一惊说道：“啊！啊！贤辈早在此呼！”意思是说你们两个还在这儿没走啊。那天正是冬季很冷的一天，不知什么时候开始下起雪来。门外积雪，有一尺多深。

这个故事，就叫“程门立雪”。在宋代读书人中流传很广，后来形容尊敬老师，诚恳求教，人们就往往引用这个典故和这句成语。

第二节　仪容礼仪

仪容一般是指一个人的仪态、容貌等外部形象。公关人员在交往中可通过良好的外部形象展现自身的审美观、性格、气质和风度。对仪容的修饰主要指对面部、头发和手的修饰。

一、面部修饰

公关人员要在日常工作交往中使自己更自信就应注重面部修饰。良好的面部修饰可以使其容光焕发、充满活力，给对方留下良好的印象。

1. 面部清洁

清洁面部可以去除新陈代谢产生出的老化物质、空气污染、卸妆等残留物，同时也可以清洁肌肤。洗脸时，脖子部位、下巴底部、耳下等也要仔细洗净，粉底霜要彻底去除干净。

2．化妆

根据我国的文化传统和东方女性的生理特点，化妆应以秀雅而清淡为好，淡妆的特点是自然、大方。化妆的基本程序：

(1) 洁面护肤。用洗面奶或清洁霜清洁皮肤后涂抹营养霜或乳液等护肤品，既可起到营养滋润皮肤的作用，也可起到隔离作用，防止化妆品与皮肤直接接触。

(2) 打粉底。打粉底的目的是掩盖面部瑕疵，调整肤色，使面部皮肤平滑。应根据自己的肤色选择适合自己的粉底。施粉时根据面部不同区域，分别敷深浅不同颜色的粉底，以增强脸部立体效果。

(3) 施粉。施粉可以减少粉底在皮肤上的油光并防止粉底脱落。粉不可扑得过厚。扑粉后用湿毛巾轻轻按一按，以防止妆面脱落。皮肤黑的人不宜施粉。

(4) 描眉。眉毛是眼睛的门户，眉毛的描画应与眼形和脸形对称。眉头最浅，眉尾次深，但由深至浅不要有明显的痕迹，这样眉毛才自然立体。脸型宽大者不宜修得太细。

(5) 眼部化妆，包括画眼线、画眼影和涂染睫毛膏。眼线眼影画得恰到好处，可加强眼部的神采和魅力。

眼线最好选用黑色或深色。画眼线一般画在睫毛根部，上粗下细，上眼线以外眼角为点，沿睫毛根部向中间画，上眼线长度为眼睛的 3/2，下眼线长度为眼睛的 1/2。画眼影时眼球最高处涂暗色，越靠眼睑处越深，以衬托出鼻子的线条。涂染睫毛膏前，先用睫毛膏夹夹住睫毛卷压片刻，使睫毛上翘，然后刷上睫毛液，使睫毛显得浓密、漂亮。

(6) 涂腮红。腮红可调整脸型和脸色，使人显得红润健康。腮红的颜色要与口红、眼影的颜色相协调。除双颊需涂上腮红外，额边两侧也可涂少许。长脸形者腮红应涂稍宽些；圆脸形者腮红的形状应是长条形。

(7) 涂口红。涂口红前先用唇线笔勾画轮廓，再用唇笔油或口红涂颜色，并涂上亮光油。唇色宜柔和。

(8) 修妆。化妆后要全面检查。离镜子远一些，观察妆的整体效果，看是否均匀、和谐、自然，如有不足的地方要加以修改。

二、发型修饰

在当今社会，头发的功能已不是单纯地表现人的性别，而是更全面地表现着一个人的道德修养、审美情趣及行为规范。发型修饰就是在头发保养、护理的基础上，修剪适合自己的发型。

1．护发

1) 判断发质

首先要明确自己的发质。根据头皮油脂分泌量的多少头发可分为三类：油性、干性、中性。

2) 头发的护理

第一、洗发。油性发质建议每两天或一天洗一次头发，洗发时不要用过热的水，以免刺激油脂分泌；干性发质的人，要用营养丰富的洗发水，同时避免在阳光下暴晒；中性发质的人，宜选用性质温和的洗发水，冬天可隔 4 天，夏天可隔 3 天洗一次头发。头发也要遵循“三不”原则：不能有味、不能出油、不能有头皮屑。

第二、护发。梳发可以去掉头皮屑及头发上的浮皮和脏物，并给头发以适度的刺激，以促进血液循环，使头发柔软而有光泽。头皮屑过多的人，应避免过度用力梳头，也忌用手过度抓搔。按摩可解除头部疲劳保持头皮健康，有助于头发发育。为防止发丝内的水分流失，应尽量避免使用电吹风。饮食方面，应多吃绿色蔬菜、豆类和海藻类等增加头发营养的食品。

2．美发

发型的设计要朴实、大方，男性的发式得体、整齐，女士发型清秀典雅。要根据自己的脸型、体形、年龄、职业和个性选择与自己相配合的发型，以增强人体的整体美。

1) 发型与脸型

一般认为，椭圆形的脸是标准脸型，配合任何发型都适合。方脸型可以让头发披在两侧，可选择卷曲的波浪发型，以改善方脸的形状；也可利用卷曲的长发部分遮住下颌两侧，转化太宽的下颌线条。长脸形的发式不宜过短，要将刘海向下遮住额头，两侧头发要蓬松，以缩短脸的长度；圆脸形的人，发式不宜太蓬松，应将头发梳高，使脸部显得较长，避免遮住额头，切忌发式呈圆型；倒三角脸，可以选择掩饰上部、增宽下部的发型，面颊旁的头发要蓬松些，以遮掩较宽的上部分。三角形脸的特征是上窄下宽，所以在选择发型时应平衡上下宽度，可用波浪形发卷增加部分的分量，不宜将额发向上梳，以免暴露额头太窄的缺陷；也不宜选择双颊两侧贴紧的发型，耳旁以下的发式不应再加重分量。

2) 发型与体型

高瘦型人比较适宜于留长发、直发；身材短小者和脖子较短者，都不适宜留披肩长发，尽可能剪成短发或让头发向高处发展，以增加身体高度感，头发也不宜过于蓬松，烫发时应将花式、块面做得小巧、精致一些。

3) 发型与服装

着西装时，无论直发还是烫发都要梳理得端庄、大方，不要过于蓬松；着礼服时，可将头发挽在颈后结低发髻，这会显得庄重、高雅；着运动装可将头发自然披散，给人以活泼、潇洒的感觉；若将长发变成长辫，可增加文静、柔美的气质。

知识链接

西装的三色原则和三一律

男同志穿西装要注意三色原则：穿套装也好，穿套裙也好，穿制服也好，全身颜色皆应被控制在三种色之内，包括上衣、下衣、衬衫、领带、鞋袜在内。

通常认为西装为三种颜色一般是懂规矩的人，为四种颜色一般是不太懂规矩的人，为五种以上颜色则是不懂规矩的人。

男士穿西装进行交往时，尤其在国际交往中，一般要求遵守三一律：就是当你穿西装的时候，你身上有三个地方应该是同一种颜色，这三个地方是鞋子、腰带、公文包，而且应当首选黑色。

(资料来源：金正昆. 礼仪金说[M]. 西安：陕西师范大学出版社，2009)

三、手的修饰

手的修饰首先是清洁，这反映了一个人的修养和卫生习惯。要随时清洗双手，勤修剪、洗刷指甲，以免污垢残存。指甲长度要适当，公关人员不宜留长指甲，也不涂有色指甲油。另外，注意不宜当众修剪指甲。再者手上首饰不宜太多，仅手表或戒指为宜。

讲究个人卫生、培养良好卫生习惯，既是个社会公德问题，也是一种交际中对对方尊重的表示。

案例分析

社 交 几 例

【例 1】 某人到新单位工作才几天，在一次聚餐会上为了让大家认识自己，作起自我介绍来，他从自己的童年谈起，谈了自己的成长，自己的兴趣、爱好、习惯、待人接物的原则和方式，自己过去的业绩等，谈了近一个小时左右，大家确实“认识”了他，但后来人们一说起他，都会不约而同地说：这个人很会吹牛！

【例 2】 某科室领导有一个习惯，喜欢拍下属的肩膀表示亲热，不论年龄，不论男女。不久，有些年纪大的下属说他没大没小，年轻的女同事说他作风不太正派。

【例 3】 一酒店的一名服务员在一次打扫旅客房间时，发现客人床上有一本翻开的书，她就用一张小纸片夹在当中，再合上书放在桌子上。事后，旅客在客房部经理面前表扬了这位女服务员。

思考题

1．例 1 中某人为什么会给你留下一个“会吹牛”的印象？
2．例 2 中为什么下属会对该领导有这样的议论？
3．例 3 中为什么女服务员一个小小的举动会受到旅客的表扬？

(资料来源：黄禧祯，刘树谦. 公共关系学通用教程. 北京：北京理工大学出版社，2009)

第三节　交往礼仪

公关人员几乎每天都在和各种各样的公众打交道。作为企业、公司的形象代言人，公关人员要特别注意日常交往礼仪。

一、称呼礼仪

称呼，一般是指人们在社会交往中彼此之间所采用的称谓语。选择正确的、适当的称呼，既体现了一个人自身的修养，又体现着对他人的尊重，有时甚至还体现着双方关系的亲密程度。例如，著名作家叶永烈在写《陈柏达》前要采访 84 岁高龄的陈柏达。采访前一天晚上，如何称呼陈柏达让叶永烈颇费脑筋。称呼陈柏达同志？不合适(当时陈柏达正在监狱服刑)；叫老陈也不合适，毕竟陈柏达当时已经 84 岁高龄。最后叶永烈一声“陈老”令陈柏达感动万分，眼里充满了泪花。由此可见，一个得体的称呼真可谓交际的“敲门砖”。

1．正规称呼

称呼要合乎常规，要庄重、正式、规范。

(1) 称呼行政职务。在人际交往中，尤其是在对外界的交往中，此类称呼最为常用，意在表示交往双方身份有别。以交往对象的职务相称，以示身份有别、敬意有加，这是一种最常见的称呼。有三种情况：称职务、在职务前加上姓氏和在职务前加上姓名。

(2) 称呼技术职称。对于具有技术职称者，特别是具有高、中级技术职称者，在工作中可直接称其技术职称，以示对其敬意有加。称职称时可以只称职称，或在职称前加上姓氏，或在职称前加上姓名。

(3) 称呼行业名称。一般来说，直接称呼被称呼者的职业名称往往都是可行的。从事某些特定行业的人，可直接称呼对方的职业，如老师、医生、会计、律师等，也可以在职业前加上姓氏、姓名。

(4) 称呼通行尊称。通行尊称，也称为泛尊称，通常适用于各类被称呼者。诸如“同志”、“先生”等，都属于通行尊称。不过，其具体适用对象也存在差别。对于从事商界、服务性行业的人，一般约定俗成地按性别的不同分别称呼“小姐”、“女士”或“先生”，“小姐”是称未婚女性，“女士”是称已婚女性。

(5) 称呼对方姓名。在工作岗位上称呼姓名，一般限于同事、熟人之间，以示关系亲近。但对尊长、外人，不可如此。有三种情况可以直呼其姓，但要在姓前加上“老、大、小”等前缀；只称其名，不呼其姓，通常用于同性、亲友、同学之间。

2．称呼的禁忌

1) 使用错误的称呼

常见的错误称呼无非就是误读或是误会。误读也就是念错姓名。为了避免这种情况的发生，对于不认识的字或多音字，事先要有所准备；如果是临时遇到，就要虚心请教。误会，主要是对被称呼者的年纪、辈分、婚否以及与其他人的关系做出了错误判断，比如，将未婚妇女称为“夫人”，就属于误会。

2) 使用不通行的称呼

有些称呼具有一定的地域性，比如北京人爱称人“师傅”，但南方人听到“师傅”肯定会误认为是“出家人”。中国人把配偶经常称为“爱人”，而外国人则将“爱人”理解为进行“婚外恋”的“第三者”。

3) 使用不当的称呼

工人可以称呼为“师傅”，学生之间互称“同学”，和尚、尼姑可以称为“出家人”。但如果用这些称谓来称呼其他人，没准还会让对方产生自己被贬低的感觉。

4) 使用庸俗的称呼

有些称呼在正式场合不适合使用。例如，“死党”、“哥们儿”等一类的称呼，虽然听起来亲切，但显得档次不高。

5) 使用过时的称呼

有些称呼具有一定的时效性，一旦时过境迁，若再采用，难免会贻笑大方。在我国古代，将官员称为“老爷”、“大人”。若将它们全盘照搬进现代生活中来，就会显得滑稽可笑，不伦不类。

6) 称呼绰号

对于关系一般的人，不要自作主张给对方起外号，更不能用道听途说来的外号去称呼对方，也不能随便拿别人的姓名乱开玩笑。

☞公关格言:

尊重为本。“礼者，敬人也。”礼仪最重要的要求，就是尊重。尊重上级是一种天职，尊重同事是一种本分，尊重下级是一种美德，尊重客人是一种常识，尊重对手是一种风度，尊重所有人则是一种教养。

——公共专家：金正昆

二、致意礼仪

1. 举手礼

有时看见相熟的同事、朋友，而自己正在忙碌，无暇分身相迎，常会以举手致意。举手致意的正确做法：全身直立，面带微笑，目视对方，略略点头；手臂轻缓地由下而上，向侧上方伸出，手臂可全部伸直，也可稍有弯曲；致意时伸开手掌，掌心向外对着对方，指尖指向上方；手臂不要向左右两侧来回摆动。挥手道别也是人际关系中的常规手势，采用这一手势的正确做法是：身体站直，不要摇晃和走动；目视对方，不要东张西望，眼看别处；可用右手，也可双手并用，不要只用左手挥动；手臂应尽力向上前伸，不要伸得太低或过分弯曲；掌心向外，指尖朝上，手臂向左右挥动；用双手道别，两手同时由外侧向内侧挥动，不要上下摇动或举而不动。

2. 脱帽礼

见面时男士应摘下帽子或举一举帽子，并向对方致意或问好；若与同一人在同一场合前后多次相遇，则不必反复脱帽。进入主人房间时，客人必须脱帽。在庄重场合或正规场合应自觉脱帽。

3. 鞠躬礼

鞠躬礼是人们在生活中对别人表示恭敬的一种礼节，既适用于庄严肃穆、喜庆欢乐的仪式，也适用于一般的社交场合。如向他人表示感谢、领奖人上台领奖、演员谢幕等情况时用鞠躬敬礼。行鞠躬礼时，需脱帽、呈立正姿势，目视受礼者；男士双手自然下垂，贴放于身体两侧裤线处，女士的双手下垂搭放在腹前；然后上身前倾 15 度至 90 度弯腰，下弯的幅度表示敬重程度大小。鞠躬次数，可视具体情况而定。

鞠躬礼在东南亚一些国家较为盛行，如日本、朝鲜等。所以，在接待这些国家的外宾时，可以行鞠躬礼致意。行鞠躬礼时还要注意：收鞠躬礼者应还以鞠躬礼；地位较低的人要先鞠躬；地位较低的人鞠躬要相对深一些。

4．拥抱礼

拥抱礼流行于欧美国家。两人相对而立，上身稍稍前倾，各自右臂偏上，左臂偏下，右手环拥对方左肩部位，左手环拥对方右腰部位，彼此头部及上身向右相互拥抱，最后再向左拥抱一次。

5．亲吻礼

亲吻礼多见于西方、东欧、阿拉伯国家，是亲人以及亲密的朋友间表示亲昵、慰问、爱抚的一种礼，通常是在受礼者脸上或额上落一个吻。不同关系、不同身份的人，相互亲吻的部位不尽相同。

亲吻礼的注意事项：一般而言，长辈与晚辈之间，宜吻脸颊和额头；平辈之间，宜轻贴面；关系亲密的女子之间可吻脸；异性之间，宜贴面；男士对女士表示敬意可吻手。行亲吻礼时，动作要轻快，勿过重过长或出声；要注意口腔清洁无异味，不要把唾液弄在对方脸上、额上或手背上；如果不是特殊关系和特殊场合，年轻、地位低者，不要急于抢先施亲吻礼。行亲吻礼时，往往伴有一定程度的拥抱。

6．合十礼

合十礼又称“合掌礼”，属佛教礼节，通行于印度和东南亚信奉佛教的国家与地区，我国傣族聚居区也用合十礼。行礼时，两掌合拢于胸前，十指并拢向上，掌尖和鼻尖基本齐平，手掌向外倾斜，头略低，神情安详、严肃。行合十礼时，可以问候对方或口颂祝词。因佛教中不兴握手，所以在我国，一般非佛教徒对僧人施礼，也以行站合十礼为宜。

三、握手礼仪

握手是人们日常交往中最常见的一种见面致意礼节，表示欢迎、祝贺、辞别、感谢、慰问等多种含义。

1．握手的标准方式

行至距握手对象约 1 米处，双方对立，上身略向前倾，伸出右手，四指并拢，拇指张开，眼睛注视对方，面带微笑与对方互相握手。

2．握手的力度和时间

握手的力度和时间一般视双方关系亲疏而定：关系亲密的老朋友相见，握手的力度可重些，时间可长些；初次见面，握手时力度要适中，既不要过度用力，也不要有气无力，时间也不宜太长。

3．握手时伸手的先后次序

握手时双方伸手的先后可根据握手双方所处的社会地位、年龄、性别等情况来确定。一般遵循“尊者优先”原则，即职位高者、长者、女士有优先权和主动权。因此，上下级之间，上级伸手后，下级才能伸手接握；长幼之间，长辈伸手后，晚辈才能伸手接握；男女之间，女士伸手后，男士才能伸手接握。在公务场合，握手时伸手的先后次序主要取决于双方的职位和身份；而在休闲场合，握手时双方伸手的先后次序则主要取决于双方的年龄、性别、婚否。另外，主客之间，客人抵达时，主人应先伸手表示欢迎；客人告辞时，则应由客人先伸手以示主人可就此留步。

4．握手的禁忌

忌用左手与他人握手；忌在握手时戴着手套；忌在握手时戴着墨镜；忌在握手时将另外一只手插在衣袋里或拿着东西而不肯放下；忌隔着或跨着门坎与人握手；忌在握手时仅仅握住对方的手指尖；忌与某人握手时，与另一人交谈；忌在握手时把对方的手拉过来，推过去；忌对方手部负伤、负重或手中忙于他事(如打电话、用餐)、与他人交谈时与人握手；忌以肮脏不洁、湿的或患有传染性疾病的手与他人相握；忌在与人握手后，立即擦拭自己的手掌；忌拒绝与他人握手。

四、介绍礼仪

介绍是社交活动中人们相互了解的基本形式，是人际沟通的重要组成部分，包括自我介绍和为他人介绍。良好的合作，可能就从这一刻开始。

1．自我介绍

自我介绍，就是在必要的社交场合，把自己介绍给其他人，以使对方认识自己。恰当的自我介绍，不但能增进他人对自己的了解，而且还能使对方对你产生良好的印象。想要自我介绍恰到好处、不失分寸，就应当注意以下几个方面：

(1) 进行自我介绍一定要力求简洁，尽可能地节省时间。在做自我介绍时，也可利用名片、介绍信等资料加以辅助。

(2) 自我介绍应在适当的时间进行。最好选择在对方空闲、情绪好、干扰少的时候进行自我介绍。如果对方在休息、用餐或正忙于其他交际时，则不宜进行自我介绍。

(3) 态度要保持自然、亲切，充满自信。自我介绍时要敢于正视对方，显得胸有成竹，从容不迫。

(4) 实事求是。进行自我介绍时所表达的各种内容一定要真实可信。过分谦虚，或者自吹自擂，夸大其词，都是不可取的。

2. 为他人介绍

在人际交往活动中，经常需要在他人之间架起人际关系的桥梁。这就是为他人介绍。为他人介绍又称第三者介绍，是为彼此不相识的双方引见、介绍的一种交际方式。所以在介绍之前要了解被介绍双方各自的身份地位。

1) 介绍的顺序

为他人介绍，通常是双向的，所以需要把握介绍的顺序：

- 介绍上级与下级认识时，应先介绍下级给上级。
- 介绍长辈与晚辈认识时，应先介绍晚辈给长辈。
- 介绍年长者与年幼者认识时，应先介绍年幼者给年长者。
- 介绍女士与男士认识时，应先介绍男士给女士。
- 介绍已婚者与未婚者认识时，应先介绍未婚者，后介绍已婚者。
- 介绍朋友与家人认识时，应先介绍家人给朋友。
- 介绍客人与主人认识时，应先介绍主人给客人。
- 介绍先到者与后来者认识时，应先介绍后来者给先到者。

具体交往中，应根据实际情况灵活运用介绍礼仪。例如当男士德高望重而女士为年轻晚辈时，则应先把女士介绍给男士。年轻者职位高，年长者职位低时，则应先介绍职位低的年长者。

2) 注意介绍时的细节

在介绍他人时，介绍者与被介绍者都要注意一些细节。

- 介绍者为被介绍者作介绍之前，要先征求被介绍者的意见。
- 被介绍者在介绍者询问其是否有意认识某人时，一般应欣然表示接受。如果实在不愿意认识某人，应向介绍者说明缘由，取得谅解。
- 当介绍者走上前来为被介绍者进行介绍时，被介绍者双方均应起身站立，面带微笑，大大方方地目视介绍者或者对方，态度要温和，注意力要集中。
- 介绍者介绍完毕，被介绍者双方应进行握手，并且使用“您好”、“很高兴认识您”以及“幸会”等语句问候对方。

五、名片礼仪

名片，是一个人身份的象征。由于它印制规范、文字简洁、使用方便、便于携带、易于保存，现在已成为人们私人交往和公务交往的重要工具。

1. 名片规格

名片规格一般长 9 厘米、宽 5.5 厘米。如无特殊需要，不应将名片制作过大。名片上一般印有姓名、职务、工作单位、联系电话、传真、电子邮件等信息。有的名片上还印有业务范围、社会兼职等内容。印制名片的纸张一般为白色纸，也可选用朴素的米色、淡蓝色、淡黄色、淡灰色，但以一张名片一色为好，最好不要印制杂色名片，令人看得眼花缭乱；也不要用黑色、红色、紫色、绿色印制名片，它们均会给人有失庄重的感觉；也不宜在名片上印漫画上、花卉、宠物等。在国内使用的名片，宜用汉语简体字，忌用繁体汉字。如果同时印中外文时，则一面是中文，另一面是外文。切勿将两种文字交错印在同一面上。制作名片，最好不要亲手自制，同时不要以复印、油印、影印的方法制作名片，它们均不够正规。

2. 递送名片

在社交场合，名片是自我介绍的简便方式。递名片给他人时，应郑重其事。最好是起身站立，走上前去，眼睛注视对方，面带微笑，将名片正面面向对方，双手捧上递向对方，并大方地说："这是我的名片，请多关照"、"请多指教"。切勿以左手或手指夹着名片递给人。

交换名片的顺序一般是："先客后主，先低后高。"当与多人交换名片时，应依照职位高低的顺序，或是由近及远，依次进行，切勿跳跃地进行，以免对方有厚此薄彼之感。名片的递送应在介绍之后，在尚未弄清对方身份时不应急于递送名片，更不要把名片视同传单散发。

当然，当他人表示要递名片给自己或交换名片时，应立即停止手上所做的一切事情，起身站立，面带微笑，目视对方。

3. 接受名片

接受他人名片时，应起身，面带微笑注视对方，接过名片时应说："谢谢"，不可一言不发。接受名片时宜双手捧接，或用右手接过，不要单用左手接过。接过名片后，当即从头至尾将其认真默读一遍，切勿接过他人名片后看也不看就塞入口袋或丢在包里，也不可放在手中随意摆弄或扔在桌子上，使对方产生一种不被重视的感觉。接过来的名片应放在西服左胸的内衣袋或名片夹里，以示尊重。如果暂时放在桌上，切忌在名片上放其他物品，并且临走时不要忘记带走。然后，回敬一张本人的名片，如果身上未带名片，应向对方表示歉意。

相关链接

两位商界的老总经中间人介绍，相聚洽谈一笔双赢的合作生意，如果做得好的话会大赚一笔，因此双方的积极性都很高。见面后，A 老总首先拿出自己的名片恭恭敬敬地递给

B 老总，B 老总单手接过名片，一眼没看就放在茶几上。接着拿起茶杯喝茶后随手又把茶杯压在了名片上。A 老总见此情形随意谈了几句话后就告辞了。事后 A 老总郑重其事地告诉中间人这笔生意不做了。B 老总得知此事后百思不得其解，哪有见钱不赚的人？

(资料来源：张岩松. 公关交际艺术[M]. 经济管理出版社, 2005)

六、宴会礼仪

宴请是公关人员对外交往中一项常见的重要公关活动形式，它可以沟通感情、密切关系、增进友谊。礼节在宴会中显得尤为重要。

1．宴会邀请

一般正式的宴请事先应分发请柬，最好在宴请前一周发出，以便被邀者有所准备。宴请时间最好事先与客方商定，尽量选择主、客双方都合适的时间。请柬上应注明宴请的目的、时间、地点、主人姓名、被邀者姓名及就座的席次编号等。

2．宴请的形式

1) 宴会

宴会是比较隆重、正式的宴请活动。

国宴是官方举行的最隆重、规格最高的宴会，是国家元首或政府首脑为国家庆典或为欢迎外国元首、政府首脑的来访而举行的宴会。举行国宴时，宴会厅内要悬挂两国国旗，宾主入席后，安排军乐队演奏两国国歌，主宾先后发表讲话或祝酒词，席间演奏乐曲。

正式宴会规格仅次于国宴。与国宴相比，除不挂国旗、不奏国歌以及出席者级别不同外，其余的安排大体与国宴相同，宾主需按身份就座。

便宴即非正式宴会，形式较为简便，不作正式讲话，菜肴的道数也可酌减。多用于日常友好交往，常见的有午宴和晚宴。

家宴即主人在自己家中设便宴招待客人，往往由主妇亲自下厨，家人共同招待。一般广泛用于亲友的聚会。

2) 招待会

招待会是一种不备正餐较为自由灵活的宴请形式，只备一些食品和酒水饮料，一般不安排座次，可自由走动。常见的有冷餐会、鸡尾酒会、茶会和工作餐四种。

冷餐会常用于官方正式活动，以宴请众多宾客。菜肴以冷餐为主，酒水可放在桌上，也可由招待员端送，可不设桌椅，站立就餐；也可设桌椅自由就座。冷餐会中，宾主均可自由走动、敬酒、交谈。冷餐会地点可在室内外，时间一般安排在中午 12 时至下午 2 时或下午 5 时至晚上 7 时。

鸡尾酒会是国际上最常用的招待形式，适用于各种节日、庆典、演出等大型活动前后，以酒水饮料为主，略备小吃、菜点，并多以牙签取食，不设座椅，以便宾客随意走动，客人在宴会时间可来去自由，不受约束。

茶会是一种更为简便的宴请形式。通过请客人品茶进行交流，一般在上午 10 点或下午 4 点举行。茶会对茶叶、茶具比较讲究。

工作餐是现代交际中常采用的一种既方便又快捷的非正式宴请形式。人们利用进餐时间边吃边谈，不请与工作无关的人士参加。工作餐多以快餐、分食的方式进行。

3. 赴宴者礼仪

(1) 准时到场。宴请是比较重要的社交活动，接到请柬后，能否出席应尽早通知对方，以便主人作好安排。赴宴时一定要准时，最好不要提前到或者迟到，这样不礼貌。

(2) 仪表大方。参加宴会时，应做到仪容整洁美观，服饰整齐大方。不能蓬头垢面不讲卫生，否则，这不仅有损自己的形象，也是对主人和其他宾客的失礼和不尊重。

(3) 按位就座。到达宴会地点后，要先弄清自己的桌次和座位，按位就座；如果没有设坐席卡，则应听从主人安排，不可随意乱坐。如果同桌中有长者或女士，待其落座后，自己再坐下。另外，要注意自己的坐姿。坐姿要优雅大方，不可太过随便，以显庄重。

(4) 文雅进餐。每道菜上桌后，一般要等主人和长辈动筷后再夹菜。夹菜时一次不要夹太多，咀嚼时不要发出声响，也不可边咀嚼食物边说话；若汤太热，待稍凉后再喝，切勿用嘴吹。请尽量用公用筷子和汤勺夹菜和盛汤。

(5) 礼貌退席。宴会结束，主宾先向主人告辞，接着是一般来客向主人表示谢意，握手告辞。最好不要提前退场。

公关故事

演员的价值是由观众决定的

在一次小型的联欢会上，观众席上有一位女士问赵本山：“听说你在全国笑星中出场费是最高的，一场要一万多元，是吗？”这个问题让人为难：如果赵本山作出肯定性的回答，那会有许多不便；而如果确有其事，他也就不好作出否定的回答。面对这样一个尴尬的问题，赵本山作出了如下的回答。

赵本山说：“您的问题提得很突然，请问您是哪个单位的？”

“我是大连一个电器经销公司的。”那位女士说。

“你们经营什么产品？”赵本山问。

“有录像机、电视机、录音机……”女子答道。

“一台录像机卖多少钱？”

“四千元。”

“那有人给你四百元你卖吗？”

“那当然不能卖，一种商品的价格是由它的价值决定的。”那女性非常干脆地回答他。

“那就对了，演员的价值是由观众决定的。”

思考题

面对女士的尴尬问题，赵本山采用了何种方法巧妙应答？请结合案例谈一下，在日常生活中遇到言语方面的因素而使自己处于不利境地时该如何解脱？

本章小结

礼仪是指人们在社会交往中由于受历史传统、风俗习惯、宗教信仰、时代潮流等因素影响而形成的，既为人们所认同，又为人们所遵守，是以建立和谐关系为目的的各种符合交往要求的行为准则和规范的总和。礼仪具有通用性、时代性、差异性、沿袭性等特点。礼仪具有调节人际关系、塑造形象、促进社会主义精神文明建设、加强国际交往等作用。

仪容一般是指一个人的仪态、容貌等外部形象。公关人员在交往中可通过良好的外部形象展现自身的审美观、性格、气质和风度。对仪容的修饰主要指对面部、头发和手的修饰。

交往礼仪更不容忽视，要注意正规称呼、称呼的禁忌、致意礼仪、握手礼仪、介绍礼仪、名片使用礼仪、宴会礼仪等。

重点名词

礼仪　　礼节　　仪容

思考与练习

一、填空题

1．礼仪是人们在社会交往中共同遵循的(　　)和(　　)，具体表现为(　　)、(　　)、(　　)等。

2. 礼仪的特点是(　　)、(　　)、(　　)、(　　)。

3. 合十礼又称(　　)，属于(　　)礼节，通行于印度和东南亚信奉佛教的国家与地区。

4. 介绍上级与下级认识时，应先介绍(　　)给(　　)。

5. 介绍女士与男士认识时，应先介绍(　　)给(　　)。

6. 名片规格一般长(　　)厘米，宽(　　)厘米。

7. 宴会的形式有(　　)(　　)(　　)(　　)四种。

8. 招待会的形式有(　　)(　　)(　　)(　　)四种。

二、简答题

1. 简述礼仪的作用。

2. 礼仪和礼节的区别是什么？

3. 握手的禁忌有哪些？

4. 称呼的禁忌有哪些？

三、技能训练

两人一组，采用角色扮演方式，练习握手、递接名片等礼节。

第十一章　危机公共关系

本章提要

社会组织开展公共关系活动的目的是宣传组织，在公众中树立组织的信誉和良好形象。但是任何组织都生存在复杂而多变的社会环境之中，社会环境的任何变化，都可能给组织的正常运行带来不利影响，甚至造成严重后果。加之组织在管理与运营过程中，由于某些不可控因素，也往往会出现意想不到的问题，使组织的声誉蒙受损失，导致组织在公众心目中的形象一落千丈。因此处理公共关系危机已成为公共关系工作的重要职能。

本章介绍危机公共关系的含义、特点，分析组织危机发生的原因，探索危机发生后处理的策略和应注意的原则。

学习目标

(1) 了解危机公共关系的特点和意义。
(2) 理解危机公共关系的含义。
(3) 掌握危机公共关系的原因和原则。
(4) 熟悉运用危机公共关系的策略和方法。
(5) 能制定公共关系危机管理计划，能有效预防并正确处理公共关系危机。

案例导读

巨能钙“有毒事件”，公关不当尝苦果

2011年11月16日下午，《河南商报》告知巨能集团河南办事处，将有一篇关于巨能钙的批评报道于第二日见报。巨能河南办事处负责人即前往该报社进行沟通，表示只要该

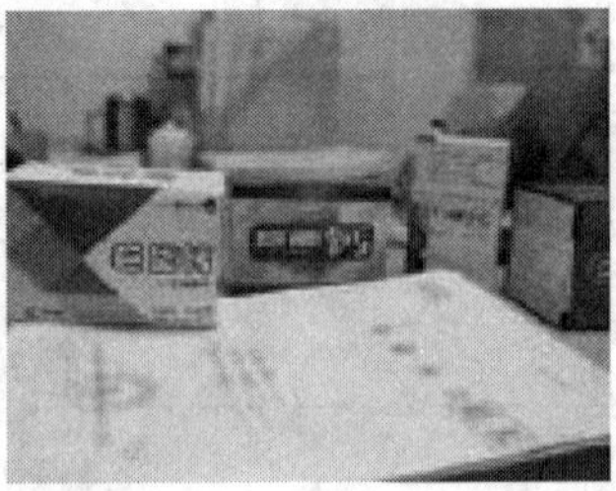

报不出此篇报道，一切都可以商量。11 月 17 日，《河南商报》以“消费者当心，巨能钙有毒”为题，披露巨能公司所销售的巨能钙含有致癌的工业用过氧化氢，引起舆论喧哗，国内各大媒体和网络纷纷于当日进行了转载，不少药店也将巨能钙撤下柜台，危机从河南迅速扩散到全国。11 月 18 日，巨能公司发布声明，承认巨能钙含有微量过氧化氢，但不会对人体有危害。11 月 19 日，巨能公司在北京召开新闻发布会，强调虽含有微量过氧化氢，但属于安全范围之内，要求国家权威部门就巨能钙“有毒无毒”进行评判，同时指出事件缘起于恶意攻击，并将追究《河南商报》混淆视听、不实报道之责。11 月 19 日下午，巨能集团发布致全国媒体和消费者的一封公开信。当晚，《河南商报》予以坚决回应，称销售受损是巨能公司咎由自取。

在巨能公司与《河南商报》就巨能钙安全性进行争辩时，巨能钙在全国的销售则几乎限于停顿状态。12 月 3 日，卫生部的检测报告称“巨能钙过氧化氢含量在安全范围内”，巨能钙立即通过各地媒体通告了卫生部的评判意见及再致消费者的公开信。

在卫生部检测结果公布后，巨能实业副总裁则认为整个事件是北京某竞争对手策划的，而《河南商报》代总编辑则驳斥此种说法纯属造谣。

思考题

1．为什么说巨能公司错过了两个危机管理的最佳时机？

2．你认为巨能公司应如何在面对危机的时候体现出更多的社会责任感？

(资料来源：北斗成功网. http://www.beidouweb.com/view-14676-1.html)

第一节　危机公共关系概述

一、危机公共关系的含义与特点

1．公共关系危机与危机公共关系的概念

公共关系危机是由于组织自身的原因，或者组织外部社会环境中某些事件的突然发生，对组织声誉及其相关的产品、服务声誉产生不良影响，导致组织在公众心目中的形象受到严重破坏的现象。

古人云："智者千虑，必有一失。"各类社会组织都可能因主观和客观因素的变故而发生意料之外，防不胜防的突发事件和危机。我们甚至可以毫不夸张地说，危机无处不在，无时不有。在现代传媒十分发达的今天，组织发生的危机可以在很短的时间内迅速而广泛地传播开来，其负面的影响是可想而知的，稍有不慎，可能对组织形象和品牌信誉造成毁灭性的打击，其无形资产在顷刻之间贬值，这方面的例证不胜枚举。1999 年 6 月中旬，正值饮料消费高峰期，比利时却有 40 名学生因饮用可口可乐饮料出现食物中毒症状，比利时卫生部当天就宣布立即停止在该国销售可口可乐公司出产的所有产品，并要求将已上市的所有可口可乐产品收回。继比利时后，卢森堡、荷兰、法国也先后决定停止销售来自比利时的可口可乐。可口可乐股票直线下跌，销售损失数千万。更为严重的是，它极大地破坏了可口可乐的品牌形象和公司声誉。20 世纪 90 年代末我国知名保健产品"三株口服液"，其鼎盛时期年产值曾经达到人民币 80 亿元，后来因为湖北一位老人突然死亡，家属称原因是服用"三株口服液"所致，仅仅由于对这一突发的危机事件处理不当，导致这家事业如日中天的山东知名民营企业在顷刻之间陷入绝境。尽管三年以后，"三株口服液"在这场官司中胜诉，证明了"三株口服液"的清白，但是"三株口服液"在这次危机打击下已无东山再起之力。

公共关系危机与危机公共关系是既互相联系又互相区别的两个概念。公共关系危机的发生要求组织能够及时有效地处理危机，尽可能降低危机对组织的消极影响，使组织渡过难关，重新塑造组织形象。所以，危机公共关系实际上就是组织的危机管理工作，是组织处理公共关系危机时所采取的一切手段和策略，是指组织为消除公关危机带来的各种不利影响，避免损失或是将损失控制在最低限度，及时挽回组织声誉，重新建立新的形象和信誉的公关工作。

需要说明的是，并不是组织遇到的所有危机都是公共关系危机。公共关系危机的特定含义是指组织的形象危机、公众信任危机。即由于某些突发事件使得组织的社会信誉受到损害，组织形象或者相关产品、服务质量受到公众质疑、怀疑，组织形象或者其品牌在公众中的评价急剧下降，从而使组织的生存与发展的环境急剧恶化的现象。而一个组织在发展过程中会遇到各种各样的危机，但是这些危机并不一定会演化为公共关系危机。如某企业在经营中发生资金周转困难、某企业在生产中发生安全事故、某公司骨干技术人员集体辞职、某公司员工发生罢工事件、某产品发现严重质量问题遭遇到退货，等等，这些问题都可能给组织的经营造成某种危机，但是只要这些问题被控制在很小的范围内，并没有为社会公众所知晓，即没有影响公众对组织的评价，组织的社会形象并未受到影响，那么这些危机就没有演化为公共关系危机。只有当这些情况广为传播，对组织的信誉、品牌、形象产生了较大的消极影响时，才称得上发生了公共关系危机。

2．公共关系危机的特点

1) 突发性

公关危机的突发性是指危机的发生往往是不可预见的，或者是不可完全遇见的。危机事件的爆发一般比较突然，组织难以事先预料。特别是一些外部原因造成的危机，如自然灾害带来的冲击、媒体的失实报道、竞争对手不正当竞争手段带来的麻烦、消费者对产品使用不当造成伤亡事件等，许多事件的发生没有规律可循，像“飞来的横祸”一般不期而至，经常令组织措手不及。如2007年一则香蕉含有致癌因素的误传，使得香蕉销售严重受阻，价格暴跌，尽管后来政府出面避谣，但是此事件当年给海南香蕉农带来的经济损失却难以挽回。

2) 普遍性

公关危机的普遍性是指危机的产生是普遍而不可避免的。这种普遍性一方面表现在任何性质的组织都可能发生公关危机，没有哪个组织可以高枕无忧地宣称自己没有危机的威胁。另一方面表现在公关危机可以在任何情况下、任何时候，以任何方式发生。肯德基因为其养鸡场鸡舍太小，受到美国动物福利组织“不人道”的指责，使得肯德基公司形象及产品形象蒙上了阴影，迫使肯德基不得不对这一舆论作出反应，立即改造鸡舍，并且加强与公众的沟通工作，欢迎公众参观其改造后的养鸡场，从而维护肯德基良好的社会形象。

3) 严重性

公关危机的严重性是指危机对组织形象的影响是很大的，有时甚至是毁灭性的打击。因为危机的发生往往是在预料之外的。在传播十分发达的信息社会，这些危机往往具有很高的新闻价值，常常成为媒体报道的热点，社会舆论关注的焦点，组织往往来不及、也很难控制舆论的传播，这种不利的消息和舆论在很短的时间里得到广泛传播，可使组织许多年苦心经营的形象一夜之间受到极大损害。而要恢复危机给组织带来的消极影响，往往需要十分艰巨的公关工作。更有一些公关危机的打击是毁灭性的，组织反应迟缓或者处置不当，就会形成产品无人问津，退货如潮，市场急剧萎缩等严重后果。2001年国内知名品牌“南京冠生园”因为用上一年的陈馅做月饼的丑闻被媒体曝光后，一时成为全国性舆论焦点，遭到媒体的群追猛打，公众的愤怒谴责，经销商纷纷退货，这一年不仅“南京冠生园”月饼无人问津，而且国内整个月饼市场迅速萎缩，销量大减。“南京冠生园”最终因这一危机事件而宣布破产倒闭。

4) 潜伏性

公共关系危机爆发之前，有一个由量变到质变、由隐蔽到外显的逐步积累和发展的过程。危机爆发之前，极不容易被察觉。了解公共关系危机的潜伏性，重视危机的预警监控，及时发现危机隐患，对于有效预防和处理危机具有重要意义。

5) 可变性

无论是什么程度的危机事件，都不存在不可收拾的情况。哪怕是影响极大，后果极严重的灾难性事件，也要根据危机不同的危害程度，制定相应的处理措施。任何一种危机事件的出现都是事物运动、发展、变化的结果，我们发现它后，就可以让它在我们能力所及的范围内得到扼制、扭转和向好的方向发展。

公关故事

狼　来　了

一个父亲，带着两个年轻的儿子上山打猎，那是远离村庄的遥远深山，这个冬天很冷，村里的食物已经不多了，他们需要一只鹿来度过这漫长的冬天。

天黑之前在山麓的一边，他们发现了鹿群，他们一步一步小心翼翼地靠近，在鹿群旁边的小树林里面埋伏了下来，等待着机会。

不幸的事发生了，天空一下子黑了下来，狂风来袭，树林里树叶狂舞。

父亲说：遭了，暴风雪。父亲示意收起枪支。

小儿子说：不等吗？眼看鹿群马上就要往这边来了。

父亲说：还是赶紧先想办法扎个帐篷吧，看样子，暴风雪很快就会来的。

就在这个时候，更不幸的事悄悄来临了。

“嗷，嗷，嗷…”一只狼在不远的一个山头嗷叫着。远处的鹿群已经不见了踪影。

“别怕！打起精神来！”父亲告诫两个儿子。两个儿子这时已经吓得两腿发软了，因为他们也知道，狼群来了，就在不远的地方。

然后就是沙沙的声音……

三只狼率先进入了他们的视野，张牙舞爪，眼睛透着蓝色的光芒，天已经黑了。

“父亲，我们赶紧逃吧，再不走就来不及了，后面肯定还有狼来的。”大儿子说。

“这个时候逃已经没有用了，我们跟它们拼了吧。”小儿子一副壮烈的样子。

“不要轻举妄动，听我的，拿起你们的枪，围成一个圈。”父亲下了命令。

果然。狼越来越多，将父子三人团团围了起来。

父亲拿起枪，告诫两个儿子，一定要镇静下来。

接着他举起枪，朝着天空开了一枪。

狼群听到枪声，退后了一段距离，但是仍旧不肯放过他们，站在远远的地方，虎视眈眈。狼或许也知道，暴风雪快来了，他们逃不了的。

相持了半个小时，父亲意识到这样下去不是办法，于是对两个儿子说，抓紧你们的枪，没有我的允许你们不要开枪，我先把头狼杀了，你们得小心，万一没打死头狼，狼群肯定会扑过来的，打死了，或许它们会逃。

“砰”一声巨响，远远的一只狼轰然倒地。

“嗷，嗷，嗷……”狼群骚动起来，过了几分钟，狼群消失在视线里……

故事点评：当危机来临，我们不要想着怎么去消灭它，危机是实际存在的，危机是常态的，消灭了还是会来，当你知道危机不可避免的时候，你所要做的只是怎么挑战它怎么应对它，把“危”转化为“机”。

故事中的父亲是一个领导者，他知道遇到危机的时候，不能退却，要勇敢面对。于是他先是激励他的团队，打起精神，团结合作，用他的魄力，摆出作战的姿态。然后他开了第一枪，这一枪，代表的是预警，当预警起不了效果的时候，他开了第二枪，这一枪抓住头狼，击中要害。面对危机，也类似这样，当然其中的奥秘没有那么的简单，类似的，第一枪预警，第二枪，击中要害，这就是我们解决危机的前两步。

(资料来源：王生升 http://blog.china.com.cn/wjgg)

二、公共关系危机的产生原因

一个组织面临的可能性危机事件是多方面的，有时甚至是无法想象的。就危机发生的原因来看，主要有内部原因和外部原因这两种形式。

1. 组织内部原因

1) 组织整体素质低下

组织整体素质指组织为完成一定任务而必须具备的各种要素及将各种要素有机结合在一起的能力。以企业为例，企业整体素质高低取决于员工素质、技术素质、管理素质等，也包括生产经营能力、管理能力、市场开拓能力、竞争能力、应变能力、产品开发能力等。企业整体素质不仅是一个数量概念，而且还是一个质量概念，它的作用是各种要素有机结合在一起的综合反映。企业整体素质是企业赖以生存和求得发展的基本前提，是整个企业管理的基础，也是提高经济效益的基本手段。在企业的素质结构中，领导层的素质直接决定着企业的命运。如果企业素质尤其是领导者素质低下，不能适应现代生产和市场经济发展的需要，企业就无法或难以正常而有效地开展经营活动，就可能蕴藏各种危机事件。当潜在的各种问题积累到一定程度后，就会一触即发，导致更大的公共关系危机的产生。

2) 管理不善

现代化大生产的发展，要求与之相适应的现代化管理，它包括管理思想、管理体制、管理组织、管理方法、管理手段的现代化。只有提高企业现代化的管理水平，才能提高企业的效率与效益，不断增强其适应能力和发展能力。如果企业对生产和经营缺乏严格的科学管理，就会造成制度不健全、劳动无定额、物耗不合算、质量无检查、奖罚不分明、安全状况差等问题。企业管理不善，产生产品的质量问题、服务的质量问题，甚至产品引发安全事故等问题的可能性增大，引起消费者投诉、媒体曝光的可能性也就增大。“南京冠生园”自持名牌，不加强管理，在经营指导思想上就没有把消费者利益放在心上，类似陈馅月饼这样欺骗消费者的事件被曝光只是迟早的事。

3) 组织行为不当

由于组织的指导思想、工作方式、运行机制、内部管理制度等不尽合理，也很容易引起公关危机。如企业单方面追求经济效益而不顾公众与社会利益造成有害气体泄漏、废气废水污染、资源浪费等行为，很容易引起媒体曝光、公众谴责，从而造成组织的形象危机。如2007年北京“屈臣氏”对下班员工搜身的行为经媒体报道后，一时成为全国舆论的焦点，对公司的形象产生了极大的损害。一个公司欠债不还、偷税漏税等不良行为或违法行为被列入“黑名单”，被政府通报或者受到相关处理，一定会导致组织形象大打折扣。

4) 决策失误

决策贯穿于管理工作的各个方面，是管理过程的核心，是执行各项管理职能的基础。管理的最终目的是使组织的总目标、公共关系的目标与组织的外部环境、内部条件相适应，达到动态的平衡。一般地说，不同层次的决策，可以有不同的影响，小则影响组织管理工作效率的高低，大则关系到产品乃至组织的盛衰。一旦决策失误，导致组织总体目标、公共关系目标与内部的现实条件和外部客观环境的严重脱节，势必使企业发展受挫，使组织的形象、产品的形象产生公众信任危机。

5) 公关失误

组织要通过持续不断的公共关系活动与公众沟通，通过各种公共关系策略塑造组织形象，进而促使组织总体目标的实现。组织公共关系成功与否，关键在于公共关系目标的制定、公共关系形式的选择、公共关系时机的把握。如果公共关系决策失误，策划考虑不周，也会发生误导，这样的公共关系活动不仅不能达到塑造组织良好形象的目的，反而会危及组织形象，导致公关危机。2005年2月23日《人民日报》刊登了一则消息：《巨大元宵无锅可煮》，报道的是沈阳某房地产开发商，为了扩大公司影响，策划了一次公关活动——在元宵节到来之际，做出重达4吨的元宵，直径2米多，用掉380公斤果馅，1420公斤大米。但是这个巨无霸的元宵却无锅可煮成为公众的笑料，同时这一公关策划造成的食品浪费也受到公众舆论的纷纷谴责。2007年11月10日，重庆市沙坪坝区“家乐福”超市进行“十周年店庆”活动，推出一系列优惠措施，吸引了众多市民抢购。由于活动的组织与安排不周到，大批闻讯而来的市民涌入超市，由于人多拥挤，在超市东门入口处发生踩踏，造成3人死亡31人受伤的恶性事故。这一公关活动给重庆市沙坪坝区“家乐福”超市形象造成很大的负面影响。

6) 广告失误

广告失误实际上也属于公关失误的一种情况。在广告创意中追求标新立异，由于考虑不周，特别是在跨文化传播中对目标公众文化背景的理解不深刻等原因，也可能给组织带来麻烦，使公众对组织产生反感，从而诱发公关危机，最后落了个花钱买骂名的后果。这方面的案例很多，2004 年 9 月份的《国际广告》杂志刊登了一则名为“龙篇”的日本立邦漆广告，画面上有一个古典式亭子，亭子的两根立柱各盘着一条龙，左边立柱因为涂的是一般油漆，色彩黯淡，龙紧紧地攀附在柱子上；右边立柱因为涂的是立邦漆，色彩光鲜，龙都被滑落到地上，缩成一团。广告想用夸张的手法来表现立邦漆的光泽鲜艳，保持木器表面光滑的功能。然而这一广告在网上掀起了轩然大波，中国公众对这一广告表现出极大的愤慨，因为他们认为龙是中华民族的象征，怎么能遭到这样的戏弄。在中国公众舆论的强大压力之下，立邦漆不得不收回这一广告，并郑重向中国公众道歉。

2．组织外部原因

1) 自然灾害等不可抗力

组织的生存和发展离不开一定的自然环境，如企业的自然环境是指企业开展生产经营活动所面临的自然条件，包括自然资源、生态环境、地理环境三个方面。这些自然环境，对不同类型、不同时期的企业来说，其作用程度和方式各不相同。自然环境发生的巨变，如地震、洪水、水灾等，都会使企业无法开展正常的生产经营活动，造成巨大的损失，使企业的形象受到一定影响。一般来说，由于自然灾害等不可抗力引发的公关危机容易得到公众的谅解。

2) 社会环境的变化

任何组织都是社会的产物，它的生存和发展离不开社会环境。社会环境包括政治环境、经济环境、文化环境、生态环境，等等。组织需要社会为它提供生存和发展的条件。以企业为例，它需要社会环境为其提供各类必要的资源、市场等。如果企业不能适应政治、经济、文化、公众意识等环境方面的变化，就可能引发企业的形象危机，造成企业危机。比如今天公众的生态与环保意识越来越强烈，企业跟不上这一变化，在生产过程、产品包装上不注重绿色环保，就可能受到社会批评，公众抵制。前几年国家邮政总局就因为贺年有奖明信片而受到公众舆论围攻，指责每年印制大量贺年有奖明信片破坏了森林，要求停止发行贺年有奖明信片。这迫使国家邮政总局寻找解决问题的新出路，最后向社会宣布停止使用天然林木纸浆生产贺年有奖明信片，改用再生纸生产，这才平息了这场风波。

3) 宏观政策的变化

国家宏观政策和法律政策，包括产品质量标准、技术标准等，是组织重要的外部环境因素，它具有行政命令性、权威性、约束的强制性特点。宏观政策、法规与标准的变化或调整往往对各类组织的运行、对经济类组织的生产经营产生重大影响，从而对组织的形象提出挑战，如国家权威部门关于汽车尾气排放技术标准的提高，会使得昨天还“合格”的汽车变成“不达标”的车。国家医药卫生部门关于含有 PPA 成分的感冒药因有副作用而被停止生产的一纸决定，足以让药厂措手不及。药厂遇到的不仅是生产危机、经营危机，而且还有公众信任危机。

4) 国际经济关系的变化

当今世界是开放的世界。随着经济生活日益国际化，任何国家都不可能在封闭状态下生存与发展。参加国际市场竞争与合作，已成为当代经济发展的潮流。国际市场变化莫测，国际经济关系更为复杂，国际市场竞争险象丛生。各国政治体制、经济体制、经济政策、外交政策、法律法规的变化，都会给企业的国际经营带来重大的影响，特别是跨国公司对世界市场的分割垄断，各国政府对国际贸易活动进行直接或间接干预，贸易摩擦、各国新闻传播的限制等，都会给企业造成困难，甚至危机。如国内某企业遭遇外国反倾销调查，企业出口产品因为质量原因或技术标准不合格而被退货等，都会影响企业形象。

5) 媒体失实报道

媒体失实报道是指由于新闻媒体报道内容不符合事实，或者曲解了事实，从而导致公众对组织产生误解，使组织形象受到损害。媒体失实报道产生的原因是多种多样的，有的是记者采访不深入，报道内容以偏概全，突出了对组织的负面报道；有的是记者对报道事件的实质认识不准确，曲解了事实，对组织产生了负面影响；有的是记者没有经过缜密调查，凭道听途说撰写的稿件，严重歪曲了事实，给组织的声誉造成不良影响…… 在现在传播技术十分发达的条件下，媒体的信息传播速度快，覆盖面广，受众多，特别是发行量大的全国性报刊、收听收视率高的电台与电视台、浏览访问量大的网站等影响力很大，一则失实报道足以使组织名誉扫地，公众信任度降低，生存环境恶化。

6) 竞争对手蓄意干扰

由于竞争对手蓄意干扰而引发的公关危机大多发生在营利性经济组织中。在激烈的市场竞争形势下，有的厂家不是通过提高自己的产品质量、服务质量、加强管理水平来降低成本，赢得消费者青睐，扩大产品的市场份额，而是通过投机取巧，或给竞争对手制造麻烦等不正当竞争手段打击竞争对手。这类事件的策划非常隐蔽，麻烦的制造者躲在暗处，所以危机的发生往往非常突然，给组织造成的影响也很恶劣。

例如，苏泊尔压力锅在用户使用过程中曾经发生过一次爆炸，该事件经媒体报道后，一时给苏泊尔压力锅的产品形象带来很大负面影响。苏泊尔公司迅速到达出事用户家中进行详细调查，发现疑点后立即向公安机关报案。案件侦破后真相大白，这是一次蓄意制造的爆炸事件。苏泊尔公司对这次公关危机的及时、果断处理，消除了消费者对苏泊尔产品的怀疑态度。

总而言之，公关危机是普遍存在的，它可能在任何情况下、任何时候，以任何方式发生。以上所列的原因只不过是一些比较典型的原因，在现实生活中，公关危机发生的原因常是出乎意料的。

应用案例

本田雅阁婚礼门事件

2012 年 1 月 9 日，杭州一辆迎亲的 2012 款本田雅阁车因撞击断为两截。事故致使车上五人三死二伤，当地媒体都以重磅标题作了报道。当晚，广州本田销售部售后服务科人员连夜赶到杭州。一周后，广州本田的技术专家、日本本田的技术专家也相继赶到。但是面对死者和媒体的质疑，本田方表示绝对不是他们的质量问题。1 月 13 日，广州本田雅阁车的车主打算与厂家一起对被撞车委托浙江省的权威机构进行全面的安全质量检测，但厂家表示应该由厂方自行认定质量是否存在问题，因此双方没有达成共识。1 月 14 日，杭州市公安局余杭区分局交通巡逻(特)警察大队向浙江省质量鉴定管理办公室提出质量鉴定申请，要求对事故车的转向系统、制动系统、安全气囊系统是否符合有关要求及车身断裂原因进行鉴定。1 月 19 日，日本本田公司技术专家到达杭州，并配合检测。在此背景下，1 月 24 日，广州本田服务双周开始，主要针对冬季用车进行空调系统、冷却系统和制动系统方面的全国免费检测。2 月 28 日，广州本田总经理终于正式回应了婚礼门事件，在杭州雅阁车祸案的调查中，广本厂方一直在配合相关部门的行动。3 月 27 日，广州本田方面宣布浙江省质量技术监督检测研究院作出的《质量鉴定报告》。虽然后面的检测报告证明该车并不存在质量问题，但是本田在事故发生后的冷漠态度却遭到了舆论的批评。

案例点评：应该说，单从危机管理的技术角度来看，广州本田的这次危机公关无疑是成功的，比如对媒体的掌控能力，杭州以外的媒体没有大面积的跟风与质疑，大多选择了沉默；及时地新产品发布以转移公众视线等，都是值得肯定的，尤其当地质检部门的检测结果更使广本能够从容应对即将到来的法律诉讼了。但是，有一点值得商榷或者提高的则是，本田的人情味和责任感多少显得匮乏。自始至终，我们没有看到本田对受害者的任何安慰，即使广本总经理出面也只是强调消费者如何，甚至连一个慰问电话都没有。此种做法显然缺乏危机管理过程中的真诚沟通原则。

(资料来源：北斗成功网. http://www.beidouweb.com/cms/forum.php?mod=viewthread&tid=12883)

三、危机公共关系的意义

危机公共关系，就是公关危机发生后对危机事件的管理。这是公共关系的一种特殊表现形态，是组织的公共关系水平的综合反映。危机公共关系在整个组织公共关系中有着举足轻重的地位。具体说来，危机公关的意义主要表现在以下几个方面：

第一，有效的危机公关有助于预防不期望的事情发生。危机公共关系的主要内容之一就是要积极主动地对各种不利的因素采取预防措施，防患于未然。它要求组织时刻提高警觉性，善于发现问题，将危机扼杀在萌芽状态，有助于组织的良好运作。

第二，危机公关是组织维护和重建自身形象的客观要求。危机事件的发生会使组织形象遭到严重破坏，危机公共关系通过采取有效的补救措施解决当前危机，从而使组织整体形象得以维护。同时，组织在危机中展现的态度构成了组织的“危机形象”。组织通过危机公关，不仅可以化危为安，还可以巧借危机这一“东风”，树立组织知错能改、勇于承担责任的良好形象。良好的“危机形象”可以使组织因祸得福，从反面给公众留下深刻的印象，从而增加组织的知名度。

第三，危机公关有助于增强组织成员的公关意识，提高组织的整体公关水平。危机公关并不是单一的公关传播过程，它是传播、策划、事务的同时并存，需要运用各种具体有效的公关技巧，因而是对公关人员的综合能力、基本素质和公关专业水平的全方位检查。这种检验又可以使公关人员发现自身的不足，促使其提高公关能力和技巧，从而推动组织的公关水平不断得到提高。

☞公关格言：

“应当像认识到死亡和纳税难以避免一样，必须为危机做好计划：知道自己准备好之后的力量才能与命运周旋。”

——美国著名咨询顾问：史蒂文·芬克

第二节　危机公共关系策略

危机公共关系策略主要包括两个方面的内容：一是危机公共关系的预防策略，二是危机公共关系的处理策略。

一、危机公共关系预防策略

虽然公关危机的发生防不胜防，但组织平时有无危机意识，有无采取预防策略会使危机的结果截然不同，有备而无患。各类组织只有强化公关危机意识，加强对公关危机的预测与预防，尽可能防止公关危机的发生，或者在危机防不胜防突然降临的情况下，尽可能降低危机带来的损失。公关危机的预防策略主要包括以下几项内容：

1．设立应对公关危机的常设机构

设立应对公关危机的常设机构，目的是加强对公关危机的组织管理，使公关危机管理经常化，强化公关危机的预防工作。中、大型组织一般有独立的公共关系部，在公共关系部中可设立专门的危机公共关系管理小组，负责组织公共关系危机的预防和处理工作。它可以由一批训练有素的专业人员组成，如组织的决策层负责人、公关部经理、人事部经理、保卫部经理等。一些不独立设置公共关系部的组织或者小型公司，可以在主管公关工作的相关部门中抽几个人兼职组成危机公共关系管理小组。这些人员应有强烈的危机意识，应当有“一切危机都有可能发生”的高度思想警觉。该危机公共关系管理小组的主要职责是：系统安排组织的危机预防工作，制定组织的危机管理制度、危机管理计划、危机管理分部门责任等危机管理文件。考虑组织应变能力如何，组织可能发生的危机是什么，对于最有可能产生的危机内容是否有相应的准备，如果所预测的危机一旦爆发，有无具体的应对措施等。有了这样的专门机构，组织的危机预防工作就会落实得更扎实。而一旦公关危机发生，该机构有助于提高组织的快速反应能力，可以更及时、有效地处理危机。

2．开展对潜在公关危机的预测与评估

强化公关危机管理意识，要求公关人员树立“一切危机都有可能发生”的理念。但是公关危机也不是完全无规律可循的，除了很偶然的因素导致的公关危机外，带有行业特征的公关危机又是有一定规律可循的。比如交通行业、饮食行业、旅游行业、采矿行业、医疗卫生行业、建筑行业、教育行业等，它们都有自己行业的“常规危机”。即使在交通行业，航空运输与铁路运输的行业危机的区别也很明显。

对潜在公关危机预测的目的，是对组织可能发生的危机事件排队分析，根据组织的行业特点和业务性质，列出所有常规性危机发生的各种情形，同时也列出可能发生的非常规性意外危机的各种情形。这样可使组织管理层能够清晰地了解组织面临的危机压力，有针对性地加强管理，消除各种危机的产生条件与土壤，杜绝这些危机的发生。

对潜在公关危机评估的目的，是对组织面临的各种危机事件的危害程度、对组织形象的影响程度、对产品市场份额与组织经济效益的影响等进行分级排队，即对每一种危机发生后的“危机影响值”进行科学估计和预测。同时，也对不同程度的危机事件的处理权限、管理责任人进行明确划分。这样，一方面使组织管理层能够清晰地了解各种可能的危机发生后对组织的影响程度，并且有针对性地采取有效管理措施，防止危机发生，另一方面也使得组织的各级部门清楚哪一级的危机应该由自己处理，哪一级危机需要报告上级领导部门。

对组织危机等级的划分，一般分为以下三个等级：

一级事件：指影响有限但是需要立即引起关注的一般性事件。

二级事件：指紧急事件，常规情形下这类事件可造成突然破坏，或发生人员伤残和财产损失，如不立即采取措施便有可能变得无法控制的问题。

对于一、二级危机事件，一般规定在组织公关部的指导下，授权由各地分公司、各销售大区危机管理小组直接处理，处理完后向组织公关部备案。

三级事件指重大事件，包括发生消费者自称因为质量问题而导致人员死亡的投诉、媒体刊登消费者投诉或媒体对组织和产品质量问题直接曝光、政府对组织质量的查处和通报批评等影响很大的事件。对于三级事件，一般要由组织公关部直接处理。

3．编制公关危机管理计划

危机公共关系管理小组一个重要的工作，就是在充分调查研究的基础上，编制本组织的公关危机管理计划，也有的组织把它编为《公关危机管理手册》形式。公关危机管理计划是组织指导、规范危机管理工作的一个系统性文件，它全面体现组织对危机管理工作的重视，反映组织对危机管理的理念，组织处理危机的制度、程序等，是组织相关人员和部门进行危机管理的权威性文件。组织的公关危机管理计划一般包括以下主要内容：

(1) 前言，简要说明本组织制定公关危机管理计划的目的和出发点，这一公关危机管理计划的适用范围及执行的起止时间，该文件的发放范围和保密原则等。

(2) 危机管理指导思想或原则。这部分非常重要，它表明的是组织管理层对危机管理的理念和基本态度，处理危机的价值取向是什么，处理危机的基本原则是什么，当危机发生后，如何对待组织利益与公众利益、社会利益等，这是组织处理危机的根本性指导思想。

(3) 危机定义和分类标准。其根据本组织的行业特点和业务性质，规定什么样的情况与事件构成组织的公关危机；并且在对每一种危机的“危机影响值”进行科学评估的基础上，对危机等级进行划分，具体界定哪些情况属于一级事件，哪些情况属于二级、三级事件。

(4) 危机管理机构及其职责。这一部分说明本组织危机管理机构分为几个层次，怎样设置；规定总公司的危机管理委员会与各分公司、各大区的危机管理小组的职责与工作分工。

(5) 危机预警工作程序。这一部分规定各级危机管理部门如何做好危机的预防、危机监测的工作，一旦发生危机苗头，如何启动预警程序。

(6) 危机事件处理程序和实施细则。这一部分说明各种突发的危机事件一旦发生，组织相关部分应该采取什么样的对策，通过什么程序进行有效处理。这部分非常重要，规定要具体、明确、详细，具有很强的操作指导性，对组织面临的各种可能的危机情况，区别对待，进行具体处理方法的指导。如化妆品生产公司对发生消费者投诉产品有质量问题这类事件，规定的处理程序与方法是：“对于消费者投诉有质量问题的产品，必须予以当面封存，经与消费者或有关方面协商后，送权威的中介机构检验，以得出各方均能够接受认同的结论。切忌轻率回收，亦不可自行送往公司质量检测中心检验。”紧接着对经过权威的中介机构检验后，产品不存在质量问题后应该如何处理，发现产品确实存在质量问题后应该如何处理，分别做出详细规定。

(7) 危机信息控制和新闻发言人制度。危机发生后的信息控制和信息发布，是危机处理中很重要的工作。这部分反映组织的“危机传播计划”，即规定一旦发生危机事件，什么部门和个人才能代表组织对外发布信息，回答外界特别是媒体的询问，如何根据危机的不同情况，选择适合的时机向社会公众发布有关信息，以及如何与新闻界沟通等。

(8) 危机管理基本守则。这一部分规定危机管理过程中相关工作人员必须遵守的基本要求，如“某某公司危机管理十要十不要”。

作为组织的《公关危机管理手册》，还应该编入一些附属性的内容，比如：组织危机管理机构主要成员的联系电话、有关政府部门和社会团体常用应急电话、主要新闻媒体基本情况及联系电话等。

4. 制订公关危机管理预案

凡事有备而无患，组织在分析自身潜在的危机后应制订相应的预防危机的对策。危机公共关系预防不应仅仅停留在对可能危机的认识上，更应该落实到具体的危机预案的制订，即组织应为处理每一项潜在的危机制订具体的应对战略和战术。俗话说水来土掩，兵来将挡。制订公关危机管理预案的意义就在于，组织的相关职能部门、相关工作人员，不仅知道自己负责哪些危机的管理职责，同时清楚发生了哪些公关危机后应该采取的正确步骤与措施是什么，自己处理不了的问题应该向哪个部门、哪个领导请示等。

除了制订公关危机管理预案以外，还有必要开展危机事件演习，以提高危机管理人员应对各种紧急情况的实战能力。危机事件演习是指对假想事件的一种演练。其目的是通过对假想事件的演习，提高对事件发生时的应变能力。国外一些大企业、大公司经常采用这种办法对公共关系工作者和管理者进行实地训练。如假想游轮突然爆炸、飞机坠毁、产品质量问题被曝光等等。

5. 监测公关危机信号

危机管理的最高境界是不让危机发生。公共关系危机往往出人意料，但又是有一定规律可循的。由于组织公关危机是组织与社会环境关系的失调而引起的，因此一般在危机事件爆发之前，必然要显示出一些信号和征兆。如伤害组织或组织决策人形象的舆论越来越多，特别受到政府相关部门、新闻界或特定人士的关注；组织的各项财务指标不断下降；组织或产品遇到的麻烦越来越多；组织的运转效率不断降低；组织内部员工思想不一致、凝聚力下降；组织与社区公众的矛盾摩擦增多等。组织要避免危机事件的发生，就必须保持高度的警觉性，密切监测来自四面八方的信号与征兆，对这些危机信号与征兆进行深入调查分析，寻找问题的原因，及时采取适当的行动和措施，就有可能控制住问题的发展，把危机消灭在萌芽中。

二、危机公共关系处理策略

1. 处理危机事件的宗旨

危机是随时都有可能发生的。危机事件的类型多种多样，产生的原因也各不相同，危机事件处理难度也比较大，但是只要有处理危机的正确指导思想，按照有效的程序和方法，就可以更好地处理危机，减少损失。组织处理危机事件的基础宗旨应该是：沟通信息，消除疑虑，增进理解，重塑形象。即通过妥善处理危机事件，一方面争取公众理解，挽救组织在公众心目中的印象；另一方面借助社会压力刺激组织提高内在素质，加强经营管理，弥补缺陷，改正错误，杜绝不良行为的再度发生，重新树立企业的良好形象。

2. 处理危机事件的原则

1) 及时主动

危机事件发生之后，组织应及时介入，控制事态的发展，阻止事态的扩大。处理危机事件要及时，即对发生的危机事件要具有敏感性，引起重视要及时，了解情况要及时，应急措施的策划要及时。组织高度重视，有利于迅速查明事件的真相，采取有效措施，这样就能赢得时间，尽可能地减少损失。

2) 信息准确全面

危机事件发生后，组织不仅要及时与公众沟通，而且更重要的是要让公众了解真相，即把危机事件发生的时间、地点、性质、损失、缘由等向公众讲清楚。这样既可以使相关的公众尤其是受害者了解事态的发展过程，获得他们的理解与合作，又可向外界发布准确无误的信息。危机事件一旦发生，往往成为媒体关注的热点问题，所以应向媒体提供真实的信息，切不可弄虚作假，使组织陷于更尴尬的地步。对于那些一时未搞清楚的问题，可以先公布已知情况，待问题弄清之后，可继续公布有关情况。为了保证危机事件发生后信息的准确性，牢牢掌握信息发布的主动权，组织的危机事件处理小组有必要实行新闻发言人制度，确定专人负责组织对外信息的发布，通过举行新闻发布会等形式，统一对外口径，使公众及时、准确地了解到来自组织的权威信息，遏制谣言惑众，防止小道消息乱传给组织带来的消极影响。

3) 公众至上

危机事件的发生，往往会给公众和社会带来伤害和损失，有时后果十分严重，公众必然会产生强烈的不满情绪。处理危机事件应该坚持公众至上的原则，对组织给公众和社会带来的伤害和损失表达真诚的歉意，并且积极弥补损失。组织及公关人员应当勇于承担责任，绝不推诿，应站在公众的立场上认识和分析问题，对受害者及其家属给予同情、安慰和必要的补偿，尽可能消除对立情绪。只有对公众抱着诚心诚意的态度，知错就改，立即见诸行动，才有可能获得公众的谅解，从而在最大程度上化解危机带来的消极影响。

4) 统一指挥

危机是在没有准备的情况下突然发生的，因而会给组织及其员工、社会公众造成一定程度的混乱，打乱正常的组织运行秩序。在这种情况下，组织应迅速会同有关单位成立统一指挥机构，负责现场指挥，控制事态发展，在统一布置下，积极做好组织内部和外部的工作，有条不紊地做好善后工作。相反，如果在危机发生后无人指挥或指挥混乱，各个方面都处于忙乱状态，将会给组织造成更大损失。

知识链接

关于危机公关处理原则的理解

(一) 5P 研究模型

卓跃咨询推出如下“5P 研究模型”，对危机事件做出评估：

(1) 端正态度(Perception)：态度决定一切。

(2) 防范发生(Prevention)：优秀的危机管理企业都有良好的危机预案和危机预警机制。

(3) 时刻准备(Preparation)：面对可能出现的危机事件和危机事件爆发后出现的可能情况，有计划有步骤地做出各种准备策略。

(4) 积极参与(Participation)：危机爆发后，企业应该本着一种积极态度处理危机事件，而不是逃避责任或者推诿。

(5) 危中找机(Progression)：危机处理的最高境界是能把“危”变成“机”，从中获利或者得以提升。

(二) 危机处理的 3T 原则

1. Tell You Own Tale(以我为主提供情况)

强调组织牢牢掌握信息发布主动权。

2. Tell It Fast(尽快提供情况)

强调危机处理时组织应该尽快不断地发布信息。

3. Tell It All (提供全部情况)

强调信息发布全面、真实，而且必须实言相告。

(三) 关键点危机公关 5S 原则

目前在国内，被业界奉为经典的“关键点危机公关 5S 原则”是危机处理的主流理念。

“关键点危机公关5S原则”是由被誉为“危机公关第一人”、知名危机公关专家、关键点公关董事长游昌乔先生倡导提出的。

1. 承担责任原则(SHOULDER THE MATTER)

危机发生后，公众会关心两方面的问题。一方面是利益的问题，利益是公众关注的焦点，因此无论谁是谁非，企业应该承担责任。即使受害者在事故发生中有一定责任，企业也不应首先追究其责任，否则会各执己见，加深矛盾，引起公众的反感，不利于问题的解决。另一方面是感情问题，公众很在意企业是否在意自己的感受，因此企业应该站在受害者的立场上表示同情和安慰，并通过新闻媒介向公众致歉，解决深层次的心理、情感关系问题，从而赢得公众的理解和信任。

实际上，公众和媒体往往在心目中已经有了一杆秤，对企业有了心理上的预期，即企业应该怎样处理，我才会感到满意。因此企业绝对不能选择对抗，态度至关重要。

2. 真诚沟通原则(SINCERITY)

企业处于危机漩涡中时，是公众和媒介的焦点。你的一举一动都将接受质疑，因此千万不要有侥幸心理，企图蒙混过关。而应该主动与新闻媒介联系，尽快与公众沟通，说明事实真相，促使双方互相理解，消除疑虑与不安。

真诚沟通是处理危机的基本原则之一。这里的真诚指“三诚”，即诚意、诚恳、诚实。如果做到了这“三诚”，则一切问题都可迎刃而解。

(1) 诚意。在事件发生后的第一时间，公司的高层应向公众说明情况，并致以歉意，从而体现企业勇于承担责任、对消费者负责的企业文化，赢得消费者的同情和理解。

(2) 诚恳。一切以消费者的利益为重，不回避问题和错误，及时与媒体和公众沟通，向消费者说明事件的进展情况，重拾消费者的信任和尊重。

(3) 诚实。诚实是危机处理最关键也最有效的解决办法。我们会原谅一个人的错误，但不会原谅一个人说谎。

3. 速度第一原则(SPEED)

好事不出门，坏事行千里。在危机出现的最初12～24小时内，消息会像病毒一样，以裂变方式高速传播。而这时候，可靠的消息往往不多，社会上充斥着谣言和猜测。公司的一举一动将是外界评判公司如何处理这次危机的主要根据。媒体、公众及政府都密切注视公司发出的第一份声明。对于公司在处理危机方面的做法和立场，舆论赞成与否往往都会立刻见于传媒报道。因此公司必须当机立断，快速反应，果决行动，与媒体和公众进行沟通。从而迅速控制事态，否则会扩大突发危机的范围，甚至可能失去对全局的控制。危机发生后，能否首先控制住事态，使其不扩大、不升级、不蔓延，是处理危机的关键。

4. 系统运行原则(SYSTEM)

在逃避一种危险时，不要忽视另一种危险。在进行危机管理时必须系统运作，绝不可顾此失彼。只有这样才能透过表面现象看本质，创造性地解决问题，化害为利。

危机的系统运作主要是做好以下几点：

(1) 以冷对热、以静制动。危机会使人处于焦躁或恐惧之中。所以企业高层应以“冷”对“热”、以“静”制“动”，镇定自若，以减轻企业员工的心理压力。

(2) 统一观点，稳住阵脚。在企业内部迅速统一观点，对危机有清醒认识，从而稳住阵脚，万众一心，同仇敌忾。

(3) 组建班子，专项负责。一般情况下，危机公关小组的组成由企业的公关部成员和企业涉及危机的高层领导直接组成。这样，一方面是高效率的保证，另一方面是对外口径一致的保证，使公众对企业处理危机的诚意感到可以相信。

(4) 果断决策，迅速实施。由于危机瞬息万变，在危机决策时效性要求和信息匮乏条件下，任何模糊的决策都会产生严重的后果。所以必须最大限度地集中决策使用资源，迅速做出决策，系统部署，付诸实施。

(5) 合纵连横，借助外力。当危机来临，应充分和政府部门、行业协会、同行企业及新闻媒体充分配合，联手对付危机，在众人拾柴火焰高的同时，增强公信力、影响力。

(6) 循序渐进，标本兼治。要真正彻底地消除危机，需要在控制事态后，及时准确地找到危机的症结，对症下药，谋求治“本”。如果仅仅停留在治标阶段，就会前功尽弃，甚至引发新的危机。

5. 权威证实原则(STANDARD)

自己称赞自己是没用的，没有权威的认可只会徒留笑柄，在危机发生后，企业不要自己整天拿着高音喇叭叫冤，而要曲线救国，请重量级的第三者在前台说话，使消费者解除对自己的警戒心理，重获他们的信任。

(资料来源：游昌乔. 关键点传媒(关键点公关)董事长. 危机公关 5S 原则. 卓越培训. http://www.pyzytz.com/)

3. 危机事件的处理策略

1) 在第一时间快速出击

一旦发生公共关系危机，神速出击，是使公共关系危机的负面影响减少到最低限度并能实现有效控制的关键。在危机发生时，组织要以最快的速度建立“战时”办公室或危机控制中心，以实施控制和管理危机的计划。反应迟钝、行动迟缓、态度暧昧，可能使一个普通的危机事件演化为严重危机事件，甚至使得公共关系危机一发而不可收拾。

组织要尽快掌握事实真相，这是寻求妥善处理事件的前提。当危机事件发生之后，要迅速掌握问题是在何时、何地、如何发生的？目前状态如何？影响程度如何？其发展趋势如何？有哪些公众卷入危机事件？卷入程度如何？企业与他们之间的联系如何？

危机发生后，组织要尽快制定处理危机的措施，发生危机事件后，一般很容易引起内部员工的恐慌，严重的打击往往使组织领导者一时无所适从。因此，公关部门应提醒和协助组织领导者冷静地制订处理危机事件的措施和对策。一般说来，这种应急措施应当包括以下内容：一是迅速组成处理危机的应急机构。这类机构一般包括：调查组、联络组、处理组、新闻发布组等。二是各小组各有明确的职责。三是调查组要立即开赴出事地点进行调查，并尽快作出初步报告。四是联络小组马上要投入接待等方面的联络工作。五是处理组即刻投入抢救、现场保护、善后处理工作。六是新闻发布组要加强与媒体沟通，统一管理组织对外传播工作。

危机发生后，组织要立即明确处理危机事件的基本态度和方法。公关人员应尽快通过各种已知的确定信息与事实，分析问题的性质和程度，准备一个简短的声明，并通过媒体向社会公布，表明组织的态度。同时尽快发布组织的背景材料和已掌握的有关危机事件的各种事实材料，告知公众组织对此已采取的行动和对策，以显示组织对此事件的重视和良好的管理素质。

2) 有效的信息沟通

危机发生后，组织应尽快调查事情原因，弄清真相，尽快尽可能地把危机真相告诉新闻媒体和社会公众。只有公布真相后，才有可能避免公众的各种猜疑。它不仅可使组织赢得诚实可信的“危机形象”，而且可能在危机处理中获得来自公众的理解和支持，避免流言的产生。在这一宣传过程中，实事求是、诚心诚意是组织面对危机最好的策略，有利于获得各方面的支持、合作并能及时化解危机和消除误会。如果一再文过饰非，只会使公众增加对组织的不信任程度。

危机事件的发生，组织马上会成为新闻媒介的焦点。因此在处理危机事件的过程中，组织必须处理好与新闻公众的关系。首先，必须及时确定合适的发言人，统一对外新闻口径。对外发言人一般由处理危机事件的高层领导人担任，其职责是接待记者并回答他们的问题，向媒体报告有关处理问题的各种措施及进展情况，对歪曲性报道予以纠正。其次，要为新闻媒介采访提供方便和条件。如必要的通讯设备等。此外，组织在对内外宣传方面一定要统一口径，这样可以避免混乱，争取主动。否则，口径不一致，前后矛盾，很容易使危机处理工作陷入被动，使舆论宣传不利于问题的解决。

3) 主动承担责任

在危机事件面前组织如果首先想到的是推卸责任，就会扩大事态，甚至因为组织与受害方纠缠责任而各执己见，加深矛盾，不利于问题的解决。危机发生后，如果危机事件的责任在组织，组织就应该勇敢地承担责任，该道歉的道歉，该认错的认错，该补偿的补偿。这样一方面有利于危机事件的解决，另一方面有利于树立组织勇于承担责任的危机形象，从而把处理危机的过程变为组织树立形象的过程。如果危机事件的责任一时间无法确定，组组也不要忙于推卸责任，在公众受到伤害的情况下，首先给予对方以人道主义的应有关怀或体恤，有利于控制事态的发展。南京冠生园危机处理过程中的一个致命错误就在于危机发生后，企业领导在媒体面前一再文过饰非，掩盖错误行为。最后在确凿的事实一个个被揭露出来后，企业终于失去了向公众认错和道歉的机会，进一步恶化了企业的形象。

4) 寻求支持，利用权威意见

寻求支持是处理危机事件和再造组织形象的关键。不论是来自内部的，还是外部的危机事件，在处理过程中，组织都要争取内外部的支持和援助。同时，还应与传播部门和有关专家密切合作，这有利于顺利处理危机事件和重塑组织形象。只有获得社会公众和内部员工的了解、信任与支持，才可能在最大程度上减少危机事件所带来的危害，才能为战胜困难、渡过难关奠定好的基础。

在某些特殊的危机事件处理中，往往因为专业技术方面的原因，非专业人员、非专家难以对事件责任给出结论，组织与公众又各执一词，难以调解。在这种情况下组织应该积极寻找可靠的权威机构和权威人士进行鉴定或发表意见，澄清是非，以正视听。在危机发生时，公众往往对组织抱有不信任的态度，在这种情况下，权威部门、专家的意见往往对组织危机的处理能够起到决定性的作用。如2004年公众在媒体上对特富龙牌不粘锅是否含有致癌物质议论纷纷，这对特富龙牌不粘锅的销售带来的压力是可想而知的。尽管特富龙厂长对其产品的配方及生产工艺等方面进行了大量的解释，但是难以消除公众的怀疑。最后特富龙厂方请求国家权威部门对特富龙牌不粘锅进行鉴定，这一权威鉴定意见很快平息了这场风波。

5) 做好善后处理工作

做好善后工作是危机处理重要的一个环节，目的是使危机事件得到理想的处理，公众或者受害者得到应有的补偿，公众对组织的信任危机得到有效化解。做好善后工作主要包括及时收回不合格产品和赔偿有关人员损失。由于产品质量问题所造成的危机是最常见的危机，一旦出现这类危机，组织应不惜一切代价迅速收回所有在市场上的不合格产品，并利用大众传媒告知社会公众退回这些产品的方法。虽然组织可能因此遭受一定的经济损失，但组织必须主动承担责任，给予公众一定的精神补偿和物质补偿。另外，做好善后工作要对防止再次发生类似不良事件提出切实的整改措施，使危机事件的处理推动组织管理水平的提高。

6) 重塑良好的组织形象

任何公关危机都会使组织的形象、产品形象受到不同程度的损害。危机公关不仅仅指对发生的危机事件进行妥善处理，而且包括如何对组织形象进行恢复和重建工作。一个优秀的组织越是在危机的时刻，越能显示出它的综合实力和整体素质。因此，每次危机事件处理中，组织要针对形象受损的情况和程度，有针对性地积极开展弥补形象、重树形象的公关活动，密切保持与公众的信息沟通，敞开组织的大门，欢迎公众的参观和了解，告诉公众组织的整改措施和新的工作进展，拿出质量过硬的产品和一流的服务，从根本上改变公众对组织的不良印象。只有当组织的公众形象重新建立时，组织的公共关系才能谈得上真正的转危为安，危机公关才谈得上圆满结束。2007 年 3 月 8 日，徐先生以“愤怒的老驴”为名在网上发表了《如此令人恶心的三亚》一文，披露了他及家人在三亚旅游所经历的一连串痛苦遭遇，并发誓从此不到三亚旅游。该文一刊出，立即引起成千上万网民的同情，公众痛批三亚旅游管理的混乱状况。这使得三亚的旅游形象一落千丈。在旅游收入占到GDP的 70%以上的三亚市，这一旅游形象危机给三亚经济的影响是很大的。事件发生后，三亚市政府做出快速反应，立即通过媒体做出回应——决定对三亚旅游环境、旅游秩序进行彻底整顿。三亚市政府在对相关责任人进行严肃处理，对旅游风景区秩序大力整顿的基础上，市政府相关领导又专程到四川遂宁的徐先生家里，当面向徐先生及家人道歉，并带他们去经过整治的三亚风景区录像。市政府领导还盛情邀请徐先生重游三亚。在三亚市政府的诚意打动下，徐先生在海南岛欢乐节期间重游了三亚，并愉快地接受了三亚市政府授予的“三亚友好使者”的荣誉称号。三亚市政府成功化解旅游形象的举措，通过媒体传播到全国，有效地改变了公众对三亚的不良评价，重树了三亚的旅游形象。

案例分析

索尼“问题相机”

2011 年 12 月上旬，浙江方面抽检发现，索尼 6 个型号 30 个批次的数码相机存在包括自动白平衡失效、成像均匀度不好、液晶屏亮度不够、自动曝光不准确等问题，被定性为“不合格”。当浙江省工商局的消息传到索尼中国负责数码相机业务的公关部经理耳中时，对方“感到惊讶”，并间接质疑浙江方面的评测结果：“这些相机都是在市场销售了一段时间的产品了，此前也经过媒体多次评测。”

与此同时，索尼的公关也在紧张进行中：一面质疑检测标准，一面抵达浙江沟通；一面对媒体矢口否认相机“存在问题”，一面又对媒体“恩威并用”，以订阅报纸换下稿件，或者以撤销广告威胁媒体放弃报道。

12 月 16 日，索尼开始改变口径，宣布即日起所有涉案 6 款相机全线撤柜、停止销售，以待送交国家数码相机质检中心作进一步的检验，并公开承认“企业标准文件中出现与索尼实际产品性能不符的情况”，并就此向消费者道歉。

12 月 19 日，索尼第三次发表声明，强调向杭州相关检测部门提交的企业标准数据与数码相机本身被检测出来实际性能不完全一致，导致相关产品被判定为检测不合格，是生产厂相关工作人员的工作疏忽，属于内部管理问题。索尼再次向中国消费者道歉，承诺受理消费者的退货要求。

然而，开通的退货电话却迟迟不能够打通。即使开始办理退货的相机的消费者，也遭遇了“打白条”的尴尬。

思考题

1．索尼如何从危机中全面突围？

2．索尼如何找到一个切实可行的方法，以消除读者对索尼企业、索尼品牌和产品的重重疑虑并重建信心？

(资料来源：北斗成功网
http://www.beidouweb.com/cms/forum.php?mod=viewthread&tid=12890&reltid=14676&pre_pos=1&ext=)

本章小结

公共关系危机是由于组织自身的原因，或者组织外部社会环境中某些事件的突然发生，对组织声誉及其相关的产品、服务声誉产生不良影响，导致组织在公众心目中的形象受到严重破坏的现象。

公共关系危机与危机公共关系是既互相联系又互相区别的两个概念。公共关系危机具有突发性、普遍性、严重性的特点，公共关系危机的原因有组组内部原因和外部原因。危机公共关系在整个组织公共关系中有着举足轻重的地位。

危机公共关系策略主要包括两个方面的内容：一是危机公共关系的预防策略，二是危机公共关系的处理策略。

重点名词

公关危机　危机公关

思考与练习

一、填空题

1．危机公关5P模型指________、________、________、________、________。

2．危机公关3T原则为________、________、________。

3．危机公关5S原则为________、________、________、________、________。

4．公共关系危机的特点是________、________、________、________、________。

5．按危机的性质，公关危机可以分为________、________、________。

二、选择题

1．导致危机产生的可控因素是(　　)。

A．地震　　B．决策失误　　C．经济危机　　D．关税调整

2．危机管理专家奥古斯丁认为，危机管理的最基本经验是(　　)。

A．事先消除危机隐患　　B．说真话、立刻说

C．有效的危机处理能力　　D．与新闻界的良好关系

3．危机对于社会组织而言(　　)。

A．是可以避免的　　B．大部分组织是可以避免的

C．大部分组织是不可避免的　　D．是不可避免的

4．“分析情况，决定对策”处于危机处理的(　　)阶段。

A．危机初期　　B．稳定期　　C．抢救期　　D．危机末期

三、判断题

1．公共关系危机与危机公共关系是既相互联系又互相区别的两个概念。　(　　)

2．紧急事件属于组织危机的三级事件。　(　　)

3．任何组织都有可能遇到危机。　(　　)

4．树立危机意识，预防不测以求生存，成为危机工作的第一要则。　(　　)

5．危机对于企业而言，既是威胁又是机会。　(　　)

四、简答题

1．分析公共关系危机的产生原因。

2．危机公共关系的意义何在？

3．危机公共关系的处理策略是什么？

4．针对不同的公众对象，公共关系危机处理的对策分别有哪些？

五、讨论题

以小组为单位搜集不同组织处理公关危机的典型案例，展开讨论。

六、技能题

试为你熟悉的组织起草一份公关危机管理计划书。

七、案例分析题

苹果手机涉嫌歧视中国消费者事件

2013 年 3 月 15 日晚，央视 3·15 晚会曝光苹果手机在中国市场实施不同于国外的售后政策，其在中国宣称的“以换代修”、“整机交换”并没有真正实现更换整机，而通常

沿用旧手机后盖，以逃避中国手机“三包”规定，涉嫌歧视中国消费者。

随后，在没有开通企业微博的情况下，苹果公司通过新浪科技发布名为《苹果回应央视 315 报道》的官方声明，声明称“苹果公司致力于生产世界一流的产品，并为所在市场的消费者提供无与伦比的用户体验。这也是为什么我们在每一家苹果零售店的 Genius Bar 天才吧提供深受消费者喜爱的面对面支持。我们也与全国 270 多个城市的超过 500 个授权服务点密切合作。我们的团队一直努力超越消费者的期望，并高度重视每一位消费者的意见和建议。”

3·15 晚会结束后，大批媒体记者一起来到苹果西单大悦城店。在现场，一些消费者看了电视节目后来讨说法。对于苹果手机如何执行整机交换政策，店内工作人员表示暂时还不能回答，会通知苹果公司公关人员予以解释。该店负责人王先生联系了苹果公司公关部门，王先生称相关负责人将来到店内，但记者始终未见到。

这位王先生提供的媒体热线座机号码也无人接听。3 月 16 日上午，多名记者来到苹果公司北京办公地点进行采访，虽然灯是亮着的，但始终没有人出现。

之后连续多天，央视《新闻联播》、《焦点访谈》、CCTV2《经济半小时》等不断曝光苹果相关问题。

3 月 23 日，苹果公司二度回应：中国消费者享有苹果最高标准的服务，“我们的政策完全符合本地法律法规，苹果在中国所提供的保修政策和在美国及世界各地大致相同”。

3 月 25 日，《人民日报》连续 5 天“炮轰”苹果。

3 月 29 日，央视记者采访苹果总部未果，被拒视频网上疯传。

4 月 1 日晚间，苹果中文官网在主页醒目位置，增加了苹果 CEO 提姆·库克《致尊敬的中国消费者的一封信》。苹果表示，对过去两周里收到的在中国维修和保修政策的反馈意见进行了“深刻的反思”，意识到对外沟通不足而导致外界认为苹果“态度傲慢，不在意或不重视消费者的反馈”，并对此表示“诚挚的歉意”。同时，苹果提出四项改进，包括 iPhone4 和 iPhone4S 维修政策、在 Apple 官方网站上提供简洁清晰的维修和保修政策说明、加大力度监督和培训 Apple 授权服务提供商，以及确保消费者能够便捷地联系 Apple 以反馈服务的相关问题。

对于此前被广泛质疑的保留后盖的维修方式，苹果称，对 iPhone4 和 iPhone4S 维修政策进行改进，自 2013 年 4 月起，Apple 将 iPhone4 和 iPhone4S 服务包升级为全部采用新部件的设备更换，并且自更换之日起重新计算 1 年保修期。

(资料来源：中国公关网. http://www.chinapr.com.cn)

思考题

请用危机公关 5S 原则对案例进行点评。

主要参考文献

[1] 张荷英. 现代公共关系学. 5版[M]. 北京：首都经济贸易大学出版社，2013
[2] 居延安. 公共关系学. 4版[M]. 上海：复旦大学出版社，2011
[3] 黄禧祯，刘树谦. 公共关系学通用教程[M]. 北京：北京理工大学出版社，2009
[4] 赵洪立，张华，李晓林. 现代公共关系学[M]. 南京：南京大学出版社，2010
[5] 张岩松，王艳洁，郭兆平. 公共关系案例精选精析[M]. 北京：经济管理出版社，2003
[6] 张克菲. 公共关系学(修订版)[M]. 北京：高等教育出版社，2007
[7] 潘红梅. 公共关系学[M]. 北京：科学出版社，2009
[8] 黄德林. 现代公共关系学[M]. 北京：中国商业出版社，2000年
[9] 翟向东. 中国公共关系教程[M]. 北京：中国商业出版社，1997年
[10] 卡特利普·森特. 有效公共关系[M]. 汤宾，译. 北京：中国财经出版社，1998
[11] 熊源伟. 公共关系学[M]. 合肥：安徽人民出版社，1997
[12] 杨魁. 现代公共关系学[M]. 北京：中国工人出版社，1998
[13] 施锡铨. 博弈论[M]. 上海：上海财经大学出版社，2000
[14] 刘祥武. 哈佛商学院MBA总经理学[M]. 北京：经济日报出版社，1998
[15] 杨辛，甘霖. 美学原理[M]. 北京：北京大学出版社，2000
[16] 艺侠. 周恩来的公共关系艺术[M]. 上海：上海文艺出版社，2009
[17] 金正昆. 礼仪金说[M]. 西安：陕西师范大学出版社，2009
[18] 赵绥生，赵居礼，陶春丽，等. 现代公共关系教程[M]. 西安：西北大学出版社，2010
[19] 张美清. 现代公共关系原理与实务[M]. 北京：中国林业出版社，2007
[20] 周安华，苗晋平. 公共关系理论实务及技巧[M]. 3版. 北京：中国人民大学出版社，2010
[21] (美)艾尔·巴比. 社会研究方法[M]. 10版. 邱泽奇，译. 北京：华夏出版社，2007
[22] 赵轶，韩建东. 市场调查与预测[M]. 北京：清华大学出版社，2011
[23] 张勋宗. 公共关系原理与实务[M]. 成都：电子科技大学出版社，2006
[24] 纪华强. 公共关系基本原理与实务[M]. 北京：高等教育出版社，2006
[25] 魏翠芬，王连廷. 公共关系理论与实务[M]. 北京：清华大学出版社，北京交通大学出版社，2007

[26] 胡学亮. 公关传播案例评析[M]. 北京：中国传媒大学出版社，2008
[27] 张亚，朱春辉. 公共关系原理与实务[M]. 北京理工大学出版社，2009
[28] 张亚，陈云川. 公共关系学[M]. 成都：四川大学出版社，2006
[29] 杨俊，邵喜武. 新型实用公关案例与训练[M]. 合肥：中国科学技术大学出版，2010
[30] 张百章. 公共关系案例[M]. 北京：中国财政经济出版社，2011
[31] (美)司格特·卡特利普. 有效公共关系[M]. 明暗香，译. 北京：华夏出版社
[32] 郭惠民. 国际公关教程[M]. 上海：复旦大学出版社，2007
[33] 涂光晋. 公共关系案例[M]. 沈阳：辽宁大学出版社，2008
[34] 张岩松. 公共关系案例精选精析[M]. 北京：北京经济管理出版社，2000
[35] 朱国定. 公共关系学[M]. 上海：上海立信会计出版社，2003
[36] 李道魁. 现代公共关系学[M]. 北京：中国对外经济贸易出版社，2003
[37] 林景新，唐嘉仪. 2010 年十大企业危机公关事件盘点.
[38] 陈向阳. 最佳公共关系案例[M]. 北京：企业管理出版社，2010
[39] 姚凯. 网络公关及其传播方式研究[J]. 科学管理研究，200402(1): 63-66
[40] 中国公共关系学术网[DB/OL]. http://pr.shisu.edu.cn/
[41] 第一管理资源网[DB/OL]. http://guanli.1kejian.com
[42] 中国公关网[DB/OL]. http://www.chinapr.com.cn
[43] 中国公共关系网[DB/OL]. http://www.17pr.com
[44] 人大经济论坛[DB/OL]. http://bbs.pinggu.org
[45] 中国广播网[DB/OL]. http://www.cnr.cn
[46] 中国公共关系唯一官方网站[DB/OL]. www.cpra.org.cn
[47] 韦春荟. 公共关系的主要职能与基本原则[OL]. http://wenku.baidu.com
[48] 公共关系的职责和功能[OL]. http://wenku.baidu.com
[49] 公共关系的职能与作用[OL]. http://wenku.baidu.com